诸神的真相

用天文历法破解
上古神话之谜

海麟

著

九州出版社
JIUZHOUPRESS

图书在版编目（CIP）数据

诸神的真相：用天文历法破解上古神话之谜 / 海麟
著. -- 北京：九州出版社, 2023.12
ISBN 978-7-5225-2437-5

Ⅰ.①诸… Ⅱ.①海… Ⅲ.①古历法－应用－神话－
研究－中国－上古 Ⅳ.①B932

中国国家版本馆CIP数据核字(2023)第205275号

诸神的真相：用天文历法破解上古神话之谜

作　者	海　麟　著	
责任编辑	周　春	
出版发行	九州出版社	
地　址	北京市西城区阜外大街甲35号（100037）	
发行电话	（010）68992190/3/5/6	
网　址	www.jiuzhoupress.com	
印　刷	嘉业印刷（天津）有限公司	
开　本	880毫米×1194毫米　　32开	
印　张	15.25	
字　数	355千字	
版　次	2023年12月第1版	
印　次	2023年12月第1次印刷	
书　号	ISBN 978-7-5225-2437-5	
定　价	98.00元	

女娲补天，天是天文。

羿射十日，日是历法。

夸父逐日，实乃立杆测影，

鲧窃息壤，其实王权见刀光。

尧舜禅让，未必温良恭俭让，

炎黄大战，又何曾剑拔弩张？

民以食为天，

在对风调雨顺的祈祷中诞生伏羲和神农。

生命的本能是传播基因，

繁衍的原动力催生女娲的传说。

追踪太极，问道上帝，

中华先祖的智慧聚焦在星海深处。

神与怪兽，征服与融合，

消失的历史，

压缩进了离奇却始终鲜活的神话之中。

穿透神话的迷雾，

发现中华文明源头的历史真相与中华文化的底层逻辑。

前言

神话：文学叙事与口述历史的原型与真相

（一）

所谓神话，顾名思义，故事的主角是神。何为神？神的本义是什么？

从字形可知，神从"示"从"申"，示是意符，申是音符。示表示牌位，有如祠堂里供奉的祖宗牌位，不过这个牌位是属于神的，神从示，很好理解。那么，为什么神又从申呢？申又是什么呢？

申，实即电，也就是闪电、雷电的电。所谓象形字，申所象之形就是天空中的闪电，其字形就是对闪电的形象模拟。也就是说，申的本义其实就是闪电，申字实即电字的初文。

申–甲骨文[1]

《甲骨文合集》（CHANT:1207）、《甲骨文篇》（CHANT:0000A、0000B、0000C）

---

[1] 本书甲骨文、金文相关字形与字义参考香港中文大学人文电算研究中心"汉语多功能字库"、台湾"中央研究院"历史语言研究所金文工作室"先秦甲骨金文简牍词汇资料库"等。

不仅申就是电，申字本身也就是神字，而神的示字旁其实是后来才添加的意符。在甲骨文、金文中，就多有以申代神的写法，略引数例如下：

用乍（作）大御于乒（厥）且匕（祖妣）、父母、多申（多申即多神）。

——西周早期《殷周金文集成》（05427）

好德婚媾，亦唯协天，敏用老申〔老申即考神，义同西周晚期金文的皇申且考（皇神祖考）〕。

——西周中期《新收殷周青铜器铭文暨器影汇编》（NA160）

用享孝于文申（文申即文神）。

——西周晚期《殷周金文集成》（04303）

其用享孝于皇申且考（皇申且考，即皇神祖考）。

——西周晚期《殷周金文集成》（04448）

注意上引西周晚期的"文申（文神）"，指的是有文德的祖先。也就是说，故去的先人也可以称为神，就像《封神榜》里的岐山封神台上由姜子牙册封了天庭八部三百六十五位正神，这些神绝大多数都是战死疆场的商周将士，有名有姓，有父有母，生前都是肉眼凡胎。所谓人神不分，此之谓也。

由此可见，申是闪电，所谓神其实也就是闪电——更准确地说，是以闪电为代表的各种自然现象及天地万物背后的主宰。

神即闪电，后世说的雷公电母原来就是神这个字最初的意象。

（二）

世间有万象，天地有万物，造字之初选择闪电作为神的意象，这告诉我们，神从来不是脱离现实的纯粹想象，或者可以说，中文语境中的神，与其说是对自然力量的崇拜，不如说是古代先民探索宇宙、认识自然过程中的一种命名方式。

之所以选择闪电代表神，实在也并不意外。在人类的生活经验中，除了地震海啸这种偶发性的事件，又有什么能比电闪雷鸣更能让人体会到天地之间无比雄浑且不由人控制的磅礴力量呢？

也许你会说，那为什么不用雷作为神的意象呢？没错，诉诸听觉的雷比之视觉的闪电更让人震撼，但是，雷电相伴，二者同出，而先闪电后雷鸣显然是无可辩驳的事实。当然，也不必纠结，事实上，雷这个字同样也是植根于闪电即申的。

雷-甲骨文
《甲骨文合集》（CHANT:1208、1208A）

如图所示，以甲骨文的申为主体再加上圆圈或点就是雷字，雷的字根同样是闪电。

如果再放到四季变换的时间序列中考察，我们会发现，雷电的出现还有更重要的意义。恋人的山盟海誓，在汉乐府民歌中有无出其右的名句：

　　山无陵，江水为竭。冬雷震震，夏雨雪。天地合，乃敢与君绝。

山水不再、冬雷夏雪、天地合，凡此五种，实乃难得一见甚至不可能的现象。冬雷震震不常见，那何时会雷霆震怒呢？当然是河开雁来春回大地的时候了，也就是说，雷电交加，其实就是春天来临的征兆。

一年之计在于春，春的使者，正是东风吹拂时天空中的雷电——天雷神电——开启又一年的春华秋实。

注意，雷电与春天的如影随形，这样年复一年的认知，正是上古先民据以安排生产生活的时间表。对四季轮回时间序列的认识与掌握，其成果就是历法。

是的，历法，正是本书解析上古神话的关键线索。

（三）

神即申，神就是闪电，在所有天神当中，雷电的地位居首。

巧的是，中华文明中的三皇之首伏羲正是其母华胥氏在雷泽"履大人迹"无夫而孕所生的，为什么是雷泽呢？因为神的起源就在雷电。

伏羲为人文始祖，但独阳不长，人皆父母所生，所以，繁衍的重任还得有始祖母的参与，于是，女娲诞生了。

春天来临，又到了耕种的季节。进入定居农业时代以后，秋收的喜悦是所有人的期待。农业技术不断发展与进步，以及先民对丰收的希冀，又汇聚成神农的诞生。神农，实即农神，农业之神。所谓神农氏，也就是人类进入农业文明的远古记忆。

冬去春来，人们对四季更替的节律有了越来越准确的把握，这种进步不再是简单的东风暖春雷震。在日升月落中，先民仰观天象，以太阳和月亮为主要观测对象，不断积累和总结天地宇宙的运行规律，最终的成果就是分别以太阳和月亮为参照的阳历和阴历。在这个过程中，伏羲和女娲被分别配属于太阳和月亮，与此同时，太阳独一无二的地位又催生了新的神，这就是炎帝。

仰观俯察，观象制历，古代先民在星空下再次有了突破性的进展，原来貌似杂乱无章的诸天星宿其实各有章法，全都围绕着一个共同的中心在旋转——北天极被发现了。随之而生的，正是夏商周三代共同的祖先黄帝。

（四）

中国的神，正如神字本身来自闪电，所有神其实都是自然之神，全是古代先民认识自然现象、掌握自然规律过程中的总结概括和形象描述。

去掉神乎其神的玄幻色彩，回到古代先民日复一日、实实在在的生活空间，神话的主角们清晰可见，围绕着他们的各种神异故事，也开始散发出人间的烟火气息。

是的，女娲补天、后羿射日、夸父逐日等神话，其实都是古代先民真实无比的生活写照。与其说这些是神话，不如说是未有文字记载时代的口述历史。文学的基础是生活，艺术总是源于真实，所谓神话也正是如此，甚至可以说，一切文学和艺术，其实都是历史的反馈和回声。毫不夸张地说，三皇五帝到如今的神话世系，其实就是古代先民认识自然的卓绝历程。格物致知的传统，千年如是。

（五）

上下五千年，是我们炎黄子孙的骄傲。殷墟考古的发现，让曾经有如神话的商朝成为真正的历史，而华夏的夏却仍然处于迷雾之中。但是，考古发现已经为我们打开了远比夏朝更为久远的历史帷幕。

以万年计的山西许家窑、辽宁小孤山、北京山顶洞等暂且不说，八千年前的裴李岗文化已在中原地区用龟甲占卜、大地湾文化在陇东烧制彩陶种植黍米；七千年前的河姆渡、仰韶、半坡文化散落于长江黄河流域；六千年前的大汶口文化在东海边生息，随后大溪文化南下巴蜀，红山文化在东北雕琢玉龙；五千年前更是群星璀璨，黄河上游有马家窑，长江下游有良渚，汉江地区的屈家岭、石家河则出现了仿若太极图的旋涡图案……

陶器、玉器、桑蚕、龟甲占卜，诸多史前文化的出土器物见证中华文明的发展，神州大地上星罗棋布的考古遗迹串连成不间断的历史轨迹。五千年中华文明，其实并不需要王朝史来佐证。

显而易见的是，在时间序列中，公元前两千年左右，承前启后的夏，又怎么可能在中华大地上是一片虚无？

没有证据，此为不知。虚无主义，焉非无知？

发现伏羲神农与炎黄的真相，我们就能在神话中理出一条中华文明千年传承的清晰脉络。

（六）

分久必合，合久必分，是我们理解中国历史的一种思路，但归根结底，中华文明的历史就是不断融合的进程。

今天的中国，五十六个民族大一统，不言而喻，这当然是历史演进的结果，反过来也就可想而知，数千年前的中华大地，又会有多少星罗棋布的文明星火。

传说中大禹立夏，在史籍典册中，那就是一个万国并立的时代。

当禹之时，天下万国，至于汤而三千余国，今无存者矣。

——《吕氏春秋·离俗览·用民》

> 古者天子之始封诸侯也，万有余；今以并国之故，万国有余皆灭。
>
> ——《墨子·非攻下》

> 禹合诸侯于涂山，执玉帛者万国。今其存者，无数十焉。
>
> ——《左传·哀公七年》

> 古大禹之时，诸侯万国……及汤之时，诸侯三千。当今之世，南面称寡者，乃二十四。
>
> ——《战国策·齐四·齐宣王见颜斶》

禹是何义？《说文解字》释曰："虫也。"

不错，禹字本是虫，但能就此说大禹就是一条虫吗？

当然不能。比如彘即是猪，但能说汉武帝刘彘就是一头猪吗？

夏禹时天下万国，商汤时三千诸侯，湮灭在历史烟尘中的数千方国，述说的无非是人类文明演进中不断兼并与融合的常态。

武王伐纣兴周，彼时的中国仍然是条块分割以千百计。

> 武王遂征四方，凡憝国九十有九国……凡服国六百五十有二。
>
> ——《逸周书·世俘解》

周代封建制度大兴，受封的不是宗亲就是勋臣。

想想看，万千方国不断融合，也就意味着此时的方国的体量已经变得越来越巨大，分封，不就是为了让周天子自己的国在这大大小小的国中更加安全吗？正所谓"封建亲戚，以蕃屏周"[1]"选

---

[1]　《左传·僖公二十四年》。

建明德，以蕃屏周"[1]。

是的，中国历史就是一部民族融合的历史。

融合，有交流中的自然演变，也有战争与征服。史前文明的万千方国在这个波澜壮阔的过程中烟消云散，留在神话传说中的片鳞半爪仍然能让我们追索一二。

凿齿、九婴、大风、封豨等传说中的怪物，就是这样的样本。

（七）

神的造字初源是闪电，是自然现象，是古代先民在生产生活中认识自然、顺应自然、利用自然的产物。所谓神与神话，不过是现实生活的艺术化表达。

同样的逻辑，史前文明中的所谓图腾崇拜也应作如是观。

图腾，指古代先民以某种动物或植物作为自己所在部族或群体的徽号或象征，甚至认为自己就是这些动物或植物的后代，一般认为这是自然崇拜的表现，当然也是所谓迷信的结果。

当我们复原各种神话主角所承载的历史真相及其创作原型后就发现，这些神话人物与神话故事无不是不同历史时期文化、科技与社会发展状态的体现。同样，神话传说中各种各样或真实或想象的动物，以及考古发现有实物存在的动物或其艺术品，其实也并不能称之为所谓图腾崇拜。

比如左青龙、右白虎、前朱雀、后玄武，所谓青龙实乃东方天区的七宿，甚至龙这个字本身就是天空中这些星体的连线；南方朱雀是鸟，不过是因为一年一度候鸟南飞，南方才是鸟的故乡；西方白虎，对应的是秋风扫落叶的肃杀气象，正如百兽之王的虎

---

[1] 《左传·定公四年》。

主宰杀伐；北方玄武为龟蛇同体的形象，是因为满天星宿东升西落，青龙落山之后沉入黑暗，与龟同行渡过深渊后复归东方，龙行于天为龙，落于地下则为蛇，而龟则是天地宇宙的象征物。

龙虎雀和龟蛇，都是自然现象的形象描述，又与崇拜何关？

即便所谓太阳崇拜恐怕也是不合实际的。

在观象制历的天文活动中，太阳不过是先民观测并加以利用的对象，纵使祭天祭日等庄严礼仪，所表达的也无非是对国泰民安、风调雨顺等现实目的的企盼和愿望。

说到底，不论古人还是今人，总归都是务实的。

当我们说古代先民崇拜云云的时候，其实只是自以为比古人更高明的居高临下的臆想。

当然，这并不是想说古人如何聪慧甚至超越今人，而是要认识到，不论今人或古人，一切文化、科技、宗教等文明成果都是在现有环境下应对自然与现实的产物。

（八）

迄今为止，人类文明的重要成果有两个，即便说最重要也毫不为过，一是科学，二是宗教。前者帮助我们解决现实和现世的问题，后者为我们开解关于生命的终极未知和来世的困惑。

科技与宗教的助力和加持，让我们在此岸与彼岸都得以确认自我的存在。

在科技与宗教尚未分道扬镳之前，仰观于天、俯察于地的天文之学，正是上古时代前沿科技的桂冠，散居各地的先民也得以在信仰的召唤下建立起共同的记忆并逐渐融入共同的文化版图。

当然，中华文化并非一元，即便经过秦代"书同文"、汉代"独尊儒术"等改造，也始终保持着多元共存的丰富面貌并沉淀出中华文化开放融通的特质，但毫无疑问，中华文化的多元性中有着可追溯的以天文为代表的源头。

回到数千年前，华夏先民的科技与宗教就发源于仰观俯察以观象制历的天文实践，如测定一年的长度及四季变化节气更替、发现日月五星及诸天星宿的运行规律，进而模拟天地自然的秩序以规划人间的政治伦理，包括死后的鬼神世界也是在天界展开。中国人千年传承敬天法祖的传统以及天人合一的文化内核，无不由此发轫并坚强地一以继之，历经岁月洗礼和王朝更迭，我们与古代先民始终保持着精神的同步与共鸣。

走进诸神的世界，是了解中国何以为中国的开始。

一家之言，希望能让您有所启发。

目　录

第一章　天问秘事

斡维焉系，天极焉加？八柱何当，东南何亏？

…………

鸱龟曳衔，鲧何听焉？顺欲成功，帝何刑焉？

永遏在羽山，夫何三年不施？伯禹愎鲧，夫何以变化？

纂就前绪，遂成考功。何续初继业，而厥谋不同？

…………

鲧何所营？禹何所成？康回冯怒，墬何故以东南倾？

九州安错？川谷何洿？东流不溢，孰知其故？

东西南北，其修孰多？南北顺椭，其衍几何？

…………

西北辟启，何气通焉？

…………

羿焉彃日？乌焉解羽？

…………

登立为帝，孰道尚之？女娲有体，孰制匠之？

…………

——（战国·楚）屈原《天问》

一、女娲补天：天之数有几何？

　　却说那女娲氏炼石补天之时，于大荒山无稽崖炼成高十二丈、见方二十四丈大的顽石三万六千五百零一块。那娲皇只用了三万六千五百块，单单剩下一块未用，弃在青埂峰下。

　　这是《红楼梦》开篇第一回所讲的故事源起，贾宝玉就是那块弃在青埂峰下不堪补天之用的顽石[1]。

　　所谓宝玉自是小说家的无稽之言，但娲皇却并非完全是向壁虚构。虚妄的传说背后，潜伏着一段湮没在几千年岁月长河里模糊难辨却真实发生过的故事 —— 准确说，是往事。

---

[1]　雪芹原意绛珠草感激神瑛灌溉之恩，故曰"我亦随之下凡，以泪还债"。此还泪一案情事甚明，而石头只是"夹带"于此案中而一同下凡者，与神瑛为两人两事。而绛珠误认貌同之假玉为真（甄宝玉），此本书精神奇幻之原旨。……石头曾见神瑛与绛珠之面貌，而石头本无形貌，既欲下世为人，遂暗中假借了神瑛的面貌，此亦石头即贾宝玉之本义。如今黛玉一见宝玉，因有面熟之感，遂则误以为贾宝玉为甄宝玉，即误认石头为神瑛也。（《周汝昌校订批点本石头记》）

（一）

女娲炼石补天的传说由来已久，《列子》（战国列子[1]）、《淮南子》（西汉刘安）、《论衡》（东汉王充）、《三皇本纪》（唐司马贞）等均有记载。

如《列子·汤问》载：

> 天地亦物也。物有不足，故昔者女娲氏练五色石以补其阙，断鳌之足以立四极。其后共工氏与颛顼争为帝，怒而触不周之山，折天柱，绝地维，故天倾西北，日月辰星就焉；地不满东南，故百川水潦归焉。

《淮南子·览冥训》载：

> 往古之时，四极废，九州裂，天不兼覆，地不周载。火爁焱而不灭，水浩洋而不息。猛兽食颛民，鸷鸟攫老弱。于是女娲炼五色石以补苍天，断鳌足以立四极，杀黑龙以济冀州，积芦灰以止淫水。苍天补，四极正，淫水涸，冀州平，狡虫死，颛民生。

需要注意的是，在《列子》中，女娲炼石补天以后又发生了共工怒触不周山的故事，其时间序列是补天在前，触山在后。

事实上，《淮南子》中也有共工怒触不周山的故事，只不过是记载在另一篇《天文训》里，与女娲补天（见载于《淮南子·览冥训》）并没有什么关系。

《淮南子·天文训》载：

---

[1] 列子名寇，又名御寇，生于战国前期，其年代在老子与庄子之间，道教中尊其为冲虚真人。

> 昔者共工与颛顼争为帝，怒而触不周之山，天柱折，地维绝。天倾西北，故日月星辰移焉；地不满西南，故水潦尘埃归焉。

"天柱折，地维绝"，触山的故事在《列子》与《淮南子》中用词略有不同，但情节完全一致；略有区别的是，《列子》说的是"天倾西北，地不满东南"，而《淮南子》说的是"天倾西北，地不满西南[1]"。

一个东南，一个西南，哪个更靠谱呢？

我们来看《易经》。

在八卦类象[2]里，乾为天，坤为地。八卦与方位的配属关系，在先天八卦中，乾卦为南，坤卦为北，正所谓天南地北；在后天八卦中，乾卦为西北，坤卦为西南。

两相对照可知，所谓共工怒触不周山导致天地倾覆，其故事原型很可能就来自八卦，也就是先天八卦演变为后天八卦的故事

---

[1] 地不满西南，传世本《淮南子》如世界书局、崇文书局等出版的版本中都写作"地不满东南"，与《列子》所说并无不同，但在多人著作中都有引作"地不满西南"的。如闻一多《伏羲考》引《淮南子·天文篇》："昔者共工与颛顼争为帝，怒而触不周之山，天维绝，地柱折，天倾西北，故日月星辰移焉，地倾西南，故水潦尘埃归焉。"（闻一多《伏羲考》，上海古籍出版社，2009 年）又如毛泽东为《渔家傲·反第一次大"围剿"》所作的注："共工是胜利的英雄。你看，'怒而触不周之山，天柱折，地维绝。天倾西北，故日月星辰移焉；地不满西南，故水潦尘埃归焉'。他死了没有？没有说。看来是没有死。共工确实是胜利了。"这个注是毛泽东在秘书田家英查了有关共工的古典文献后，他加上去的。（词作于 1931 年春，发表于《人民文学》1962 年 5 月号，发表时毛泽东为其写了注解。）

[2] 八卦类象是用八卦分别代表不同事物，一切有形无形之物都可以按一定特征归类并用八卦来表示，简而言之，八卦类象即是一种分类方法，一切事物都可以分为其中一类。需要注意的是，这种分类并非静态固定不变，在不同场景不同时空环境中可能会有所变化。

化——乾为天，由先天八卦的南方变成后天八卦的西北方，是为"天倾西北"；坤为地，由先天八卦的北方变成后天八卦的西南方，是为"地不满西南"。照此说来，那么后天八卦的产生应当在传说的共工与颛顼时代[1]。

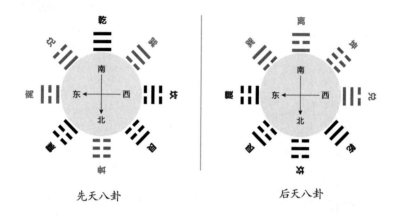

先天八卦　　　　　　　　　　后天八卦

在时间序列中考察，先天八卦的天南地北模型可能在公元前4500年左右已经形成，如河南濮阳西水坡遗址的墓葬中发现了蚌壳摆塑的龙虎形象，其方位合于流传后世的左青龙（东）、右白虎（西），墓主人所在墓穴轮廓呈南圆北方，按天圆地方的天地模型，其表现的正是天南地北的空间观。也就是说，天倾西北的后天八卦及传说中的共工和颛顼时代可能在公元前4500年以后（最晚到公元前3400年左右，古代先民认识并掌握了北天极的测定，也就具备了产生"天倾西北"后天八卦的天象基础，详后）。

---

[1]　一般称伏羲先天八卦，文王后天八卦，按神话所提示的信息，后天八卦并非出于周文王，其产生年代应早于西周，甚至比夏商两代都还要更为古早。先天八卦与后天八卦的演变，实际来自分别以太阳和北极星为参照的两种天文观测系统，参见本书第三章《炎黄辨谜》。

那么，究竟是地不满东南还是西南呢？由上述八卦方位可知，也许《淮南子》所记的西南才是正确的 [1]。

需要注意的是，有人认为共工怒触不周山是女娲补天的前因，即先有共工触山导致天地倾覆，然后才有女娲补天。但我们从以上引文可知，在《列子》中，共工在女娲之后，是先补天后触山；而在《淮南子》中，补天和触山则是两个根本就互不相干的故事（分别见载于《览冥训》和《天文训》）。

之所以会有这样的牵连和颠倒，大概是因为女娲补天的"天不兼覆，地不周载"与共工怒触不周山的"天柱折，地维绝"正好可以构成前因后果的关系，于是有人就把这两个故事拢到一块去了。

事实上，所谓先有共工怒触不周山然后有女娲补天，其实是东汉王充的拉郎配，其《论衡·谈天篇》载：

> 共工与颛顼争为天子不胜，怒而触不周之山，使天柱折，地维绝。女娲炼五色石以补苍天，断鳌足以立四极。天不足西北，故日月星辰移焉；地不足东南，故百川注焉。

到唐代的司马贞，其《三皇本纪》也认为共工在前女娲在后，不过共工不是与颛顼争位，而是与祝融大战：

> 女娲氏亦风姓……当其末年也，诸侯有共工氏，任智刑，以强霸而不王。以水承木，乃与祝融战，不胜而怒，乃头触

---

[1] "地不满西南"，这可能是比"地不满东南"更为古老的一种说法，但在历史演进中，随着天文发现的进步，以及远古先民的活动空间因迁徙交流不断扩展产生新的环境认知，从而逐渐被淘汰并被后者所替代。所以，准确地说，地不满东南或西南，两者本无所谓谁对谁错，只是在不同历史阶段基于不同认知基础而产生的概念。参见本章之《天倾西北：日行九天何所去？》。

不周山。崩，天柱折，地维缺。女娲乃炼五色石以补天，断
鳌足以立四极，聚芦灰以止滔水，以济冀州。

显然，从年代可知，从战国（列子）到西汉（刘安），女娲
与共工的故事还没有联系到一起，到东汉的王充才重新编剧，将
二者弄成了前因后果，此后这个新版本也得以流传（如唐代司
马贞）。

回到女娲补天，并不复杂的故事在不同记载中的关键情节都
是一致的：一是炼五色石以补天；二是断鳌足以立四极。

（二）

我们知道，一年有 365 天，准确地说，是 365.2422 天（指回
归年 [1]）。

当然，古人的数据没这么精确，但至迟在春秋战国时代已使
用四分历，一年有 365 又 1/4 天，四分历就是由这个 1/4 而得名。

也就是说，四分历的一年有 365.25 天，与我们现代精确测定
的数值相差 0.0075 天，即一年差 10.8 分钟 —— 其实这已经很准确
了，对不对？

一年差十来分钟，听起来好像可以忽略的样子。

但是，聚沙成塔，集腋成裘，细流终成深海，时间的伟力终
将出人意料 —— 每年差出来的这十来分钟，倘若日积月累，貌似
可以忽略的这一点点误差早晚会变得很可观。

我们不妨来算一下。一年差 10.8 分钟，不到 6 年就差 1 小时，

---

[1] 地球上观察到的太阳视运动轨道为黄道，在黄道上选一个点，当太阳再次
回到该点时所经过的时间即是一回归年。因为地球公转并非匀速，所以选黄道上
不同的点做参照所测得的回归年长度略有不同，365.2422 天是平均值，又称平回
归年。

不到 133 年就差出一整天，1333 年多一点就能差出 10 天……

孔子生于公元前 551 年，距离今天有 2570 年左右，如果今天的我们仍然按孔夫子那时候的四分历纪时，我们的时间就会比实际的一年慢 19 天多，反映到节气上——我们以为到夏至了，但实际上已经过了小暑。

夏至是一年中白天最长的那一天，那么，闲得天天看日出日落的某个人就会发现，夏至这天的太阳怎么提前下班了呢？

这样的误差继续累积下去，子子孙孙无穷尽矣，一万三千多年后就会差出 100 天，两万年后就能差出半年来，这也就意味着，那时候的人们就要在酷暑的阳光下过春节了。

一万年太久，如果把这种现象的进程压缩加速到四五十年就出现呢？

比如说，一年本来有 365.2422 天，但如果我们的历法规定的却是一年 360 天，那么，把零头去掉，一年还差着整 5 天。

一年差 5 天，四十年就差出来 200 天，这可都已经超过半年了，也就是说，从我们实行一年 360 天开始，只需三四十年就已经是冬雷震震、夏雨雪了。

早上醒来，你拿起手机一看，今天夏至，结果推开窗户一看，外面是白茫茫大地真干净啊。

哪里出问题了呢？

手机没问题，黄历没问题，眼睛没问题，那么，一定是天有问题。

我们常说天地人的概念，如天地人合一，天地人和，天地人三才。那么，天和地究竟是什么呢？

头顶为天，脚下为地，所谓顶天立地，这是一层意思。

其次，也是最重要的，天是时间，地是空间，正所谓天时地利，也就是说，天地即宇宙，"往古来今谓之宙，四方上下谓之宇"[1]，往古来今的宙就是天，天就是天时。

四季更替，时光流转，正是一代又一代人对时间的感知、测量和规定——经过不断地观测和积累，逐渐发现了日月星辰的运动规律，从而创造出用以安排生产、生活、祭祀、施政等事务的历法——天是时间，这一内涵的源头正是历法。

在历法草创初期，因为对一年的长度的观测还不够准确，如上面假设的 360 天，比实际的一年少 5.2422 天，这 5 天多的误差日积月累，很快就会发生日历和实际天象、气候不相符合的问题——寒风凛冽的夏天、酷热难当的冬天。

显然，形象化艺术化地描述这种现象，那就是——天破了。

所以，所谓补天，其实就是修正历法，将一年 360 天调整为一年 365 天。

女娲炼五色石以补天，五色石的意象就来自补齐实际回归年天数的那 5 天。

所以，传说伏羲画八卦制甲历，很可能那时的一年是 360 天，这种历法最多使用四十年就会出大娄子，然后就有了女娲的观测和发现，在原有基础上增加 5 天。

一年 360 天最多只要四十年就会寒暑颠倒——事实上，四十年会差出来 200 天，人们不可能迟钝到真的等到寒暑颠倒才发现问题——所以，伏羲和女娲如果不是凭空想象的神话人物也不是部落的代名词而是两个具体真实的人的话，那么，他们俩一定生活在同一时代；所以，故事里的伏羲和女娲，要么是夫妻，要么是兄妹。

---

[1] 《文子·自然》。

（三）

女娲补天将一年调整为 365 天后，与回归年的实际长度 365.2422 天相差无几，但如前所述，一点点细微的差别在时间的累积中就会变成大问题。

一年 365 天，比实际的回归年少 0.2422 天，四年就接近少 1 天，四百年就少 100 天，八百年就会少 200 天，又会逐渐出现夏天可以滑冰、冬天需要避暑的诡异天象。

怎么办呢？和女娲补天一样，又需要调整历法了。

据《尚书·尧典》记载：

> （尧）乃命羲和，钦若昊天，历象日月星辰，敬授人时……帝曰："咨！汝羲暨和。期三百有六旬有六日，以闰月定四时，成岁[1]。允厘百工，庶绩咸熙。"

尧的时候，命羲和观测日月星象，制定历法，"期三百有六旬有六日"，即一年有 366 天。由此推测，从女娲补天的一年 360 天修正为 365 天后，历法的 365 天与实际回归年长度（365.2422 天）相差的 0.2422 天又在日积月累后出现了可以感知的误差，到尧的时候再次修正，将一年的长度调整为 366 天。

值得一提的是，尧的时候开始"以闰月定四时"，由此可知至少从那时起，就开始使用阴阳合历了[2]。

---

[1] 古代的岁和年是两个不同概念，简而言之，正月初一到下一个正月初一，是一年；冬至到下一个冬至（或立春到下一个立春），是一岁。年是人为指定，如一般认为夏商周三代所规定的正月就各不相同，以现在的阴历为准，殷商以十二月为正月，周朝以十一月为正月；岁来自天文观测，冬至时立杆测影的影子最长（太阳直射南回归线）。

[2] 阴历以月亮为参照，一年十二个月有 354 天；阳历以太阳为参照，一年有 365.2422 天。闰月的目的就是调和阴历和阳历之间的时间差。

当然了，随着观测技术及精度的不断提高，这一次的调整也不可能真的等到冬夏反转以后再行修补，要不然在历史上就又会出现一次所谓的女娲补天了。

一年 365 天，四百年就会比回归年少将近 100 天，实际的物候与历法中的节气已经偏移得非常明显，这种不正常的变化足以让古人察觉到历法又需要调整了，所以，从女娲补天到尧置闰的时代，最多也就相距三五百年。

至于唐尧时的 366 天具体是怎么计算和安排的尚不得而知，但可以肯定的是，一年 366 天比一年 365 天与实际回归年的长度（365.2422 天）误差更大，所以，过不了多久必然又要再次调整。

在这样的不断微调中，古人对回归年长度的测定越来越精确。到春秋战国时代的四分历，已经精确到 365.25 天。再后来到元代，郭守敬测定一年为 365.2425 天，就与现代的精确数值 365.2422 天几乎一样了（相差 25.92 秒）。

（四）

女娲补天的故事有两大核心情节，一是炼五色石以补天，二是断鳌足以立四极。

如上所述，所谓女娲补天，就是将伏羲制历的一年 360 天增补为一年 365 天，以纠正寒暑颠倒的混乱现象。

那么，"断鳌足以立四极"又是指什么呢？

《淮南子·览冥训》载："往古之时，四极废，九州裂"，也就是说，四极并不是女娲新建的，在其"断鳌足以立四极"之前本来就有四极，只是原来的四极崩坏而不可用。

让我们回到女娲补天就是一次历法调整的思路。

伏羲时制定的历法在数十年后就出现寒暑颠倒、冬热夏寒的诡异气象，于是，以伏羲为王的各部落势必产生动摇和怀疑，以伏羲为共主的部落联盟陷于分崩离析，这就是"九州裂"，九州指的是部落联盟而不是大地。

四极何在呢？

我们知道，立杆测影看太阳，影子的长度会在一年之中不断变化，夏至时的正午影子最短，冬至时的正午影子最长，坚持测量记录积累数据，就会发现影长数据有周期性的变化，而所谓的一年就是这么来的，即立杆测影得到两个最大值或两个最小值，这中间就是一年（准确说应该称为一岁）。

如果测量昼夜长短，则夏至时白天最长，冬至时夜晚最长，和立杆测影的结果意义相同[1]。

与此类似的还有春分秋分这两天，昼夜长短一致，而南北极地区极昼极夜的分界点也就在这两天。

所以，夏至冬至和春分秋分这两至两分四个节气是一年之中的四个关键点，以阴阳的概念来看，夏至冬至是阴阳两极，春分秋分是阴阳调和之中，四个点确定无误，一年的四季变化就能次第相续。

由此可知，所谓"四极废"，就是说两至两分这四个节点全都乱套了。

比如看日子明明是夏至到了，应该测出日影最短，外面却千里冰封万里雪飘；明明实际测得日影最长，说明是冬至到了，可一看黄历却又写着夏至。

四个关键节点发生偏移与实际气象严重不符甚至完全相反，

---

[1] 立杆测影和昼夜长短是划分时节的主要依据，除此以外，还有观测北斗斗柄指向、各种星体（如水金火木土五大行星、以二十八宿为代表的诸天恒星等）出现的时间与方位等多种方法。

这不就是典型的"四极废"吗？

女娲补天之后，一年 365 天，与实际的回归年基本接近（误差 0.2422 天），于是，对两至两分这四个关键节点的测量结果与事实上的季节更替又能够对应上了，这就是"立四极"。

也许你会说，节气有二十四个，凭什么就把两至两分这四个节气单拎出来说事呢？为什么就不能拿六个出来说是六极，或者拿八个出来说是八极呢？

道理很简单，所谓二十四节气，只有冬至夏至和春分秋分这四个节点有对应的可观测的天文现象，即正午时立杆测影的影子最长（冬至）或最短（夏至），昼夜平分（春分秋分），除此以外，其他节气并没有直观可见的标志性现象，纯粹是人为的划分（或按天数平分，称为平气；或按周天度数平分，称为定气）。

（五）

女娲补天的神话故事从历法的角度看就能发现隐藏其中的真实内核，这也提示我们，伏羲画卦，莫非这八卦也来源于历法？

直接下结论恐怕还不行，但不失为一种具有合理性的可能。

那么，我们可以推测一下，伏羲时所制定的历法是一年 360 天，以阴阳纪之则一年可分为冷暖两季（两仪），以四极定一年则是两分两至（四象），再分段纪时就可以分八个月（八卦）。

一年八个月的历法目前没有任何证据纯属瞎猜（或者按四极分为四季，每季各分阴阳以成八段，更具合理性），但一年分两季是有迹可寻的。按古文《尚书》和甲骨文的一些资料，商周时期很可能还是把一年分为春秋两季 [1]，春秋一词后来也就被用来作为

---

[1] 需要说明的是，一年分两季或四季，未必非此即彼，完全可以共存。

鲁国史官按年记事的史书之名。此外，在苗族地区也保留有一年分冷热两季的记录，如《苗族贾理》载："隔年做两段，隔田做两半。冷季六个月，暖季六个月。"

《尚书·序》载：

> 古者伏牺氏之王天下也，始画八卦，造书契，以代结绳之政，由是文籍生焉。

按文意所指，伏羲画八卦造书契（即文字），其目的是代替原来的结绳之政。

所谓结绳记事，一年中冷暖雨雪的天气变化以及草木的荣枯、野兽的繁殖等事项必然是要记的重点，所以，历法的产生正是由这种需求所催生的，或者说，正是在古代先民对自然环境的变化规律不断发现和掌握的过程中导致了历法的诞生。

（六）

易与历法关系密切，易与龟之间也渊源颇深。

神龟负图出洛水，这是洛书的传说，在汉代的各种纬书[1]中，就有不少元龟衔符、元龟负书、大龟负图等说法。

用龟甲为卜，用《易经》为筮，都可以沟通天地未来。

1987年，在安徽含山凌家滩遗址出土了一件玉雕石龟（公元前3500—前3300年），有背甲和腹甲以及一块玉版，据考证可能

---

[1]　纬书，兴盛于汉代，由方士和儒生依托儒家经籍如《易经》《尚书》《诗经》《春秋》《论语》等而编撰的图书，内容以符箓、瑞应、占验、预言等为主，实际上大部分都与其所依托的经籍并无关系，但其中保留了许多古代天文、历法、地理等内容。所谓纬书，即是相对于儒家经书而言："纬者，经之支流，衍及旁义。"

与洛书九宫、八卦及古代太阳历等有关。

由此可见，龟与易及天文历法有久远而深厚的渊源，这也是女娲改历"断鳌足以立四极"的意象由来（鳌即大龟）。

此外，还有龙生九子之说，老大就是这个鳌，如《升庵集》（明代杨慎）所载：

> 俗传龙生九子，不成龙，各有所好……一曰赑屃，形似龟，好负重，今石碑下龟趺是也。

而龙图腾的产生，正是来自伏羲，史书上还有伏羲自号龙师并以龙纪官的记载。

如《竹书纪年》载：

> 太昊伏羲氏，风姓之祖也，有龙瑞，故以龙命官。

《通鉴外纪》（北宋刘恕）载：

> 太昊时有龙马负图瑞出于河，因而名官，始以龙纪，号曰龙师。命朱襄为飞龙氏，造书契；昊英为潜龙氏，造甲历；大庭为居龙氏，治居庐；浑沌为降龙氏，驱民害；阴康为土龙氏，治田里；栗陆为北龙氏，繁殖草木，疏导源泉。

（七）

上文说到女娲改历后一年365天，与实际的回归年相差0.2422天，四百年后就会差出来将近100天。而尧时有置闰及一年366天，可视为对一年365天的微调。如果仅从历法的调整来看，似乎女娲与尧之间相距不过数百年，但是，如果考虑到传说中的世系传承，又显然是不可能的。

因为伏羲女娲之后，至少还要经过炎帝、黄帝等才能到尧，事实上可能还不止。

按《帝王世纪》（西晋皇甫谧）所载：

> 及女娲氏没，次有大庭氏、柏皇氏、中央氏、栗陆氏、骊连氏、赫胥氏、尊卢氏、混沌氏、有巢氏、朱襄氏、葛天氏、阴康氏、无怀氏，凡十五世，皆袭庖牺之号。

女娲之后有十五代，每代就算 30 年那也有 450 年。

> 神农氏，姜姓也……生炎帝……都于陈，在位百二十年而崩。至榆罔，凡八世，合五百三十年。

炎帝成为天下共主后又传了七代，一共八代 530 年。

炎黄大战被黄帝打败的炎帝就是第八代的榆罔，之后就是黄帝成为天下共主的时代了。

这么一算，女娲之后到黄帝，至少已经一千年过去了。所以，这段时期必然还会对一年 365 天的历法进行修正。

其实，历法的微调在女娲补天之后就是越来越精确化的一个长期持续性过程，即使是先秦时期的四分历精确到一年 365.25 天，仍然需要不断修正。从秦代到清代，中国历史上先后有六七十种历法，不言而喻，但凡涉及一年长度的调整必然都是微调。

女娲之后、黄帝之前这千余年中的历法调整好像没有什么记录，而黄帝时代改历的记载是有的。

《世本》[1] 载：

---

[1] 《世本》，世是世系，本是起源，又称《系本》。由先秦时期史官修撰，主要记载上古帝王、诸侯和卿大夫家族世系传承。原本在唐代已有残缺，至南宋全部佚失，现有根据其他书籍所引用的内容进行辑补的八种不同辑本，商务印书馆出版有《世本八种》（1959 年）。

> 黄帝使羲和占日，常仪占月，臾区占星气，伶伦造律吕，大挠作甲子，隶首作算数，容成综此六术而著调历也。

"羲和占日，常仪占月"，测日可得太阳历，观月可得太阴历，所以，在伏羲女娲传下的太阳历基础上，到黄帝时很可能还融合了太阴历，形成阴阳合历，也就是我们现在仍在使用的农历——农历即是阴阳合历。

出门看日子，婚丧嫁娶查黄历，这个黄历的说法就来源于黄帝历。

《史记·历书》载：

> 黄帝考定星历，建立五行，起消息，正闰余，于是有天地神祇物类之官，是谓五官。各司其序，不相乱也。

由此而论，那么黄帝时代的历法已经有置闰之法了，而且是"正闰余"，正，即修正、校正。那也就是说，使用闰年的办法（即阴阳合历）可能还要更早，黄帝时代对历法的调整也只是进一步修正而已。

关于八卦相重成六十四卦，有说是文王演易时才将八卦两两相重而成六十四卦，但《周礼》有明确记载：

> 太卜掌三易之法，一曰《连山》，二曰《归藏》，三曰《周易》。其经卦皆八，其别皆六十有四。

《连山》《归藏》及《周易》都有六十四卦，《周易》出于周文王还说得过去，但《连山》与《归藏》二易的六十四卦显然不能归到文王名下。

从八卦与历法的渊源来看，如果真的是在黄帝时期首次实现了阴阳合历，那么，八卦相重而成六十四卦，最有可能的出处就是黄帝（如上所述，黄帝也只是"正闰余"，阴阳历的出现很可能还要早于黄帝时代）。

因为阴历来自对月亮的观测，其一年十二个月为354天，如果与阳历的365天进行调和，那么，阴历的闰年就有384天。巧的是，六爻成卦，六十四卦正好一共有384爻——事实上，这未必是所谓巧合，恰恰是因为八卦本来就是用来记录和推算历法的。

（八）

最后的问题就是，如果女娲补天是一年360天修正为365天，那么，历史上真的曾经有过一年360天的历法吗？

有线索。

直到今天，彝族地区还流传和使用着十月历。这种历法是一年有十个月，每月36天，一年360天，然后另外加5天作为过年日，四年一闰则有366天[1]。

不独中国有"360+5"这样的年历，古埃及的太阳历是一年十二个月，每月30天，同样是一年360天，然后年终加5天作为节日。

还有玛雅历法，一年是十八个月，每月20天，一年也是360天，然后另外有5天是禁忌日。

无独有偶，彝族不仅有十月历，还有更古老的十八月历，也是一年十八个月，每月20天，年终另加5天作为祭祀日（过年日）。

从这些历法的情况看，远古时期的历法形成先有一年360天，然后才逐渐精确化调整为一年365天，这不失为一种颇为合理的

---

[1]　刘尧汉、卢央：《文明中国的彝族十月历》，云南人民出版社，1986年。

推测，甚至可以说事实如此。

对我们现代人来说，一回归年的长度是 365.2422 天，这只是常识，但请想象一下，在一切未知的几千年前，没有任何精密仪器的辅助，要通过立杆测影、观测日出日落方位等办法测出一年的长度，这实在不是一件容易的事情。且不说有几天的误差在所难免，更重要的是，当测得的数据在 360 天左右的区间时，取整数的心理也会让 360 天成为当时的最佳选择。

差之毫厘，谬以千里，但这种谬误在短期内并不会让人察觉到，如五年只差不到一个月，十年也只差不到两个月，人们可能会觉得天气有些异常，但也会认为就只是天气异常而已。随着时间的推移，在日积月累若干年之后，这种天气异常越来越离谱，时节失序势必成为妇孺皆知的有感事实，已经没法再用天气异常做合理解释；而与此同时，天文观测肯定也在持续进行并不断积累数据，发现一年的长度应该是 365 天，其实这也只是时间早晚的问题。

所以，褪去包裹的神话外衣，所谓女娲补天，其实就是古代先民在历法草创阶段修正历法的历史事实。

或许是因为文字系统还没有成形，一靠口耳相传，二靠画图记事，在代代相传中逐渐走向神话，就演变成了炼五色石补天的瑰丽想象。但是，不论怎么变形走样，只要回到常识并抽丝剥茧顺藤摸瓜，离奇的故事也总有一个连着事实的源头所在。

二、后羿射日：日历月历何所来？

羿，见于史载的其实有两个。

一个是大羿，帝俊和尧时代的人；另一个后羿则晚得多，在夏代太康时期，太康失国后羿代夏就是他干的，是个谋权篡位的狠角色，不过报应不爽，他后来又被自己的手下寒浞抢班夺权给杀了。

所谓后羿射日，实际是张冠李戴，应该是大羿射日。也许是因为后羿也精于箭术，后世就把射日的传说与他联系到了一起。

（一）

《山海经》有关于羿的记载，但并没有射日之说。

《山海经·海内经》载：

> 帝俊赐羿彤弓素矰，以扶下国，羿是始去恤下地之百艰。

彤弓即朱漆大红之弓，古代天子赐给有功的诸侯或大臣以专事征伐，是一种权力和荣誉的象征，有点像后世所说的尚方宝剑。

《山海经》是部奇书，现在我们能看到的最早版本是晋代郭璞的《山海经注》，但至迟到汉代，写《史记》的司马迁是看过的。

> 至《禹本纪》《山海经》所有怪物，余不敢言之也。

东汉班固的《汉书·艺文志》则列有书目，"《山海经》十三篇"。

事实上，先秦时期的《吕氏春秋》（秦国吕不韦等）、《天问》（楚国屈原）等都有不少内容与《山海经》相同，其作者应该都见过《山海经》。

如屈原所问："羿焉彃日？乌焉解羽？"（彃读 bì，意为射）说明至晚到战国时期就已经有羿射日的传说。

由此可见，现存版本的《山海经》并没有羿射日的故事，但以前的版本可能是有的。

如唐代成玄英的《庄子疏》有引用《山海经》：

> 羿射九日，落为沃焦。

宋代大型类书《锦绣万花谷》也有引用《山海经》：

> 尧时十日并出……尧命羿仰射十日……落沃焦。

他们所引用的《山海经》版本显然与流传至今的不一样。

羿射十日的完整故事见于西汉《淮南子·本经训》：

> 逮至尧之时，十日并出。焦禾稼，杀草木，而民无所食。猰貐、凿齿、九婴、大风、封豨、修蛇，皆为民害。尧乃使羿诛凿齿于畴华之野，杀九婴于凶水之上，缴大风于青丘之泽，上射十日而下杀猰貐，断修蛇于洞庭，禽封豨于桑林。万民皆喜，置尧以为天子。

猰貐（yà yǔ）、凿齿、九婴、大风是传说中的怪兽，封豨（xī）是野猪，修蛇是大蟒。关于这些怪兽的渊源和故事，我们到下一章再展开。

（二）

十日何解？

有说是幻日的天文现象，有说是孛星[1]经过，也有说是部落的名字或者干脆说是十个崇拜太阳的部落，更偷懒的万能说法是外星人干的。

各说各有理，也不必直接否定，让我们先来看看十日从哪来的。

关于十个太阳的记载，《山海经》里就有。

《山海经·海外东经》载：

> 下有汤谷。汤谷上有扶桑，十日所浴，在黑齿北。居水中，有大木，九日居下枝，一日居上枝。

《山海经·大荒东经》载：

> 大荒之中，有山名曰孽摇頵羝。上有扶木，柱三百里，其叶如芥。有谷曰温源谷，汤谷上有扶木，一日方至，一日方出，皆载于乌。

这两段话是说十日栖息于扶桑木，这十个太阳每天一个轮流乘坐金乌送温暖。

十日的出处，《山海经》里也有。

《山海经·大荒南经》载：

> 东南海之外，甘水之间，有羲和之国。有女子名曰羲和，

---

[1] 孛星，指彗星或彗星的一类，一般被当作灾厄的象征。

方浴日于甘渊。羲和者，帝俊之妻，生十日。

十日为羲和所生，羲和是帝俊之妻，这十个太阳就是由她所生并在她的看护下轮流值班。

羲和生了十个太阳，神话色彩太浓了。我们再来看看更接地气说人话的记载。

《尚书·尧典》载：

> （尧）乃命羲和，钦若昊天，历象日月星辰，敬授人时。
>
> 分命羲仲，宅嵎夷，曰旸谷。寅宾出日，平秩东作。日中，星鸟，以殷仲春。厥民析，鸟兽孳尾。（日中，即白天不长不短，为春分）
>
> 申命羲叔，宅南交。平秩南讹，敬致。日永，星火，以正仲夏。厥民因，鸟兽希革。（日永，即白昼最长，为夏至）
>
> 分命和仲，宅西，曰昧谷。寅饯纳日，平秩西成。宵中，星虚，以殷仲秋。厥民夷，鸟兽毛毨。（宵中，为夜晚不长不短，为秋分）
>
> 申命和叔，宅朔方，曰幽都。平在朔易。日短，星昴，以正仲冬。厥民隩，鸟兽氄毛。（日短，即白昼最短，为冬至）
>
> 帝曰："咨！汝羲暨和。期三百有六旬有六日，以闰月定四时，成岁。允厘百工，庶绩咸熙。"

《山海经》里说有国名羲和，有女名羲和，《尚书》这里也有羲和，受尧之命负责掌管日月星辰，而且还具体说了，尧命羲仲、羲叔、和仲、和叔四人分别到东南西北四个地方观星象、定季节、作历法，确定春分秋分和夏至冬至四个节气，将一年定为366天（期三百有六旬有六日），并通过置闰（以闰月定四时）的办法确保四时不乱。

显然，这里的羲和是人而不是神，负责的是观测天象制定历法的工作，所谓历象授时也就相当于今天紫金山天文台的工作。

且慢，不仅尧时有羲和，再往前的黄帝时期也有。

《世本》载：

> 黄帝命羲和占日，常仪占月。

再往后到夏代也有羲和。

《尚书》记载，夏代仲康时期，羲和因酗酒而没有及时预报日食造成民间恐慌，"羲和湎淫，废时乱日，胤往征之，作《胤征》"。

由《尚书·胤征》的记载可知，负责观天的工作要求极为严苛，诸如日食月食这些异常天象，报早了或者报晚了都要杀头，更何况你干脆漏报。"先时者杀无赦，不及时者杀无赦。"

显然，如果这些记载都属实，那只有一种可能，羲和并不是某个女人，而是负责司天的官职。

如《汉书·平帝纪》记载，汉平帝元始元年设有羲和四人，是秩二千石的中央官员，其主要职责是"治明堂辟雍""典儒林史卜""考定律令"，即负责编写史书、掌管典籍、天文历法、祭祀等（并不专责天文星历，更偏于史官）。

再如始建国元年（始建国是王莽新朝的年号），即公元 8 年，王莽就把大司农一职改成了羲和，"更名大司农曰羲和，后更为纳言"[1]。

至于羲和一职的由来，很有可能就来自伏羲和女娲。

---

[1] 《汉书·王莽传》。

羲就是伏羲，和是女和，和通娲，即女娲[1]，伏羲和女娲都曾经观天制历。

羲和司天自然与太阳有密切关系，但问题是，十日，十个太阳，这是什么意思？

（三）

十个太阳显然是不可能存在的，即便所谓幻日也只是极个别的偶发现象，而且并不会导致农事歉收等灾难后果，再愚蠢的人也没有理由和必要煞有介事地把这种偶然现象编排进历史，使之代代相传。

要想明白十的真相，唯有从历法入手。

不单是中国，在整个人类历史上，历法只有三种，太阳历、太阴历以及阴阳合历。我们现在用的公元某年，就是太阳历（简称阳历）。伊斯兰世界用的回历，就是太阴历（简称阴历）。中国俗称的农历，其实并非阴历，而是阴阳合历。

我们知道，地球自转一圈，这是一天；月亮绕地球一圈，这是一月；地球绕太阳一圈，这是一年。

月圆之夜到下一个月圆之夜是一个月，但月亮的盈亏变化就这么周而复始，第十二个月的月圆与第十三个月的月圆与之前以及之后的每一次月圆并没有什么区别。

所以，显而易见的是，如果仅仅以月亮为参照，我们能得出

---

[1] 和、娲均古歌部字，声纽亦相近。（李零：《长沙子弹库战国楚帛书研究》，中华书局，1985 年）两字的上古读音，高本汉拟音为 [g'wɑ]、[kwa]，王力拟音为[uai]、[koai]。另外，在粤语中，和、娲为同音字，都读作 wo。其次，娲从呙，《康熙字典》："（呙）又与和同。"如和氏璧在《淮南子·说山训》中就写作"呙氏之璧"。

月的周期，但并不能产生年的概念。

对太阳的观测，可以用立杆测影的办法测量每天中午日影的长短（或者测量昼夜长短），夏至会测得最小值，冬至会测得最大值，在两个最小值或两个最大值之间，就是一年。

与观测月亮一样，如果仅仅以太阳为参照，我们也只能得出一个年的周期，并不能产生月的概念。

可想而知，纯粹的太阳历最小的周期就是年。

一年如此漫长，为了便于记忆和日常使用，势必需要人为分段。

别忘了，太阳历是观测太阳产生的，与月亮并没有任何关系，如果把一年分作几段以后——比如分为十段，那么，你说该叫十月还是十日？

显然，既顺理成章也最恰当的称呼就是十日。

十日，就是十个月。

（四）

《左传·昭公七年》载：

> 天有十日，人有十等，下所以事上，上所以共神也。

如果十日就是十个太阳，并以此为依据"人有十等"，那么，十个太阳岂不就应该是常态吗？显然这是不可能的；如果十日只是某种天文异象，那就更不足以成为"人有十等"的依据，这也可以反证十日不可能是十个太阳。

按《春秋左传注疏》中杜预（西晋）的注解，十日即"甲至癸"，即十天干，也就是用十天干纪时，把一年分为甲日、乙日、丙日、丁日直到癸日这十日。由此可见，古代社会确实曾经实行过十日历（即一年十个月）。

前文解译女娲补天时我们也说过，直到今天，西南地区的彝族仍然在传承和使用十月太阳历（一年十个月，每月 36 天，年终另加 5 天节日并四年一闰，是纯粹的太阳历）。

此外，《大戴礼记》中有《夏小正》，是一篇农事历法的记载，有一至十月以及十一月、十二月的记录，但据考证，其中的十一月和十二月应该是后代儒生自以为是地画蛇添足，也就是说，《夏小正》所记录的其实也是一种十月历[1]。

（五）

到这里就很清晰了，所谓十日，不过就是一年分为十个月的一种历法。

这种十日历（或称十月太阳历）是谁发明的呢？

《山海经》说帝俊之妻羲和生十日，所以，很可能是在帝俊时代形成了十日历——当然，所谓帝俊又是谁？是神还是人？这实在又是一桩悬案。

事实上，除了十日，还有十二月。

《山海经·大荒西经》载：

> 有女子方浴月。帝俊妻常羲，生月十有二，此始浴之。

帝俊另一个媳妇常羲生了十二月。

想必你也会用历法的思路看神话了吧，没错，同样的道理，十二月就是一年分为十二个月的历法。

也就是说，帝俊时代不仅有十月太阳历，还有另一种十二

---

[1] 陈久金、刘尧汉：《〈夏小正〉新解》，《农史研究》，1983 年第 1 期。

月历。

而十二月历，最大的可能就是将太阳历与月亮观测相结合的阴阳合历[1]。

道理很简单，因为月亮绕地旋转产生的月周期是 29.5 天，月亮公转 12 圈是 354 天，13 圈就是 384 天，而太阳历的一年是 365 天，354、384 和 365 这三个数据进行调和，最合理的解决办法就是：一年 365 天以太阳为参照，一年十二月用月亮作参照，各自不足的部分再用闰年的办法来补齐。

十日太阳历与阴历调和以后变成十二月历，虽然十日取消了，但并不是完全取代太阳，以太阳为参照仍然是核心（二十四节气即是来自太阳，与阴历无关），所以，羿射掉九个太阳还留下一个太阳。

那么问题又来了，羲和与常羲（常仪）、十日历与十二月历，两者到底是在帝俊时代（羲和生十日，常羲生十二月）还是黄帝时代（羲和占日，常仪占月）呢？

帝俊，又作帝夋（俊、夋都读作 qūn），有一种说法是帝俊即五帝之一的帝喾。

《史记·五帝本纪》载：

> 帝喾高辛者，黄帝之曾孙也……帝喾娶陈锋氏女，生放勋。娶娵訾氏女，生挚。帝喾崩，而挚代立。挚立，不善，而弟放勋立，是为帝尧。

---

[1]《世本》的说法是"黄帝使羲和占日，常仪占月"，常仪即常羲。羲和与常羲，《山海经》说是帝俊之妻，《世本》说是黄帝之臣，由此推论，这两个名字更有可能是职司天文历法的职官之名。

如果是这样的话，帝俊也就是黄帝的曾孙，尧和挚的父亲[1]。

那么，发明阴阳历的功劳自然应该记到黄帝身上，而帝俊所做的，或许就是将先辈的阴阳历修正得更加精确。

（六）

如上所述，所谓羿射十日，就是将与季节物候逐年背离的十日太阳历废除并更换为更为准确的阴阳合历。

且慢，不是说黄帝、帝俊都已经使用阴阳合历了吗？尧是他们的后代，怎么还在使用十日太阳历并派大羿射日呢？

请注意《淮南子·本经训》中的记载，尧命羿"上射十日"后，其结果是"万民皆喜，置尧以为天子"。

按《史记》所说，尧的天子位继承于其兄弟挚，怎么会因为羿射十日然后才被推举为天子呢？

别忘了，在秦始皇统一度量衡统一货币等之前，中国的地盘上从来没有实现大一统。即便是春秋战国时代，虽然有共同的周天子，但各诸侯国实际上是高度自治的，以历法来说，各国使用的就不尽相同，这就是所谓的古六历（黄帝历、颛顼历、夏历、殷历、周历、鲁历）。

所以，羿射十日的历法修改，并不发生在尧所能直接治理的地区，而是与其相距比较遥远的部落，因为交通与通信的落后，仍然还在使用误差越来越大的十日太阳历，直到羿的到来才获得了历法的最新成果，并因此承认尧是新天子的合法性。

---

[1] 上古帝王世系是一大笔糊涂账，胜者为王僭夺对方成果也是完全有可能的。至于帝俊的身份更是谜中之谜，也可能与黄帝根本不是一系，甚至年代早于黄帝。

三、夸父逐日：观天测影知时节

夸父诞宏志，乃与日竞走。

俱至虞渊下，似若无胜负。

神力既殊妙，倾河焉足有。

余迹寄邓林，功竟在身后。

——陶渊明《读山海经十三首·其九》

（一）

夸父逐日的故事见于《列子》（战国列子）、《山海经》（具体年代不详，一般认为成书于战国至汉）。

《列子·汤问》载：

> 夸父不量力，欲追日影，逐之于隅谷之际，渴欲得饮，赴饮河渭。河渭不足，将走北饮大泽。未至道，渴而死。弃其杖，尸膏肉所浸，生邓林，邓林弥广数千里焉。

这一记载有几个要点：

一是明确说夸父追的是日影，不是追日。

二是夸父的行走路线是先向西（逐之于隅谷之际，隅谷为日落之处），然后"赴饮河渭"，再向北（北饮大泽）。

三是夸父携带有杖（弃其杖）。

四是夸父与邓林有关（邓林即桃树林）。

《山海经》里有两处关于夸父的记载。

《山海经·海外北经》：

> 夸父与日逐走，入日。渴，欲得饮，饮于河、渭；河、渭不足，北饮大泽。未至，道渴而死。弃其杖，化为桃林。

《山海经·大荒北经》：

> 夸父不量力，欲追日景，逮之于禹谷。将饮河而不足也，将走大泽，未至，死于此。

《山海经》里的两段记载与《列子》基本相同，故事主干完全一样：追日景（即日影）于禹谷（日落之处），饮于河渭，然后北饮大泽，弃杖化桃林。

发现没？《列子》和《山海经》其实都说的是夸父追日影，并不是追日。

所谓夸父逐日，实在是以讹传讹的历史乌龙。

（二）

日景（日影）是什么呢？

我们来看一段《东周列国志》（明代冯梦龙）的故事。

> 庄贾问穰苴出军之期，苴曰："期在明日午时，某于军门专候同行，勿过日中也。"言毕别去。
>
> 至次日午前，穰苴先至军中，唤军吏立木为表，以察日影，因使人催促庄贾。

贾年少，素骄贵，恃景公宠幸，看穰苴全不在眼。况且自为监军，只道权尊势敌，缓急自由。

是日亲戚宾客，俱设酒饯行，贾留连欢饮，使者连催，坦然不以为意。

穰苴候至日影移西，军吏已报未牌，不见庄贾来到，遂吩咐将木表放倒，倾去漏水，竟自登坛誓众，申明约束。号令方完，日已将晡。遥见庄贾高车驷马，徐驱而至，面带酒容，既到军门，乃从容下车，左右拥卫，踱上将台。

穰苴端然危坐，并不起身，但问："监军何故后期？"

庄贾拱手而对曰："今日远行，蒙亲戚故旧携酒饯送，是以迟迟也。"

穰苴曰："夫为将者，受命之日，即忘其家；临军约束，则忘其亲；秉枹鼓，犯矢石，则忘其身。今敌国侵凌，边境骚动，吾君寝不安席，食不甘味，以三军之众，托吾两人，冀旦夕立功，以救百姓倒悬之急，何暇与亲旧饮酒为乐哉？"

庄贾尚含笑对曰："幸未误行期，元帅不须过责。"

穰苴拍案大怒曰："汝倚仗君宠，怠慢军心，倘临敌如此，岂不误了大事！"即召军政司问曰："军法期而后至，当得何罪？"

军政司曰："按法当斩！"

庄贾闻一"斩"字，才有惧意，便要奔下将台。穰苴喝教手下，将庄贾捆缚，牵出辕门斩首。

齐景公拜穰苴为将，定好午时（11—13点）出兵。穰苴立木为表看日影，也就是在太阳底下竖起桩子，然后看桩影变化以定时辰（另外还有计时用的更漏），而监军庄贾却恃宠而骄目中无人，直到申时（15—17点）才姗姗来迟，结果被穰苴按军法处置，斩首示众于辕门之外。

立将令之威，严军法之纪，这个故事与孙武练兵斩吴王爱妃可谓如出一辙。

穰苴立木为表，以察日影，这日影有什么变化？

我们知道，在平地上立一根木头或轻便点的杆子，早晨的太阳斜射，杆的阴影最长；随着太阳升高，杆的阴影逐渐变短；正午时太阳到最高点，杆的阴影最短；再随着太阳降落，杆的阴影又逐渐拉长。阴影长短的这种早晚变化每天如此。

把每天正午那一刻的阴影长短值记录下来（即每天测得的最小值），我们会发现这些阴影也有一个逐渐变长到最大值，然后又逐渐变短到最小值的周期变化。

太阳直射点在南北回归线之间移动，而中国在北半球，所以，太阳直射点在南回归线的那一天，我们立的那根杆的阴影长度会是最大值，这一天也就是冬至；阴影长度最小值的那一天，太阳直射点移到了北回归线，这一天也就是夏至。

在两个最大值或最小值之间，就是一年（即回归年，365.2422天）。这个一年是由太阳决定的，所以据此而作的历法就称为太阳历，简称阳历。

（三）

通过一根简单的杆子，就可以测算出一年的长度，可以确定夏至和冬至。不仅如此，在指南针发明以前，东西南北的方位也可以用这根杆子测出来。

《周髀算经》[1] 载：

---

[1] 《周髀算经》，中国古代算经十书之一，最古老的天文学与数学著作，其成书历多人多代，上起西周初年或更早，下迄秦初。原名《周髀》，唐初改名《周髀算经》，成为国子监明算科的教材。

> 以日始出，立表而识其晷。日入，复识其晷。晷之两端相
> 直者，正东西也。中折之指表者，正南北也。

晷，即日影。在日出和日落时分别标记出阴影的顶点，这两个顶点连成线，这条线的两端就分别是东西方向，线的中点再与立的杆子连起来（即中垂线），就是南北方向。

不过，这种方法理论上正确，但显然是很粗糙的，一则日出日落的具体时间很难精确，二则杆子的阴影尤其是顶端边缘部分并不会边界分明很清晰。这也就意味着，实际操作中误差很难避免。

《淮南子·天文训》记载有另一种方法：

> 正朝夕，先树一表东方，操一表却去前表十步以参望，日始出北廉。日直入，又树一表于东方，因西方之表以参望，日方入北廉，则定东方。两表之中，与西方之表，则东西之正也。日冬至，日出东南维，入西南维。至春、秋分，日出东中，入西中。夏至，出东北维，入西北维，至则正南。

如下图所示，A、B、C 代表三根杆。

日出时，先在东边立一根杆为 A，距 A 十步远的位置为 B 杆，具体位置要让 B 杆的阴影与 A 杆的阴影重合，也就是 A、B 杆和太阳处于一条直线上。

定位操作可以 A 为圆心，半径为十步，画圆，在圆周上移动 B 杆使其阴影与 A 杆的阴影重合（图示未标出）。

日落时，再取 C 杆，距 B 杆也十步远，仍要让 B、C 两杆的阴影重合，使其与太阳处于一条直线上。

定位操作同上，但以 B 杆为圆心。

现在，A、C 两杆的连线中点与 B 杆所在直线（即线段 AC 的中垂线）就指向正东正西。

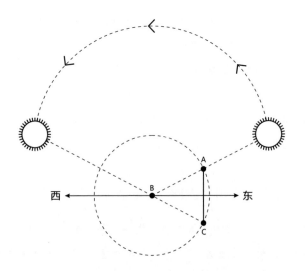

《淮南子·天文训》测定东西方向示意图

这种方法解决了《周髀算经》中杆影顶部模糊的问题，但日出与日落的准确时间也不容易确定 —— 可以想见，唯有长时间的积累，以及逐渐完善的计时工具的辅助，这种测量才会越来越精确。

立杆测影的工具初期肯定很简单，一根竹竿足矣（当然还得有尺），后来逐渐发展出专用的工具，称为圭表。

圭表将立杆和测量阴影长度的尺合二为一，直立部分是表，下面部分是圭（即有刻度的尺，又称量天尺）。

由此可见，立杆测影的方法可以测定方位、回归年长度以及确定节气，如《宋史·律历志》所说：

> 观天地阴阳之体，以正位辨方、定时考闰，莫近乎圭表。

古人立杆测影的杆一般高度为 8 尺，元代时郭守敬在河南登封建了座观星台，算是超大版的圭表，高 40 尺，地面的圭尺则长达 128 尺。

郭守敬的观星台不仅体量巨大，他还利用小孔成像的原理发明了景符，使得阴影的顶部边缘变得更加清晰，极大地提高了观测精度。

郭守敬制定的《授时历》测定一年长度为 365.2425 天，与近代观测的 365.2422 天仅相差 25.92 秒，可谓相当精确。

当然了，制定历法并不能只靠一座观星台。

公元 1276 年至 1280 年，郭守敬与许衡、王恂等人，在东西六千余里，南北一万一千余里的区域内，建立了二十七所观测站进行实地观测（史称四海测验），历时四年才得以完成《授时历》。

《元史·郭守敬传》载：

> 设监候官一十四员，分道而出，东至高丽，西极滇池，南逾朱崖，北尽铁勒，四海测验，凡二十七所。

东至高丽，在朝鲜开城；西极滇池，在云南；南逾朱崖，到了海南岛以南的黄岩岛及附近诸岛；北尽铁勒，在俄罗斯贝加尔湖西部叶尼塞河上游安加拉河一带。

毫无疑问，东南西北多处观测，得到的数据将更加精确。

分赴东西南北各处开展四海测验，郭守敬并不是第一个。

唐开元九年（公元 721 年），为了编修《大衍历》，僧一行和南宫说就曾经组织了大范围的天文测量，在唐朝疆域内设置了十三处观测站（南至越南中部）。

那么，再往上追溯，是否还有更早的四海测验呢？

很有可能。

（四）

可以推测，所谓夸父逐日的故事，可能是夸父分赴各地立杆测影的上古历史，其目的自然是制定历法（以及大地测量等）。

夸父，不就可能是上古时期负责星象观测、制定历法的天文学家吗？

事实上，《列子》和《山海经》都明确说的是夸父"追日影""追日景"，奈何偏偏要被说成是逐日呢？

夸父弃其杖而化邓林，杖，自然就是用来测日影的杆子；邓林（桃树林）则说明，夸父所在的地区有大片桃树（《列子》载"邓林弥广数千里"），或者他死后葬于桃林。

1973年开始发掘的浙江余姚河姆渡遗址[1]，就发现了桃核，距今六七千年。另外，河南郑州二里岗、河北藁城台西村等商代遗址，也有大量桃核。

考古发现可证明，桃树起源于中国，印度、欧洲、美洲等地区的桃树都是逐渐从中国传播过去的。

桃树在中国境内分布十分广泛，品种也极多，从四月起，可以说是月月有鲜桃，如江西"四月白"，安徽"四月红"，西南"五月一点鲜"，浙江、辽宁"六月团"，七月"初笑美"，南京"八月寿"，山东、山西"九月菊"，十月冬桃古称"旄"（《尔雅》），燕赵雪花飞来"大雪桃"。

----

[1] 河姆渡遗址叠压有四个文化层，年代约为公元前5000—前3000年。其中第一文化层公元前3000年，第二文化层公元前3600年，第三文化层公元前4000年，第四文化层公元前5000年。

夸父与桃树相关，这个结论应该问题不大，但显然，很难对其进行定位。

（五）

夸父所在的谱系如何呢？

《山海经·海内经》载：

> 炎帝之妻，赤水之子听訞生炎居，炎居生节并，节并生戏器，戏器生祝融，祝融降处于江水，生共工……共工生后土，后土生噎鸣，噎鸣生岁十有二。

《山海经·大荒北经》载：

> 后土生信，信生夸父。

《礼记·祭法》载：

> 共工氏之霸九州岛也，其子曰后土，能平九州岛，故祀以为社。

《路史·炎帝纪》载：

> 句龙为后土，能平九州岛，是以社祀。生及信，信生夸父，夸父以驶，臣丹朱。

《左传·昭公二十九年》载：

> 颛顼氏有子曰犁，为祝融；共工氏有子曰句龙，为后土。

综合以上各种说法，夸父应为共工之后裔——关于共工的身世就很复杂了。

在不同史籍的记载中，共工与女娲、神农、颛顼、帝喾、祝融等都发生过争战，最有名的故事就是"共工怒触不周山"。

《路史·太昊纪》（南宋罗泌）载：

> 太昊氏（伏羲）衰，共工为始作乱，振滔洪水，以祸天下：癙天纲、绝地纪、覆中冀。人不堪命，于是女皇氏役其神力，以与共工氏较。灭共工氏，而迁之。然后四极正，冀州宁，地平天成，万民复生。娲氏乃立，号曰女皇氏。

《雕玉集·壮力篇》（唐佚名）载：

> 共工，神农时诸侯也，而与神农争定天下。共工大怒，以头触不周山。

《淮南子·天文训》（西汉刘安）载：

> 昔者共工与颛顼争为帝，怒而触不周之山。

《淮南子·原道训》载：

> 昔共工之力，触不周之山，使地东南倾。与高辛（一般指帝喾）争为帝，遂潜于渊，宗族残灭，继嗣绝祀。

《三皇本纪》（唐司马贞）载：

> 诸侯有共工氏，任智刑以强，霸而不王，以水乘木，乃与祝融战，不胜而怒，乃头触不周山崩。

以上记载中，除与女娲相争的故事未明言不周山，其余几例都有触不周山之说。

此外，共工还出现在尧、舜、禹等不同时期。

《尚书·尧典》载：

> （尧）帝曰："畴咨若予采？"驩兜曰："都！共工方鸠僝功。"帝曰："吁！静言庸违，象恭滔天。"

《史记·五帝本纪》载：

> 讙兜进言共工，尧曰不可而试之工师，共工果淫辟。四岳举鲧治鸿水，尧以为不可，岳彊请试之，试之而无功，故百姓不便。三苗在江淮、荆州数为乱。于是舜归而言于帝，请流共工于幽陵，以变北狄；放驩兜于崇山，以变南蛮；迁三苗于三危，以变西戎；殛鲧于羽山，以变东夷：四罪而天下咸服。

《路史·疏仡纪》载：

> 初，尧在位七十载矣，见丹朱之不肖……乃放朱于丹，而卒禅舜……崇非之，曰："不祥哉！谁以天下予人哉？"帝乃殛之羽山；共工又讪，乃流之幽州。必以禅舜，而天下莫有非者……流共工于幽州，放驩兜于崇山，窜三苗于三危，殛鲧于羽山，四罪而天下咸服。二十有八载，尧崩。

《孟子·万章上》载：

> 舜流共工于幽州，放驩兜于崇山，杀三苗于三危，殛鲧于羽山，四罪而天下咸服，诛不仁也。

要说明的是，按《史记》《路史》所载，流放共工的应为尧，舜是建议。另外，舜流共工的记载也见于《尚书·舜典》。

《荀子·成相篇》载：

> 禹有功，抑下鸿，辟除民害逐共工，北决九河，通十二
> 渚，疏三江。

从以上记载来看，共工怒触不周山的故事版本极多，与其争战的对手中，女娲为伏羲一系，神农或为炎帝，颛顼、帝喾为黄帝之后，那么，这些错位的故事也许透露的信息是，共工与伏羲女娲及炎帝黄帝等都不是一系，直到尧舜禹时代，共工一族才融入中原的大联盟。

从各种记载各种版本中可以看到，共工始终与水关系密切，在后世的神话体系中，共工也被尊为水神。所以，共工一系应当长于水利工程，尧舜时期融入中原后也负责过治水，但并不为尧舜所信任，到后来大禹治水，共工就彻底地被取代了。

由此推测，共工氏在兴修水利的祖业被不断剥夺并受到打压甚至在被流放的过程中，作为共工后裔，夸父很可能被委派去跋山涉水地观星测日，就像后世的官员被贬黜到偏远地区一样，或许这也是一种惩罚。

如此说来，夸父逐日的故事，很可能就发生在帝尧时期。

（六）

在驩兜向帝尧推荐共工时，尧说"静言庸违，象恭滔天"，他认为共工是个口是心非的家伙，看起来恭顺臣服，实际上包藏祸心，这是极度不信任的表现。

就在这同一时期，尧"乃命羲和，钦若昊天，历象日月星辰，敬授民时"，分别让羲仲、羲叔、和仲、和叔前往东南西北观象制历——这不就类似唐代僧一行、元代郭守敬所做的四海测验吗——于是，共工氏的一支就被指派去看星星看月亮看太阳了。

这时候，共工仍是共工，还没有夸父之名。

中华人民共和国成立前被盗掘的长沙子弹库楚帛书记载：

> 共攻夸步十日，四寺□□神则闰四□，母思百神风雨晨祎乱作。（□为阙文。共攻即共工，四寺或为四时，母思即毋使）

前文我们分析过女娲补天后羿射日的故事，发现上古时期使用过十日太阳历，十日即一年十个月的意思。

所以，楚帛书这段话，大意就是说，共工氏推算十日太阳历，结合实际观测情况，发明了置闰法，使历法更加符合四时变化，"百神风雨晨祎"都能与历法相合，不再发生偏离。

从治水到制历，共工氏都卓有成效地完成，他在十日太阳历（此时已由最初的 360 天修正为 365 天）基础上增补一天，设闰年为 366 天。

当然了，这功劳得记在羲和头上，（尧）帝曰：

> 咨！汝羲暨和。期三百有六旬有六日，以闰月定四时，成岁。允厘百工，庶绩咸熙。[1]

再后来，参与观象制历并在其中发挥关键作用的这个共工就可能被说成夸父了。也许夸父之名，就来自长沙子弹库楚帛书所说的"共攻夸步十日"置闰 366 天这一创举。

置闰成 366 天，其中的关键就是要测算回归年的长度。3000 多年后的元代，郭守敬仍在使用圭表测算并将其精确到与现代无异，而那时的共工，也就是后世所说的夸父，他所使用的只不过是圭表的前身，一杖即一杆，立杆测影 —— 工具何其简陋，但成就殊为非凡。

---

[1] 《尚书·尧典》。

（七）

那么，尧时的立杆测影所用是啥样的杆呢？

从 1978 年开始，山西襄汾县陶寺遗址逐步发掘，其年代约为公元前 2500 至前 1900 年。

陶寺遗址面积达 280 万平方米，有规模空前的城址及宫殿，有世界最早的观象台。有许多专家学者提出，这里就是帝尧的都城所在（尚未定论）。

2002 年秋，在襄汾陶寺古观象台附近中期城址的王墓 IIM22 中出土了一根木杆，涂有黑、绿和红色标记的漆，在木杆东侧壁龛内还发现了玉琮、玉戚。20 世纪 80 年代，在早期墓葬中也发现过一根木杆。

经过对这根漆杆的复原并进行计算与模拟观测，得出漆杆上的粉色环带所对应的日期与陶寺观象台日出狭缝所对应的日期基本一致。根据计算推测出残损的漆杆全长应为 173 厘米左右，通过翻杆进行测量，正是当时测影所用的圭尺。

2009 年 6 月 21 日，夏至，中国社会科学院、中国科学院等专家学者们在陶寺古观象台，用出土漆杆的复制品（1∶1）进行验证（玉琮、玉戚作为游标、景符和垂悬附件）。将漆杆的每一段色带从 NO.1—NO.44 编号，经测算后发现，漆杆的不同刻度可用于春分、夏至、秋分、冬至的影长判断，而 NO.11 的刻度为 1.6 尺，与《周髀算经》"天道之数，周髀长八尺，夏至之日晷一尺六寸"的记载吻合[1]。

那么，夸父逐日影，那用来立杆测影的杖，化作邓林的杖，

---

[1]　参见黎耕、孙小淳：《陶寺 IIM22 漆杆与圭表测影》，《中国科技史杂志》，2010 年第 4 期。

莫不就是陶寺遗址这根漆杆的模样吗?

(八)

共工可能就是夸父,但立杆测影、观天作历的事迹和功绩早已隐没在历史的深处,被后代所熟知的,是共工怒触不周山的暴戾和反动形象。

这实在是以讹传讹的又一桩冤案。

不周山,上千年来人们一直想找到究竟是哪座山,遗憾的是,从《山海经》开始,人们就被误导了。

《山海经·西山经》载:

> 又西北三百七十里曰不周之山。

《山海经·大荒西经》载:

> 西北海之外,大荒之隅,有山而不合,名曰不周负子[1]。

正是这里说的"有山而不合",太容易让人望文生义。

《山海经》现在可见的最早版本是晋代郭璞的校注本,从他开始,就已经望文生义跑偏了:

> 此山形有缺不周匝处,因名云。

从古至今,不周山究竟是哪座山,可谓众说纷纭莫衷一是,昆仑、祈连、贺兰,各说各有理。所谓"不周"就是山形有缺口而不完整,于是,有人更像是发现新大陆一般,说这不就是东非大裂谷吗?

---

[1] 不周负子,"负子"二字一般认为是衍文应删去。

真相其实并不复杂。

翻阅古籍会发现，除了不周山，还有不周风。

《淮南子·天文训》载：

> 何谓八风？距日冬至四十五日，条风至；条风至四十五日，明庶风至；明庶风至四十五日，清明风至；清明风至四十五日，景风至；景风至四十五日，凉风至；凉风至四十五日，阊阖风至；阊阖风至四十五日，不周风至；不周风至四十五日，广莫风至。条风至，则出轻系，去稽留；明庶风至，则正封疆，修田畴；清明风至，则出币帛，使诸侯；景风至，则爵有位，赏有功；凉风至，则报地德，祀四郊；阊阖风至，则收悬垂，琴瑟不张；不周风至，则修宫室，缮边城；广莫风至，则闭关梁，决刑罚。

冬至后四十五日，也就是立春，即立春时开始条风。再过四十五天是明庶风，也就是春分的时候。一年当中，八风之间各相隔四十五天，以此类推，这八风的起点，实际就是被称为分至启闭的八个节气，即二分二至和四立。八风与节气对应表如下：

立春	春分	立夏	夏至	立秋	秋分	立冬	冬至
条风	明庶风	清明风	景风	凉风	阊阖风	不周风	广莫风

道理很简单，倘若不周山是山形有缺，那不周风又当何解呢？

不周，究竟是什么意思呢？追根溯源，我们回到文字本身来看。

"不"，除了表否定以外，古代还被借用来表示"丕"，也就是说，最初并没有"丕"这个字，而是共用"不"来表示。事实上，不、丕、否，这三个字最初都写作"不"，后来才分化成三个字。

写成"不"但意为"丕"，从西周早期的金文到战国竹简，都有例证可查。

西周早期的：

> 对扬天子不显休……[1]

西周中期的：

> 不显朕烈祖考粦明，克事先王……[2]

西周晚期的：

> 不显文武，膺受大令……[3]

战国竹简也有同样的用法，如《清华简·周公之琴舞》：

> 不承不显……

其实《诗经》里就有这样的写法，如《周颂·清庙》：

> 於穆清庙，肃雝显相。
> 济济多士，秉文之德。
> 对越在天，骏奔走在庙。
> 不显不承，无射于人斯。

---

[1] 《殷周金文集成》（04273）。
[2] 《新收殷周青铜器铭文暨器影汇编》（NA1874）。
[3] 《殷周金文集成》（04467）。

"不显"是什么意思？

不即丕，不显即丕显，丕就是大，如东汉许慎《说文解字》的解释：

> 丕，大也，从一，不声。

所谓丕显，就是大显，就是大大地显明。也就是说，不就是大。

事实上，人们一直都知道这层意思，如清代的段玉裁在《说文解字注》中解释"丕"：

> 丕与不音同，故古多用不为丕，如不显即丕显之类。于六书为假借，凡假借必同部同音。

再来看"周"字。

甲骨文中，"周"像刻有花纹的玉器，其本义就是雕琢玉器，是彫、琱（均读如雕）等字最初的写法。

周–甲骨文
《甲骨文合集》（CHANT:2204、2204A）

同样，凋，最初也写作"周"。凋、彫、琱，都读作雕。

凋，指植物枝枯叶落，如晏殊的名句：

> 昨夜西风凋碧树，独上高楼，望尽天涯路。

这也不难理解。"周"本义是雕琢玉器，用工具在玉料上刻画钻凿，坚硬的玉石被切削磨蚀，细碎玉屑扑扑簌簌，零落粉尘纷纷扬扬，这与秋风扫落叶的场景别无二致，引申出"凋"的含义实在是顺理成章。

同样的道理，玉器上的花纹细密繁复，由此又给"周"引申出周密严谨的意思。

到这里就好理解了。所谓不周，也就是丕凋，即大凋。大凋，不就是黄叶落尽草木萧条吗？

没错，不周风正是从立冬开始的，此时"水始冰，地始冻"[1]，草木凋零，蛰虫休眠，冬天来了。

冬，正是"终"的本字，也就是说，其本义是终结。一年的终结是冬，所以，冬天的冬，反倒是后起的引申义。

入冬以后，千山鸟绝，园林尽扫，如元代吴澄的《月令七十二候集解》所说：

> 冬，终也，万物收藏也。

万物收藏，生机勃勃的世界进入一片沉寂。此时的风，已经由凉转寒，对人来说，"天子始裘"，得穿厚点以御寒；对动植物来说，又是一年一度优胜劣汰自然选择的考验——有过牧区经验的都知道，病弱的牛羊是不可能熬过寒冬的。所以，立冬的不周风，不啻催命符，如《史记·律书》载：

> 不周风居西北，主杀生。

由此可见，所谓不周风，完全是顺应时令节气的说法，而且比起冬风、北风、寒风等说法，委实要更为贴切更为有趣也生动得多。

---

[1] 《礼记·月令》。

不周风是入冬的肃杀之风，其时间在立冬，其方位在西北，所以，所谓不周风是因自然节令与对应物候而得名，而不周山，不过就是因方位在西北而得名，与山形是否完整是否有缺口，并没有关系。

不周风在立冬，不周山在西北，立冬与西北，配属八卦都是乾卦，同位以名，都取名为不周。

不周山，实即西北之山。

所以，说共工怒触不周山并导致"天柱折，地维绝"，不过就是对他的污名化而已。

八卦与节气、方位对应图

当然，之所以会有这样的编排，应该也是有事实背景的——也许，正是因为早期的历法以 360 天为一年，历法的偏差最终导致寒暑颠倒时序混乱，于是在成王败寇的逻辑下，共工就成了这一灾难性后果的罪魁祸首和替罪羊。修正历法让时序恢复正常的，正是女娲[1]。

---

[1]　详见本章之《女娲补天：天之数有几何？》。

如此说来，共工与女娲相争，恐怕更接近故事的真相和本义。

（九）

事实上，夸父并不孤单，就在《山海经》里，还有一个竖亥和他做着类似的事情。

《山海经·海外东经》载：

> 帝命竖亥步，自东极至于西极，五亿十选九千八百步。竖亥右手把算，左手指青丘北。一日禹令竖亥，一日五亿十万九千八百步。

竖亥做的是丈量东西极的距离，和夸父奔走四方测日作历一样，都有餐风饮露的艰辛，也都是古代先民对身边这个世界所做的探索。

我们还应该看到，自古以来，立杆测影都是历法制定中重要的技术手段，从上古时期直到元明清历朝历代，概莫能外。

一代又一代的观象测日、作历授时的这些先人，夸父是其中的佼佼者，虽然不能见容于当政者，但其重要功绩还是被后人衍化成神话并代代相传。

桃花坞里桃花庵，桃花庵下桃花仙。

所有的功名与猜忌都已成土，

埋骨桃林的夸父，不必再追逐日影，

月光下，桃花香，

凌空蹈虚，俯仰人间天上……

四、触山逐日：共工与夸父的悬疑

夸父逐日，实为夸父逐日影，所谓逐日，不过就是立杆测影考定历法的途径和过程，是中国古代先民真实而严肃的科学探索工作，并不是什么向壁虚构的神话，而且，如前文所述，故事里逐日的这个夸父很可能就是帝尧时期受到排挤的共工氏。

有了这样的推测以后，再来看《尚书·尧典》的记载就会发现，原本晦涩难解的一些地方，如果补上我们的推论，理解起来就比较顺畅了。

（一）

《尚书·尧典》篇幅很短，仅六百余字。

除了开头的一百字介绍写作背景和尧的"伟光正"，全篇内容以对话为主，涉及羲和、胤子朱、共工、鲧以及舜等人。

乃命羲和，钦若昊天，历象日月星辰，敬授民时。

分命羲仲，宅嵎夷，曰旸谷。寅宾出日，平秩东作。日中，星鸟，以殷仲春。厥民析，鸟兽孳尾。

申命羲叔，宅南交。平秩南讹，敬致。日永，星火，以正仲夏。厥民因，鸟兽希革。

分命和仲，宅西，曰昧谷。寅饯纳日，平秩西成。宵中，星虚，以殷仲秋。厥民夷，鸟兽毛毨。

申命和叔，宅朔方，曰幽都。平在朔易。日短，星昴，以正仲冬。厥民隩，鸟兽氄毛。

帝曰："咨！汝羲暨和。期三百有六旬有六日，以闰月定四时，成岁。允厘百工，庶绩咸熙。"

尧指派羲和[1]负责组织开展观象测日以修正历法的工作，并分别委派羲仲、羲叔、和仲、和叔四人分驻东南西北四方具体执行。最后的结果是圆满成功，确定了置闰之法，修正一年为366天。

尧表示很满意，给了八字评价："允厘百工，庶绩咸熙。"

什么意思呢？《尚书正义》[2]的注解是：

允，信。厘，治。工，官。绩，功。咸，皆。熙，广也。言定四时成岁历，以告时授事，则能信治百官，众功皆广，叹其善。

翻译成白话就是，有了更精确的历法，就能准确地预知一年之中的冷暖变化和节气更替，就可以据此规划大小政务及安排百官各司其职。

对农业社会尤其是上古时期来说，历法的重要性是不言而喻的。这种重要性并不单单是农时的需要——准确地说，农事所需其实根本用不着非常精确，比如二十四节气前后错个一两天并不

---

[1]　羲和，或是羲氏与和氏的合称，又或是在羲氏与和氏之外另有一个羲和，则羲和或为职官名。

[2]　《尚书正义》，唐代"五经正义"之一，由孔颖达、王德韶、李子云等奉诏撰，为科举考试的必读书目。

是什么大不了的问题——真正重要的是，在中国古代的话语体系中，王权天道，君权天授，天道天命直接关系着政治权力的合法性，兹事体大，万万马虎不得。

你想想，季节气候，阴晴雨雪，这些可都是老天爷管的，完全不可捉摸，而历法的作用正是实现了人与天的沟通，天子可以据此传达天的意图，所以，从远古时代起，历法就与政治密切相关，甚至成为联盟共主或天子执政的象征，以及政权合法性的来源和证明。

事实上，对季节气候的预知充其量只是古代天文学和历法的表层应用，尤其重要的是，日月星辰诸天星宿的变化特别是各种异象，古人认为将预示着人间社会的转变。

比如五星连珠[1]，如果恰逢天子登基，那就意味着新天子顺应天意是天命所归；倘若适逢政局不稳天下动荡有人想造反，那就意味着天命转移需要革命——革命，这里的命本义就是天命，革命就是变革天命。在中国历史上，革命这个词本来是特指商周两代的汤武革命，也就是商汤伐夏桀推翻夏，武王伐纣终结商，如《周易·革卦·彖传》所说：

> 天地革而四时成，汤武革命，顺乎天而应乎人。

有意思的是，在夏商周三代的创建过程中，正好都发生过五星连珠的天象[2]。

---

[1]　五星连珠，指金、木、水、火、土五大行星同时出现在同一片天空，相互间距离不大比较接近，好像可以连成一线。

[2]　参见美国班大为著，徐凤先译：《中国上古史实揭秘：天文考古学研究》，上海古籍出版社，2008年。另请参阅拙著《五星聚：星象中的天命转移与王朝盛衰》。

换句话说，观测天象以预知人间嬗变，也就是大家都听说过的所谓占星。

当然，说因为五星连珠的天象导致改朝换代，显然是唯心宿命不科学的，但是，倘若从文化和信仰的角度来理解，将这样一种殊为难见的天象解释为天命转移，社会大众也普遍具有这样的心理认知，那么，还有什么理由能比抬头可见的奇异天象更有号召力和说服力呢？

修订历法以不误农时也好，观测星象以窥知天意也罢，总而言之，天文与历法始终和王权政治如影随形。

这种传统可谓中国文化中的底层逻辑，数千年来余续不绝，历朝历代都是如此。所以，改朝换代发生的时候，新朝廷往往都要颁行新的历法——史称"改正朔"，正指正月，朔指初一，正朔就是指历法——既显示新朝肇始革故鼎新，也意味着号令天下，起到统一人心的宣教作用，更重要的内在逻辑，就是要宣示和强化这种天命所归的意涵。

在中国历史上，历朝历代施行过的各种历法多达数十上百种。当然，除了改朝换代的时候要颁行新历，旧历因误差越来越不准，比如朔日应该看不见月亮却月上九天，那也得修订历法改行新历。反过来，有时候也因为"改正朔"有着这样特别的内涵和象征，会出现明知道现行历法已经有问题了，却能改而不敢改。如《后汉书·律历志》所载：

> 自太初元年始用三统历，施行百有余年，历稍后天，朔先历，朔或在晦，月见。考其行，日有退无进，月有进无退。建武八年中，太仆朱浮、太中大夫许淑等数上书，言历不正，宜当改更。时分度觉差尚微，上以天下初定，未遑考正。

太初，即太初历，是汉武帝时由司马迁、落下闳等编修的历法，太初元年是公元前 104 年。到公元前 7 年，刘歆又将太初历稍作修订，改名三统历。三统历和太初历，如清代钱大昕所说，实际是"异名而同实"，所以，《后汉书》中说"自太初元年始用三统历"，这里的三统历，就是当时的太初历。

建武，是光武帝刘秀兴复汉室建立东汉后的第一个年号，建武八年是公元 32 年，此时太初历（三统历）已行用 137 年。刘秀在乱世群雄中胜出得登大宝，他为什么又不"改正朔"呢？

西汉被王莽僭夺，刘秀乃汉朝宗室后裔，他南面称帝所建立的也是"汉"——所谓西汉东汉，这完全是后世的说法，对当时的人们来说，这就是刘家江山得以光复，大汉天下又回来了。

汉室中兴，要的就是接过大汉衣钵，接续上汉朝的"正朔"，所以，当然不能"改正朔"，即便是历法疏阔需要修订也不能改——所谓"天下初定，未遑考正"，不过就是托词，真正的原因，恐怕还是为了要大汉这份政治遗产以收拢天下人心，以大汉的名头论证权力的合法性。

由此可知，《尚书》中帝尧时代的这一次历法修正何其重要。

（二）

历法修正的事情是全篇着墨最多的。讲完历法，《尚书·尧典》全文已经过半，接下来的文字也愈加古奥难训。

帝曰："畴咨若时登庸？"放齐曰："胤子朱启明。"帝曰："吁！嚚讼可乎？"

帝曰："畴咨若予采？"驩兜曰："都！共工方鸠僝功。"帝曰："吁！静言庸违，象恭滔天。"

这两段大意是说，帝尧向臣下询问谁可堪大用，放齐和驩兜分别推荐了胤子朱和共工，但帝尧表示这俩人都不行。

胤子朱，有两种解释。

一说胤是地名（胤国），子是爵位（周代有公、侯、伯、子、男，子是第四等），朱是名，即胤国的子爵朱，这是《尚书正义》的解释。

还有一种解释。胤，"子孙相承续也"[1]，胤子，也就是嗣子，即嫡长子。尧生有十个儿子，长子名朱，封地在丹水，故称丹朱。

司马迁用的是第二种解释，《史记·五帝本纪》载：

尧曰："谁可顺此事?"放齐曰："嗣子丹朱开明。"尧曰："吁! 顽凶，不用。"

比较奇怪的是，尧问谁人可用，但并没有用人于何事的说明，如果承接上文修正历法后尧说的"允厘百工，庶绩咸熙"[2]"信饬百官，众功皆兴"[3]，那么，他所要寻找的这个人自然在百官之上，或者干脆就是他的继承人。

再结合《尚书·尧典》开头的背景说明，"将逊于位，让于虞舜，作《尧典》"，也就是说，《尚书·尧典》是尧将要传位给舜时所写的，那么，这也就意味着，尧向臣下问贤的目的，当然是在挑选继承人了。

放齐推荐胤子朱被尧否决了，驩兜又推荐共工，说"共工方鸠僝功"。

"方鸠僝功"四字，方，意为广大；鸠，意为聚；僝，意为

---

[1]《说文解字》。

[2]《尚书·尧典》。

[3]《史记·五帝本纪》。

见。《尚书正义》的解释是：

> 方方聚见其功……于所在之方能立事业，聚见其功。

《史记·五帝本纪》用的是"旁聚布功"（旁，意为大、广泛），与"方鸠僝功"的意思差不多——共工其人是有大功劳的。

但尧还是不同意，"静言庸违，象恭滔天"，他认为共工是说一套做一套，表里不一，貌恭实倨——看起来很恭敬，实际上很凶狠；看起来很顺服，实际上敢翻天。

（三）

再下来的问答就有前因后果了。

> 帝曰："咨！四岳，汤汤洪水方割，荡荡怀山襄陵，浩浩滔天。下民其咨，有能俾乂？"佥曰："於！鲧哉。"帝曰："吁！咈哉，方命圮族。"岳曰："异哉！试可乃已。"
>
> 帝曰："往，钦哉！"九载，绩用弗成。[1]

四岳，即前文尧命羲和那一段里的羲仲、羲叔、和仲、和叔。

尧问得很清楚，谁能治水？完全不同于上文胤子朱和共工那两段的不明不白。

四岳推荐鲧，尧开始也还是不同意，但四岳坚持可以一试，"试可乃已"。要按《史记》的说法，更是再没人比鲧更合适了："四岳曰：'等之未有贤于鲧者，愿帝试之。'"[2]于是尧同意了。然后历时九年，结果却是鲧治水无功。

行文至此，该亮包袱了。

---

[1]《尚书·尧典》。

[2]《史记·夏本纪》。

> 帝曰:"咨!四岳。朕在位七十载,汝能庸命,巽朕位?"
>
> 岳曰:"否德忝帝位。"曰:"明明扬侧陋。"
>
> 师锡帝曰:"有鳏在下,曰虞舜。"帝曰:"俞?予闻,如何?"
>
> 岳曰:"瞽子,父顽,母嚚,象傲;克谐以孝,烝烝乂,不格奸。"
>
> 帝曰:"我其试哉!女于时,观厥刑于二女。"厘降二女于妫汭,嫔于虞。帝曰:"钦哉!"

尧还是问四岳,你们谁能接班啊?四人表示自己无德无能接不住,然后推荐了舜。

舜是平民出身,父母和弟弟都对他很恶劣,甚至想方设法要害他,舜却以德报怨,始终待父母以孝敬,待弟弟以仁义,努力保持家庭的和谐。于是,尧把两个女儿娥皇和女英嫁给舜,再后来,舜就继位了。

(四)

问鲧是为了治水,问舜明言是要找继承人,唯独关于胤子朱和共工的问答只有果,没有因。此其一。

其二,舜是最终的继任者,但尧的嫡长子丹朱、共工、鲧这三个人以及上文的驩兜,都具备继承帝位的实力和名望,换句话说,他们都是舜的强有力的竞争者。

为什么这么说呢?尧舜禅让确实早有定论,但是,一直还有另一种声音,如《竹书纪年》载:

> 昔尧德衰,为舜所囚也……舜囚尧,复偃塞丹朱,使不与父相见也。

按《竹书纪年》的说法，舜并不是和平友好地禅让上位，他囚禁了尧，换句话说，这不就是政变嘛。

类似的记载并非孤例，如《韩非子·说疑》：

> 曰："古之所谓圣君明王者，非长幼弱也，及以次序也。以其构党与，聚巷族，逼上弒君而求其利也。"
>
> 彼曰："何知其然也？"
>
> 因曰："舜逼尧，禹逼舜，汤放桀，武王伐纣。此四王者，人臣弒其君者也，而天下誉之……"

再比如，诗仙李白曾写过一首《远别离》，其中有：

> 尧舜当之亦禅禹。君失臣兮龙为鱼，权归臣兮鼠变虎。
>
> 或言尧幽囚，舜野死，九疑联绵皆相似，重瞳孤坟竟何是？[1]

和平禅让[2]还是暴力夺权，两种说法都有书证可查，孰是孰非暂且先不下结论，但如果我们回到权力交接的政治逻辑上来考虑，那么，不论是否禅让，在这个过程中如果没有竞争才是很奇怪的事情——哪怕是后来的世袭家天下，李世民不也手足相残喋血玄武门吗？

我们来看看那几个人的结局。

《尚书·舜典》说：

> 流共工于幽州，放驩兜于崇山，窜三苗于三危，殛鲧于羽

---

[1] 九疑即湖南境内九嶷山，又名苍梧山。传说舜死后葬于此山，重瞳即是指舜。

[2] 禅让本义指以天命转移为背景的政权交接，参见拙著《五星聚：星象中的天命转移与王朝盛衰》。

山，四罪而天下咸服。

共工、驩兜、鲧都被流放了。尧的嫡长子丹朱呢？也被流放了，如《汲冢纪年》云：

后稷放帝子丹朱于丹水。[1]

这还是比较温柔的，按《韩非子》的说法，鲧和共工直接被杀了。

《韩非子·外储说右上》载：

尧欲传天下于舜，鲧谏曰："不祥哉！孰以天下而传之于匹夫乎？"尧不听，举兵而诛杀鲧于羽山之郊。共工又谏曰："孰以天下而传之于匹夫乎？"尧不听，又举兵而诛共工于幽州之都。于是天下莫敢言无传天下于舜。

尧准备传位给舜，鲧和共工先后进谏，理由都是舜乃一介平民，这样不能服众啊，结果呢，两人都被杀了，而且是"举兵而诛"，并不是下道圣旨就自裁那么简单。

到底是被流放还是被杀，很难确证，也不必费这个劲，从这些记载至少可以得出一个结论，尧舜相继的过程绝非风平浪静。

再举一例。《韩非子·十过》载：

……尧有天下……莫不宾服。尧禅天下，虞舜受之……

---

[1] 见唐代张守节《史记正义》："《括地志》云：'《汲冢纪年》云：后稷放帝子丹朱于丹水。'"后稷为舜时的农官。《汲冢纪年》即《竹书纪年》。《竹书纪年》是西晋咸宁五年（279年）由汲郡人（今河南汲县）不准盗掘战国魏襄王墓时所发现，是一部上起五帝时代下迄战国（魏襄王二十年，公元前299年）的编年体史书，本无书名，因书于竹简，故名"竹书纪年"，后佚失，现传有辑佚本。

国之不服者十三。舜禅天下而传之于禹……而国之不服者
三十三。夏后氏没，殷人受之……而国之不服者五十三。

每一次的权力交接，都有不服之国，而且越往后这种不服就
越多。《韩非子》这段话本意是讲一代比一代奢侈导致不服者众，
"以俭得之，以奢失之"，但想想看，天子继位而诸侯不服，那能
没有冲突吗？这种冲突又可能只是打打嘴仗那么简单吗？所谓枪
杆子里出政权，历史的逻辑恐怕还是铁血更靠谱。正如马克思所
说："在真正的历史上，征服、奴役、劫掠、杀戮，总之，暴力起
着巨大的作用。"[1]

所以，即便尧舜禅让是唯一真相，也不能否认的是，在这一
权力交接过程中，势必发生过激烈的竞争乃至斗争。

这不是阴谋论，也不是以小人之心度君子之腹，实在是几千
年的人类历史已经证明，成王败寇即便不是全部事实那也是最强
有力的进化逻辑。

历史从来都是有两种：一种官方的，或称为正史；一种民间
的，或称为野史，还可能出于各种动机或机缘而衍化成传说乃至
神话——或者说成为一种口耳相传的口述历史。

毋庸置疑的是，正史不会是事实真相的全部，野史也不会全
都是谎言。

（五）

我们要说的重点是共工。

共工在神话体系中被尊为水神，那么，治水自然就是共工的
本分和专长。

---

[1] 马克思《资本论》。

对照《尚书·尧典》会发现，一方面尧并不否认共工有大功在身（但人品不行），另一方面，当他询问谁能治水的时候，被推荐的是鲧而不是共工。

我们来推测一下。如果共工的所谓大功劳是治水而成，那么，再次治水的时候被推荐的人就没有理由不是共工。而且，尧对鲧本来就是持否定态度的，九年治水的事实也证明尧的判断没有问题，那么，在他并不看好鲧的前提下为什么又不让治水有功的共工出山呢？

一种可能就是，此时的共工早已不再治水，而他所创建的所谓大功，也并不来自治水。

部落联盟的时代，各部落的话事权显然离不开各自的实力，而且可以预见，再过数千年，人类社会也不会变成抹平强弱只有温情脉脉的状态。毕竟再高级的动物，总归脱离不了动物性的一面。

共工的部族加入中原联盟后，实力大而未必强，实力不强未必没有名望，这样的局面就让共工陷于一种既被用又被防的尴尬境地。

于是，尧命羲和与四岳修订历法以昭天命的时候，共工被派去做执行导演。历法关乎天命所在，兹事体大，不能说不重要，共工本长于治水，但能不去吗？

立杆为表以测日影，翻山越岭风餐露宿，虽然是个苦差事，但共工"夸步十日"的结果是确定或完善了置闰法，得一岁366天，反正这趟差事圆满成功了。

最后的结论就是，《尚书·尧典》中尧问谁能任事却没有问事的根由，问得不明所以，其实问的就是继承人的事情；驩兜推荐共工说他有功在身，这个功很可能就是后世传说中的夸父逐日，也就是他立杆测影修正历法的这件事情。

五、鲧窃息壤：窃本非过为何诛？

鲧（gǔn），封地在崇，又称崇伯，伯是爵位。

可能有的人并不熟悉，但他的儿子很有名，就是治水三过家门而不入的那个大禹，鲧也是夏朝的开国之君夏启的爷爷。

远古时期洪水泛滥，鲧受命去治水，传说他用堵而不用疏，结果治水失败被治罪，最后被杀。

鲧的故事见于《山海经·海内经》：

> 洪水滔天，鲧窃帝之息壤以堙洪水，不待帝命。帝令祝融杀鲧于羽郊。鲧复生禹，帝乃命禹卒布土以定九州。

鲧治水的时候，偷了帝的息壤去堵塞洪水，帝发现以后非常震怒，派祝融在羽郊这个地方杀了他。

他偷的息壤是什么？

晋代郭璞《山海经注》引用《归藏·启筮》说：

> 滔滔洪水，无所止极。伯鲧乃以息石息壤以填洪水。

他还注解称：

> 息壤者，言土自长息无限，故可以塞洪水也。

"自长息无限"，意思是说这个神奇的息壤可以自动增长并且永无极限。

显然，这是神话，能无限生长的土壤绝非人间之物。

鲧之后大禹又被派去治水，但吊诡的是，鲧用息壤治水被杀，而大禹治水同样用了这个东西。

西汉《淮南子·坠形训》载：

> 禹乃以息土填洪水，以为名山。

这里称为息土，和息壤略有不同。

东汉高诱注解说：

> 息土不耗减，掘之益多，故以填洪水。

对照晋代郭璞对息壤的注解可知，这个息土与息壤其实差不多，或者说根本就是一回事 —— 不仅不会损耗减少，而且越挖越多，哪里漏水填哪里。

神乎其神的息壤就此成了充满神话色彩的神物，鲧禹治水也被披上了神话的外衣。

于是，"鲧窃帝之息壤"的帝，自然就成了不是人的天神上帝。

那么，息壤，这究竟是啥宝贝呢？真的只是神话里的瞎编吗？

（一）

《山海经》里有很多看起来很荒诞的神神怪怪，比如三头鸟、九尾狐、食人兽之类，也有很多一看就像神话的故事，诸如女娲补天、羿射十日等。

但是，关于鲧治水的那一段话，如果认真仔细地读一下，你会发现，其实一点都不神叨，平铺直叙，冷静客观，俨如述史。

> 洪水滔天，鲧窃帝之息壤以堙洪水，不待帝命。帝令祝融杀鲧于羽郊。鲧复生禹，帝乃命禹卒布土以定九州。

所谓息壤是遇水就长而且"自长息无限"的神物，这不完全是晋代郭璞、东汉高诱等后人的附会演绎吗？

当然，在神话的流传当中，有人斥之为荒诞，神话嘛，岂能当得了真？不过，也有人试图寻找合理解释。

如顾颉刚的《息壤考》：

> 在渭河峡谷里黄土层间，常有地下水位增高和地下水流增大的现象。地下水位入冬冻胀，春后消融，地下水流又不断地施压力于上部较薄的地层，使得土地突然隆起。息，是长大的意思。土壤会自己高胀起来，所以秦国人称它为息壤。

貌似有一定道理，可问题是，就算真是这样，这又与治水何干呢？

（二）

神话往往是历史的夸张，往往有真实故事的内核。

更何况，《山海经》里鲧治水的故事本身根本就丝毫不见神话色彩。

息壤息壤，这壤是什么？

东汉刘熙的《释名·释地》说：

> 壤，瀼也，肥濡意也。

肥濡，就是肥沃滋润。

南朝梁顾野王的《玉篇》说：

> 地之缓肥曰壤。

缓肥，就是和缓而肥沃。

同样是东汉的郑玄，在《周礼注》里解释得更详细：

> 壤，亦土也，变言耳。以万物自生焉则言土。土，犹吐也。以人所耕稼树艺焉则言壤。壤，和缓之貌。

说得有点绕有点拗口，意思就是，壤，也是土，能自己长出花草树木的叫土，能够被人用来耕种长出庄稼的就叫壤。说白了，只要不是不毛之地，野地里的就是土，而被人开垦出来种庄稼的就是壤。

再如西晋张华的《博物志》：

> 凡土，三尺以上为壤，三尺以下为土。

如果一定要量化，汉代的一尺是 23.1 厘米，晋代估计差不多，那三尺就将近 70 厘米，地表以下 70 厘米深的土称为壤，再往下的就称为土。

显然，有数字量化的这个壤恐怕也来自农事耕作，与东汉郑玄所说其实差不多。

由此可见，在古人看来，壤也是土，但土和壤是有区别的。区别在哪里呢？很简单，被人翻耕过的土当然就更加松软了嘛。不论水田还是旱地，耕种前的准备程序第一步就得翻耕土地，地不分南北，人不分东西，这是全世界都通行的农业技术。翻耕的目的和作用，就是要把原本紧实甚至板结的土层变成疏松细碎的耕作层。

荒地为土，耕地为壤，事实上，不仅如此，还有更细致的分类。

西汉《淮南子·墬形训》载：

> 土地各以其类生……轻土多利，重土多迟……是故坚土人刚，弱土人脆；垆土人大，沙土人细；息土人美，耗土人丑。

土地分类，有轻土有重土，有坚土有弱土，有垆土有沙土，有息土有耗土。

一方水土养一方人，轻土上的人敏捷，重土上的人迟钝，坚土上的人刚强，弱土上的人柔弱，垆土上的人高大，沙土上的人矮小，息土上的人漂亮，耗土上的人就比较磕碜了。

不管这几种土的分类标准是什么，各有什么特征，有一点很明确，息土是土壤分类中的一种。

类似的记载在《大戴礼记·易本命》（成书于东汉中期）中也有：

> 是故坚土之人肥，虚土之人大，沙土之人细，息土之人美，耗土之人丑。

息土之人美，这息土当然是出产丰富的肥沃之地了。

鲧治水筑堤，所谓息壤是被用来修筑堤坝的，而在土方工程方面，古人同样有关于壤的分类和记载。

成书于东汉初年的《九章算术·商功》有载：

> 今有穿地，积一万尺，其为坚、壤各几何？

答曰：为坚七千五百尺，为壤一万二千五百尺。

术曰：穿地四，为壤五，为坚三，为墟四。

以穿地求壤，五之；求坚，三之，皆四而一。

以壤求穿，四之；求坚，三之，皆五而一。

以坚求穿，四之；求壤，五之，皆三而一。

城、垣、堤、沟、堑、渠，皆同术。

这里有四种土的分类，穿地、坚、壤、墟。

穿地，就是野地的土地，只要没人翻过，随便一块地都是穿地。

壤、坚是啥土？魏晋年间的刘徽撰有《九章算术注》，其解释是：

壤谓息土，坚谓筑土。

壤，息土，即经过翻耕而变得松软的土。坚，筑土，也就是被夯实的土。

“穿地四，为壤五，为坚三”，意思是一般土地的体积只有松软土地的五分之四，夯实的土的体积只有一般土地的四分之三。

三之、四之、五之，即乘以三、四、五。

三而一、四而一、五而一，即除以三、四、五。

“城、垣、堤、沟、堑、渠，皆同术。”其中城、垣、堤是城墙堤坝，是人工修筑的工程，为夯土，为坚；沟、堑、渠是水沟护城河，开挖地面而成，自然就是穿地。

以上这些例子告诉我们，所谓息壤息土，就是一种比较肥沃的可以耕种的土壤，换句话说，就是庄稼地。

正如明代的杨慎有一篇《息壤辩》所说：

> 鲧窃帝之息壤，盖指桑土稻田，可以生息，故曰息壤。土田皆君所授于民，故曰帝之息壤。

书香门第，官宦之家，杨慎24岁中状元，本当平步青云，却在37岁那年开罪于嘉靖皇帝，被一顿胖揍差点杖毙，之后被贬到云南充军，直到客死边关也未得赦免。

那时的云南在中原之人的想象里可没有彩云之南的文艺范。"宁充口外三千里，莫充云南碧鸡关。"蛮荒烟瘴，边陲苦地啊。

《明史》对他的评价是"明世记诵之博，著作之富，推慎为第一"。可惜天纵英才又天妒英才，在仕途这条路上，拳拳之心终成死灰，自叹："读书有今日，曷不早躬耕！"[1]

> 滚滚长江东逝水，浪花淘尽英雄。
>
> 是非成败转头空。
>
> 青山依旧在，几度夕阳红。
>
> 白发渔樵江渚上，惯看秋月春风。
>
> 一壶浊酒喜相逢。
>
> 古今多少事，都付笑谈中。

这首著名的脍炙人口的《临江仙》，就是杨慎写的。

是非成败转头空，是杨慎的人生写照，又何尝不是鲧的悲凉往事呢？

（三）

鲧非草根，比之杨慎，更是名门之后，家世煊赫。

按《山海经·海内经》所载：

---

[1] 杨慎《寒夕》。

> 黄帝生骆明，骆明生白马，白马是为鲧。

也就是说，鲧是黄帝之孙。

按《史记·夏本纪》所载：

> 禹之父曰鲧，鲧之父曰帝颛顼，颛顼之父曰昌意，昌意之父曰黄帝。

与《山海经》略有不同，鲧从黄帝的孙子变成了曾孙，而他爹颛顼也不简单，是五帝之一[1]。

这绝对是根正苗红，三代以上更称中华之祖。可以想见，在上古的部落联盟时代，鲧所在的部族历经数代经营，实力自然也不容小觑。

但是，尧在位的时候，并不喜欢他。

那时洪水正盛，尧向四岳征询派谁去治水，四岳也就是东南西北四个地区的最高长官。

> 帝曰："咨！四岳，汤汤洪水方割，荡荡怀山襄陵，浩浩滔天。下民其咨，有能俾乂？"[2]

四岳都推荐鲧，但尧不同意，说他"方命圮族"，不听指挥，祸害本族。

但是，四岳说鲧不错啊，而且真没谁比他更能干了。"四岳曰：'等之未有贤于鲧者，愿帝试之。'"[3] 四岳坚持鲧是最佳人选，说您就试试吧。

---

[1] 五帝，按不同文献记载有多种版本，请参见第三章《炎黄辨谜》。

[2] 《尚书·尧典》。

[3] 《史记·夏本纪》。

结果我们都知道，"九载，绩用弗成"，"九年而水不息，功用不成"。

对鲧是怎么处置的，各种记载就有点暧昧闪烁其词了，所谓春秋笔法，可见一斑。

在《尚书·尧典》里面，说到鲧治水九年而无功就完了，然后是尧接受舜做接班人，对鲧的处置只字未提。

然后，在《尚书·舜典》里面有了交代：

> 流共工于幽州，放驩兜于崇山，窜三苗于三危，殛鲧于羽山，四罪而天下咸服。

有人说"殛鲧于羽山"的殛就是诛杀的意思，但从四人并列的叙述来看，流、放、窜都是流放的意思，殛也应是流放。

共工、驩兜、三苗和鲧，这四个人都被舜流放了。

为啥呢？没说。

《史记·五帝本纪》补齐了前因后果。

> 于是帝尧老，命舜摄行天子之政……讙兜进言共工，尧曰不可而试之工师，共工果淫辟。四岳举鲧治鸿水，尧以为不可，岳彊请试之，试之而无功，故百姓不便。三苗在江淮、荆州数为乱。于是舜归而言于帝，请流共工于幽陵，以变北狄；放驩兜于崇山，以变南蛮；迁三苗于三危，以变西戎；殛鲧于羽山，以变东夷：四罪而天下咸服。

大意是说，尧年老，舜摄政。讙兜（即驩兜）推荐共工为工师，工师即百工之长，各种工匠的头儿，但尧说不行，试的结果是共工果然"淫辟"，邪恶不正；四岳推荐鲧治水，尧也说不行，但四岳坚持，试的结果是"无功"；三苗则有数次叛乱。于是，舜

向尧禀告 —— 这时舜只是摄政，尧还是天子 —— 建议把这四个人流放出去。

这里面除了三苗是叛乱以外，驩兜只是因为举荐共工而同受牵连，而共工的罪过则是"淫辟"，但我们要注意，"淫辟"，意为邪恶不正，或是放纵邪僻，貌似都是品行问题，在所谓人品道德上做文章，究竟是何情形，实在难说得很；鲧治水是无功，无功即是过，貌似也说得通，但我们要注意，尧为什么说他不行呢。《尚书》里尧说的是"方命圮族"，方命，不听命令。《史记》里尧说的是"鲧为人负命毁族"，负命，自以为是，还是不听命令。

以前我们分析过，尧舜之间的权力过渡，有禅让与政变两说，正统观念是尧舜禹三代禅让，《竹书纪年》以及《孟子》《韩非子》等都提到另一种可能。

不管是哪种，可以肯定的是，驩兜、共工以及鲧，显然都是天子之位强有力的竞争者。

尤其是共工与鲧，在尧不认可的情况下仍得到臣下们的坚持举荐，至少说明其能力是得到公认的，其口碑在同僚当中也绝对不差。

他们之所以被流放，恐怕并不止识人不察（驩兜）、品行不端（共工）、治水无功或盗用息壤（鲧）等原因，其中缘由，诸君可自作评判。

（四）

鲧被殛于羽山，按字面理解，好像殛应该是流放，并不是诛杀。

《尚书》说"殛鲧于羽山"，殛的含义究竟是流放还是诛杀，在两可之间，但在各种记载当中，有明确说鲧是被诛杀的。

《山海经》载：

> 帝令祝融杀鲧于羽郊。

把这些信息连起来就是，鲧治水无功，然后舜建议尧将其流放到羽山，再然后派祝融杀了他。

那是谁杀的呢？帝命祝融的帝会是谁呢？显然，要么是尧，要么是舜。

再如《韩非子》所载：

> 尧欲传天下于舜。鲧谏曰："不祥哉！孰以天下而传之于匹夫乎？"尧不听，举兵而诛杀鲧于羽山之郊。

"举兵而诛杀"，所谓举兵，自然是因为鲧也有兵，这说明鲧并不是束手就擒任人宰割，与尧是有过军事对抗的。兵败被杀，功过荣辱就都由不得自己了。

退一步讲，就算只是流放，前面说过，无功即是过，这也是鲧被流放的合理说辞，但结合《山海经》，显然还有一罪，"窃帝之息壤"，为什么是窃呢？因为"不待帝命"。

记得尧是怎么说鲧的吗？

"方命圮族""负命毁族"，方命、负命，都是不听指挥自作主张，《尚书》《史记》的记载恰好印证了《山海经》里说的"不待帝命"。

如前所证，息壤就是庄稼地。鲧在治水前线擅自做主动用了耕地里的土壤来修筑防洪堤坝，在农具并不丰富的上古时代，耕地翻土想来绝不轻松，此其一；耕地的土被挖走，自然就没法再种庄稼，还得重新翻土犁地，清明谷雨有时节，违了农时，就算重新翻耕好了土地，只怕也来不及点瓜种豆了。

所以，窃用息壤这不就是治罪的最佳理由吗？

但在《尚书》《史记》等的记载里，治水无功才是大罪，窃用息壤根本只字未提，那也就意味着，这所谓窃用息壤，或许也不是什么大不了的事。

为什么这么说呢？

鲧死了，大禹接班去治水，他可也用了息土啊。

关于鲧之死，屈原是这么说的：

> 曰鲧婞直以亡身兮，终然夭乎羽之野。

婞，《说文解字》解为"很"，很又是啥？清代段玉裁注："很者，不听从也。"《新华字典》的解释是，倔强固执。

在屈原的眼里，鲧并不是死于窃用息壤，也不是因为治水无功，之所以亡身羽山，只不过"婞直"二字罢了。

六、日月之合：伏羲女娲交尾的秘密

关于伏羲的记载，广泛见于《周易》《管子》《庄子》《尸子》《荀子》《楚辞》《战国策》等先秦典籍。

如《周易·系辞》载：

> 古者包牺氏之王天下也，仰则观象于天，俯则观法于地，观鸟兽之文与地之宜，近取诸身，远取诸物，于是始作八卦……
>
> 包牺氏没，神农氏作，斫木为耜，揉木为耒，耒耜之利，以教天下，盖取诸《益》。

包牺即伏羲。创制易经八卦，是伏羲最重要的发明之一。

关于女娲的文字记载相对少一些，见于《楚辞》《礼记》《山海经·大荒西经》等[1]。

如《楚辞·天问》载：

> 女娲有体，孰制匠之？（东汉王逸注：女娲人头蛇身。）

---

[1]《礼记》《山海经》成书年代不详，最晚有说为汉代典籍，参见闻一多《伏羲考》。

《山海经·大荒西经》载：

> 有神十人，名曰女娲之肠，化为神，处栗广之野，横道
> 而处。

上述记载中，伏羲是伏羲，女娲是女娲。把伏羲女娲放在一起说，始见于《淮南子·览冥训》：

> 伏戏、女娲不设法度，而以至德遗于后世。

伏戏即伏羲。

（一）

伏羲和女娲的关系，有兄妹说，有夫妻说，也有两相糅合，说既是兄妹又是夫妻，这是流传至今比较普遍的一种说法。

在各地考古发掘中，发现了许多伏羲女娲形象的遗存，以石刻和绢布画两类为主，如山东嘉祥县武梁祠的石刻、新疆吐鲁番阿斯塔那古墓的麻布画和绢画等。

武梁祠为东汉晚期的一座家族祠堂，有大量完整精美的古代画像石，其中一幅伏羲女娲石刻像左侧另有十六字铭文：

> 伏戏仓精，初造王业，画卦结绳，以理海内。

"阿斯塔那"为维吾尔语"京都"之意。阿斯塔那古墓群是西晋至唐代高昌王国的公共墓地，总面积约十平方公里，以汉人墓葬为主，同时葬有车师、突厥、匈奴、高车以及昭武九姓等少数民族居民。

伏羲女娲画像在这些古墓中多有发现，或用木钉钉在墓顶，或覆盖在棺木上或墓主身上，或折叠放置在墓主身边。

这些伏羲女娲画像造型相同，都是人首蛇身，二人尾部形态有的基本一致，有的区别明显，或说一为龙身、一为蛇身，但相互缠绕的造型没有变化。

同样出自阿斯塔那古墓，最有名的伏羲女娲画像是中华人民共和国成立前被盗走、现藏美国波士顿艺术博物馆的一幅。

1983 年，联合国教科文组织主办的中文版《国际社会科学杂志》[1] 试刊号刊登了这幅古画，命名为"化生万物"，因其尾部交缠的形象赫然就是 DNA 的双螺旋形分子结构（发现于 1953 年），这样的巧合不能不引人关注和深思。

这些伏羲女娲像的典型形象，是两人分别手持规和矩，都是人形蛇身（武梁祠石刻像或为鱼尾），蛇形尾部相互缠绕交织。

伏羲女娲的蛇尾相交，其直接含义毫无疑问就是交配之交，是先民对男女相合繁衍子嗣这一朴素观念的形象表达。所以，蛇尾相交，也被作为伏羲女娲婚配传说的佐证。

那么，蛇尾相交仅仅只是表示二人婚配吗？

如果是这样，又为什么将二人描绘成人形蛇身呢？

以"彩绘伏羲女娲麻布画"（出土于阿斯塔那 45 号墓）为例，新疆维吾尔自治区博物馆官网是这样描述的：

> 伏羲左手执矩（有墨斗），女娲右手执规。二人上方有以象征太阳的一周画圆圈的圆轮，尾下是象征月亮的一周画圆圈的半月，画面四周画象征星辰以线连接的圆圈。我国古代有"天圆地方"之说，女娲执规象征天，伏羲执矩象征地。

---

[1]《国际社会科学杂志》（*International Social Science Journal*）是由联合国教科文组织于 1949 年创办的一份综合性社会科学期刊（季刊），中文版创刊于 1983 年，由中国社会科学杂志社负责翻译、编辑、出版。

伏羲和女娲，规和矩，日和月，图画上的形象其实已经非常明确地说明了一个基本事实——伏羲和女娲，与天文有关。

（二）

如前文所述，我们已经用天文历法的思路分析过女娲补天、后羿射日、夸父逐日等故事，其核心事实其实都是上古时期的先民进行天文观测和历法变革，只是在后来的传承中被不断加工演绎以至于变成了完全的神话传说。

同样，伏羲女娲人首蛇身相互缠绕的形象其实也并不复杂，就是来自对太阳和月亮运行轨迹的观测。

我们知道，太阳从东方升起，但一年当中，日出的位置并不是固定的。因为太阳会在南北回归线之间移动，如果在某个固定的地点观测，那么就会发现，夏至的时候日出点最靠北（直射北回归线），冬至的时候日出点最靠南（直射南回归线），春分和秋分的时候，日出点则在正东方。如《淮南子·天文训》所载：

> 日冬至，日出东南维，入西南维；至春、秋分，日出东中，入西中；夏至，出东北维，入西北维，至则正南。

四维即四角，如《广雅》所说，"维，隅也"。隅，意为角落。

也就是说，冬至日，太阳直射南回归线，我们看到的太阳在东南方升起，从西南方落下；春分与秋分的时候，太阳直射赤道，则正好是正东升起正西落下；夏至日，太阳直射北回归线，就会从东北方升起，落入西北方。

如汉乐府民歌《陌上桑》中写道：

> 日出东南隅，照我秦氏楼。

> 秦氏有好女，自名为罗敷。
>
> 罗敷喜蚕桑，采桑城南隅。

罗敷出城采桑的时间，你能推测出来吗？

以北京（39°54′N）为例，我们来看其不同日期的日出日落点位置：

节气	日出点偏角	日落点偏角
冬至	东偏南 31°13′	西偏南 31°13′
立春	东偏南 21°29′	西偏南 21°29′
春分	正东 0°	正西 0°
立夏	东偏北 21°29′	西偏北 21°29′
夏至	东偏北 31°13′	西偏北 31°13′
立秋	东偏北 21°19′	西偏北 21°19′
秋分	正东 0°	正西 0°
立冬	东偏南 21°29′	西偏南 21°29′

从上表可以清晰地看到，在一年当中，不同节气时其日出点和日落点会发生有规律的移动。

那么，反过来看，从日出点与日落点的变化，自然也就能够推测出节气和季节的变化，或者更准确地说，是以日出日落的周期性位置变化为识记标签，将一年分成数月，如十个月、十二个月。

根据太阳升落的位置变化而用以判断季节更替，在《山海经》里有记载，这就是东西两方的各七座日月出入之山。

《山海经·大荒东经》载：

1. 东海之外，大荒之中，有山名曰大言，日月所出。

2. 大荒之中，有山名曰合虚，日月所出。

3. 大荒中有山，名曰明星，日月所出。

4. 大荒之中，有山名曰鞠陵于天、东极、离瞀，日月所出。

5. 大荒之中，有山名曰孽摇頵羝。上有扶木，柱三百里，其叶如芥。有谷曰温源谷，汤谷上有扶木，一日方至，一日方出，皆载于乌。

6. 大荒之中，有山名曰猗天苏门，日月所生（出）[1]。

7. 东荒之中，有山名曰壑明俊疾，日月所出。

《山海经·大荒西经》载：

1. 西海之外，大荒之中，有方山者，上有青树，名曰柜格之松，日月所出入也。

2. 大荒之中，有山名曰丰沮玉门，日月所入。

3. 大荒之中，有龙山，日月所入。

4. 大荒之中，有山名曰日月山，天枢也。吴姬天门，日月所入。

5. 大荒之中，有山名曰鏖鏊钜，日月所入者。

6. 大荒之中，有山名曰常阳之山，日月所入。

7. 大荒之中，有山名曰大荒之山，日月所入。

上述记载中，东西两方各有六座山明确说是"日月所出""日月所入"，另外，东方有一座山是"一日方至，一日方出"，西方

---

[1] "生"应为"出"。如《艺文类聚》卷一引作"猗天山、苏门山，日月所出"，《太平御览》卷三引作"苏门日月所出"，均为"日月所出"。

有一座山是"日月所出入"，即东西方各有一座山略有不同。如果后两座山同样看作"日月所出""日月所入"，则东西各有七座山；如果后两座山不计入，则东西各有六座山。

如图所示，简而言之，以东西各七座山为坐标，可以把一年分为十二个月；以东西各六座山为坐标，可以把一年分为十个月。

一年十二个月，是阴历。

一年十个月，是阳历。

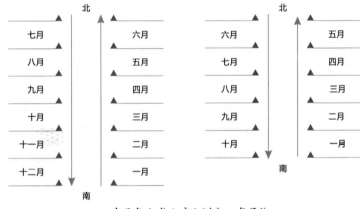

以东西各七或六座山划分一年月份

所以，《山海经》里所记载的东西方各七座日月出入之山，说明远古时期的人们曾通过日出日落的位置在南北方向上的规律变化来划分一年的月份。

（三）

历法的制定和完善必须建立在对日月运行的观测基础上，因此，不难想见，在日积月累的观测记录中，发现太阳和月亮升起与落下的位置存在周期性变化，这是早晚的事。

那么，我们来具体看看太阳和月亮的运行轨迹。

以二分二至为例，太阳和月亮在这四天中的运行轨迹如图所示：

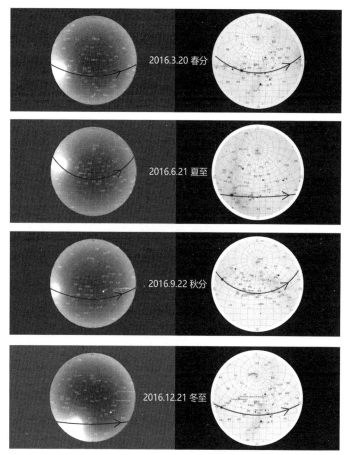

二分二至日月运行轨迹图[1]

观测角度为面向南方，图中方位为左东右西，上北下南，模

[1] 本书模拟星象使用软件 Stellarium（0.18.3.16630）制作。

拟观测地点在河南商丘。左侧为白天太阳的运行轨迹，右侧为夜晚月亮的运行轨迹。

　　将二分二至这四天中太阳月亮的运行轨迹分别合并在一起，如图所示：

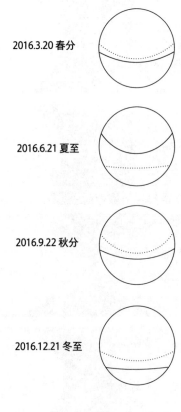

2016.3.20 春分

2016.6.21 夏至

2016.9.22 秋分

2016.12.21 冬至

二分二至日月运行轨迹图 [1]

---

[1] 实线表示太阳的运行轨迹，虚线表示月亮的运行轨迹。

再把图中二分二至这四天的日月轨迹图完全合并在一起，如图所示：

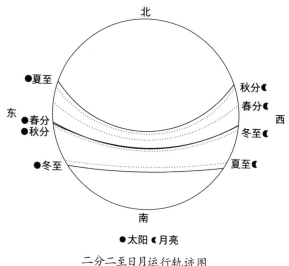

二分二至日月运行轨迹图

虚线表示月亮的运行轨迹。春分时月出月落的位置偏北，秋分时月出月落的位置最北，夏至时月出月落的位置偏南，冬至时月出月落的位置则差不多在正东正西。

实线表示太阳的运行轨迹，其中春分和秋分这两天日出日落都在正东正西，即这两天的太阳运行轨迹几乎是重合的。日出日落的位置在夏至时最偏北，冬至时最偏南，春分秋分在正东正西，如图所示，一目了然。

你可能会说，太阳和月亮的运行轨迹不都是由东到西，应该是平行的吗？

确实如此，太阳和月亮的视运动轨迹其实和满天星宿一样，都是以北天极为圆心的圆，不过，我们现在需要观察的是太阳和月亮升起落下的位置在南北方向上的变化。

春分的时候，日出于正东方，随后逐渐向北移动，夏至时日出点位于最北（直射北回归线），随后逐渐向南移动，秋分时又位于正东，然后继续向南，冬至时日出点位于最南（直射南回归线）。

再来看月亮。

春分的时候，月出于偏北方，随后向南移动（此时太阳向北移动）；夏至时月出点位于最南方（此时太阳位于最北方），然后开始向北移动（此时太阳开始向南移动）；秋分时月出点位于最北（此时日出在正东），随后开始向南移动（此时太阳也继续向南移动，移动方向都是向南，但此时的月亮位于偏北方而太阳位于偏南方）；冬至时月出点位于正东（此时日出点在最南）。冬至过后，月出点又掉头向北移动（此时太阳也开始向北移动，但此时的月亮位于偏北方，太阳位于偏南方），到春分后月出点再次掉头向南（此时太阳继续向北移动）进入第二个循环。

在一年当中，日出日落的位置和月出月落的位置都在南北方

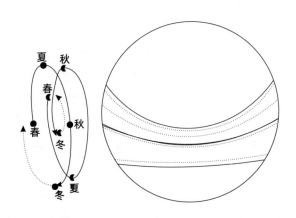

日月升落位置在南北方向上周期（一年）移动路径示意图

向上周期移动，两者的移动路径如上图。

如图所示，太阳和月亮升起落下的位置在一年中的变化轨迹有如方向相反的两个螺旋，合在一起看，不就是伏羲女娲图所画的尾部缠绕交织的造型吗？

也许你觉得不够直观，我们再来看看平面化的太阳和月亮升起位置的变化。

2017 年 12 月 22 日冬至的凌晨，太阳和月亮的位置如下图所示：

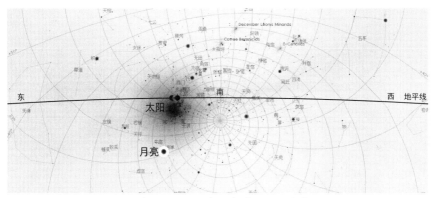

2017 年 12 月 22 日冬至凌晨　　河南商丘

黑色光斑处为太阳。

白色圆圈标出的为月亮。

中间的东西向弧线为地平线。

东西向弧线上的黑色圆点和黑色月牙形，分别表示太阳和月亮在地平线上升起的位置。

冬至到下一个冬至，是一年。

我们依次取一年中冬至、立春、春分、立夏、夏至、立秋、秋分、立冬、冬至构成一个完整的年度。然后把星空背景去掉，将一年中这九天的太阳和月亮在地平线上升起位置的变化图放在一起。

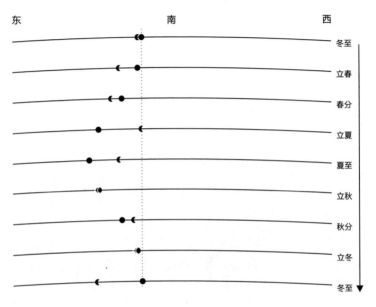

东　　　　　　　　　　南　　　　　　　　　　西

冬至
立春
春分
立夏
夏至
立秋
秋分
立冬
冬至

日月在地平线上升起位置变化示意图

　　如图所示，冬至过后，日出点从最南端逐渐向北移动，夏至时到达最北端，然后掉头向南移动，再到下一个冬至时又到达最南端。在南—北—南这一过程中，月亮升起的位置并不与太阳同步，有时与太阳一样从南向北移动，有时又在太阳从南向北移动的时候反方向由北向南移动。

　　现在，只要我们将太阳和月亮一年中升起的位置变化用平滑曲线连起来，就一目了然非常直观了。

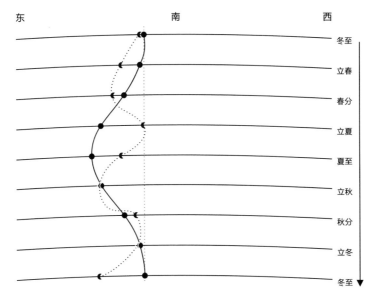

日月在地平线上升起位置变化示意图

如图所示，实线是太阳在地平线上升起的位置在一年中的变化，虚线是月亮在地平线上升起的位置在一年中的变化，虚实两条线交叉缠绕，这不就是伏羲女娲交尾的形象吗？

要说明的是，图中只取了年度周期中九天的数据，平滑曲线仅为示意，如果想得到精确的曲线，那就需要将一年当中每一天日月东升的位置按上述方法标示在图上。

由此可以推知，伏羲女娲交尾图，实即古代先民在对太阳和月亮的长期观测中所发现的升起位置年度周期性变化，也就是说，伏羲和女娲，其实就是太阳和月亮的人格化——伏羲就是太阳，女娲实即月亮。

当然，中华文化非常讲究天人合一，人格与神格并非对立而很可能有人神合一的对应关系，所以，我们得出伏羲是太阳、女娲是月亮的结论，并不否认伏羲和女娲真有其人的可能性——或是某个具体的人，或是某个职官之名，如观测日月制定阴阳历之职，或是某个部族、某个时代的代名词，都有可能。

不妨做一种合理推测：伏羲和女娲就是起源于远古时期观测日月、创制历法的实践，人们将太阳和月亮分别演绎成伏羲和女娲两个形象。后来，最先发明历法的这个部族就成了伏羲和女娲的后代，而从事观星制历这一工作的人也被称为伏羲和女娲的合体——羲和。羲，即伏羲；和，即女和，女和，就是女娲。如《山海经·大荒东经》有载：

> 有女和月母之国。有人名曰鹓，北方曰鹓，来之风曰狻。是处东极隅以止日月，使无相间出没，司其短长。

所谓女和月母，女和不仅是月亮之母，实际和女娲一样，她本身就是月亮。女和、女娲，异名而同实。

《山海经》中这段引文还告诉我们，"以止日月，使无相间出没，司其短长"，这实际就是指将由太阳而来的阳历和由月亮而来的阴历两相调和——阳历一年365天或366天，阴历一年354天或384天。阴阳历相互调和，也就是阴阳合历，即我们现在说的农历——当然，那时的农历也许还不甚完善精确。

伏羲和女娲分别是太阳和月亮，历法正是由对太阳和月亮的观测而产生。此时的古人们也许尚未发现太阳月亮和满天星辰一样，都在绕着北天极旋转，其对宇宙空间的认识模型就是先天八卦图的"天地定位""水火不相射"。

乾坤为天地，离火在东为太阳，坎水在西为月亮。

太阳在天上时，月亮就在地下，反之亦然，所谓日升月落是也。天地日月，就是伏羲先天八卦图的时空模型。

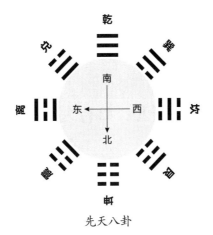

先天八卦

在太阳和月亮东升西落的往复循环中，寒暑更替，年复一年，时间的无形流逝就此在历法中得以显形和定格。

有了历法，天时就此被人所掌握。中华文明的曙光，也从此喷薄而出。

七、天倾西北：日行九天何所去？

天倾西北的说法，最早见于《列子》，道家尊《列子》为《冲虚真经》（唐玄宗赐名）。

列子，名御寇，战国前期郑国人，早于庄子。

传世本《列子》并非原书，旧说或有二十篇，《汉书·艺文志》称有八篇，"《列子》八篇"，说明到西汉时已经散失大半。而汉代的这八篇也没能存世，到东晋时由张湛根据家传藏书以及在战乱后收集到的残卷，"参校有无，始得全备"。

（一）

《列子》中记录了大量先秦神话传说及寓言，天倾西北就出于共工怒触不周山的故事。

> 天地亦物也。物有不足，故昔者女娲氏练五色石以补其阙，断鳌之足以立四极。其后共工氏与颛顼争为帝，怒而触不周之山，折天柱，绝地维，故天倾西北，日月星辰就焉；地不满东南，故百川水潦归焉。

这是《列子·汤问》中的一段，讲述的是商汤[1]向夏革请教问题，夏革向其论述宇宙无限大的概念，"含万物也故不穷，含天地也故无极"，最后补充说，宇宙虽然无限，但"天地亦物也"，世间所有的物都必有不足，所以，天地也有不足。天地的不足表现在哪呢？就是天倾西北，地不满东南。

需要注意的是，从《列子》的行文来看，天倾西北是夏革用以论证天地有不足的一个例证，是作为论据使用的，也就是说，所谓天倾西北本身并不需要论证，甚至这就是一种人尽皆知的现象，那么，可以想见，天倾西北的说法在当时很可能是常识。

遗憾的是，随着时间推移，很多前代的知识乃至常识，后人却完全搞不懂了。

类似的情况并不少见，比如《易经》，全篇无一字讲八卦六十四卦如何得来，更无一字讲如何占卜，传说由孔子所作的《易传》倒是有讲大衍筮法[2]，但也是语焉不详。之所以文字简略至极，或许对当时的人来说，所谓大衍筮法是不言自明的，如何起卦这种问题根本不是问题，就像这个天倾西北一样，是人尽皆知的常识。

从文化传承来说，中国传统的师承方式讲究宁失传不误传，这也许是造成后继无人而断代的一大原因。诸如战乱、政治禁毁等其他原因，就更不用说了。

如前所述，《列子》一书的流传颇为曲折，作者及成书年代

---

[1]　商汤，是殷商王朝的开国之君。夏革，是夏末商初的著名公知。夏革臣于商汤，商汤执以师礼。在《庄子·逍遥游》里也有商汤问天地极限的故事，但问的对象夏革被称作棘，而且没提到天倾西北。

[2]　大衍筮法，见于《周易·系辞》，指用一种多年生草本植物的茎作为工具，按一定程序和规则运算得出数字组合，再由这些数字得出阴阳卦爻符号以成卦。不过，原文语句简略，究竟如何运算仍存歧义。

也不好定论 [1]，据此而论天倾西北的说法形成于夏商之际或列子所在的战国时期，似乎理由并不充分。但可以肯定的是，不会晚于西汉。

西汉淮南王刘安主持编撰的《淮南子·天文训》里也有同样的故事。

> 昔者共工与颛顼争为帝，怒而触不周之山，天柱折，地维绝。天倾西北，故日月星辰移焉；地不满东南，故水潦尘埃归焉。

人物、情节、结局都与《列子》别无二致。

《淮南子·天文训》撰著于汉景帝时期，汉武帝建元二年进献于朝廷，此时是公元前 139 年。

话有前言，事有前因，《淮南子》并不是《一千零一夜》，只是为了讲故事，这个共工怒触不周山的故事，其前情提要是论述宇宙的起源与形成。

> 天墬未形，冯冯翼翼，洞洞灟灟，故曰太昭。道始生虚霩，虚霩生宇宙，宇宙生气。气有涯垠，清阳者薄靡而为天，重浊者凝滞而为地。清妙之合专易，重浊之凝竭难，故天先成而地后定。天地之袭精为阴阳，阴阳之专精为四时，四时之散精为万物。积阳之热气生火，火气之精者为日；积阴之寒气为水，水气之精者为月；日月之淫为精者为星辰，天受日月星辰，地受水潦尘埃。

---

[1] 列子为战国时人无误，《庄子》中即有其事迹，但《列子》原书到汉代已散佚，晋代张湛整理校注，不排除其托名伪造的可能，如章太炎、季羡林、钱锺书等即有此论（认为《列子》或为张湛所作，或为同代魏晋时人所作）。张湛，生活年代应为东晋成帝至安帝年间（公元 326—418 年），其生年下限为 362 年，大致出生在 332 年〔参见褚薇薇：《张湛及〈列子注〉研究》（硕士论文），山东师范大学，2009 年〕。

这一大段，概而言之，《淮南子》的宇宙生成论是，太昭生宇宙，宇宙生气，气生天地，天地生阴阳，阴阳生四时及万物，阴阳又生水火，水火成日月，日月之精生星辰。日月星辰都由天承载，水潦尘埃则由地承载。

讲完这一堆之后，才引入了共工的故事。

《黄帝内经》也有类似说法，《阴阳应象大论》载：

> 天不足西北，故西北方阴也，而人右耳目不如左明也；地不满东南，故东南方阳也，而人左手足不如右强也。

当然，《黄帝内经》的成书年代也是一锅糨糊，一般认为也不晚于西汉。

天倾西北的说法只能出自西汉了？

不。还有屈原呢。

> 康回冯怒，地何故以东南倾？

> 西北辟启，何气通焉？

康回，即共工，这是东汉王逸的注解。

要说明的是，就目前来说，上古人物如伏羲、女娲、炎帝、黄帝等，即使不走疑古否定的偏门，也只能视之为历史与神话的综合体，而称呼不统一是普遍现象。

屈原的《天问》证明，共工怒触不周山，天倾西北，地不满东南，这一故事的形成不会晚于战国。

屈原抱着石头跳进汨罗江，是公元前278年。

退一步讲，就算康回与共工不是同一个人，屈原所说的"东南倾，西北辟启"，这也已经足以证明，"天倾西北，地不满东南"的说法其来有自且由来已久，形成时间不可能晚于屈原。

你可能会问，一个说天倾西北，一个说东南倾，到底是西北倾还是东南倾？

不必纠结。《淮南子·天文训》称天倾西北，在另一篇《原道训》中是这么说的：

> 昔共工之力，触不周之山，使地东南倾。

天倾西北，地不满东南，这里的倾与不满是等义的，在修辞上可称之为互文。比如我们都背诵过的"千里冰封，万里雪飘"，你说到底是千里还是万里？

另外，1993 年 10 月在湖北荆门发掘郭店一号楚墓所得竹简中有一篇《太一生水》，其中也有非常类似的说法：

> （天不足）于西北，其下高以强。地不足于东南，其上……（缺简）

据发掘报告，郭店楚墓的年代为战国中期偏晚，郭店楚简的年代下限应略早于墓葬年代，当与屈原时代相当，或还要更早一些。

（二）

汉代独尊儒术，儒学上升为国教，《诗》《书》《礼》《乐》《易》并奉为五经，解经注经是显学官学，与此同时，在这些正经地注解儒经之外，还产生了一门学问，被称为纬书。

一经一纬，一个正教，一个旁门。

纬又称谶纬，附会于儒家的五经六经，有很多符箓、瑞应、占验、预言等内容掺杂其中，尤其是到东汉时期，谶纬之学极为兴盛，甚至一度被尊为国教。

王莽篡位就用过谣谶，而光武帝刘秀起兵兴复汉室，则恰好印证了当时已流传二十多年的谶言 —— 刘秀当为天子，所以刘秀特别信这个 [1]。

其实所谓谶言，往往不过是舆论造势，当年陈胜吴广的"大楚兴，陈胜王"就是著名的例子。还有的一语成谶，看起来颇为神奇，恐怕也不过是无巧不成书而已。

不过，客观而言，撇开那些神神怪怪的东西，纬书里面委实也保留了很多天文历算、农学医药以及神话传说等丰富内容，是极有价值的。

关于天倾西北，历来都被当成共工神话的一部分来看待，既然是神话，自然就没必要较真深究，听听故事就过了。

现在一般解释为中国地形是西北高东南低，虽然貌似是事实，但细想一下又总觉得理由不充分，至少要论高低的话，西藏的珠穆朗玛才是最高，雪域高原可不能算作西北。

更重要的是，要留意前言后语，记载中说的是因为"天倾西北"，所以"日月星辰移焉"，前者俨然是后者的成因和动力来源。

显而易见的是，所谓天壤之别，一个天上，一个地下，不管地形向哪边倾斜，都不可能与天上的日月星辰搭上关系，更遑论导致日月星辰的移动了。

当然，也有新颖大胆的观点，比如说地球真的曾经发生过翻转或偏移，天倾西北就是古人的亲身感受和历史记忆 [2]；又有说古时的天就是月亮，月球曾经非常靠近地球并处于西北方向，后因战争而远离才到了现在的位置 [3]。

---

[1] "刘秀当为天子"的预言出现时还是王莽新朝时期，刘歆任"羲和官"，是国师，后改名刘秀并谋反，事败自杀。

[2] 常建民：《地球翻转：地球最大的非稳态运动现象探索》，西南交通大学出版社，2015 年。

[3] 李卫东：《外星人就在月球背面》，重庆出版社，2009 年。

诸如此类，当故事听确实还是挺有意思，要是把脑洞当真就未免搞笑了。

前面我们已经分析过，女娲补天、羿射十日、夸父逐日等神话都与天文历法有关，易经八卦的产生也与之相关。

所以，我更倾向于从实际点的不必脑洞大开的角度去解读这些神话传说，剥离出其中隐含的真实内核。

所以，天倾西北，是否也可以从天文的角度尝试探讨呢？

如上所述，汉代兴起的纬书就保留了不少古代的天文知识，比如《尚书纬·考灵曜》。

（三）

首先还是要交代一下年代的问题。

《尚书纬·考灵曜》，撰者不详，但成书时间不晚于东汉末。

因为《隋书·经籍志》有载"《尚书纬》三卷，郑玄注"，郑玄是东汉末年的著名经学家，他为其作注，那么，其成书时间自然在此之前，是否早到西汉时期也未可知。

《尚书纬·考灵曜》与很多纬书一样，早已消失在历史的风烟之中，原貌已邈不可知，好在汉以后诸书多有引用，如西晋《博物志》、唐《开元占经》、宋《天原发微》等，总算为我们留下了只言片语，现存总共不足 20 条（《纬书集成》录 19 条，现代考证仅有 15 条）。

在《尚书纬·考灵曜》中有"四游"之说，即地与星辰都在运动，其运动轨迹在东南西北四个方向各有一个极点。

先原文引用如下：

> 地有四游，冬至地上行北而西三万里，夏至地下行南而东

三万里,春秋二分是其中矣。地恒动而人不知,譬如闭舟而行不觉舟之运也。

春则星辰西游,夏则星辰北游,秋则星辰东游,冬则星辰南游。

地与星辰四游,升降于三万里之中。

郑玄的注解就不引用了,说得比较绕。

请注意,在古代的天地模型中,不论盖天说还是浑天说,我们一般都认为地是不动的,但这里可明确说了,地恒动,地一刻不停地在运动,只是人感觉不到而已,就像人坐在船上,不开窗就看不到参照物,感觉不到船在运动。

坐地日行八万里,原来长安城里早已知啊。

(四)

首先是地有四游。

为便于理解,地就看作地球,其运动方向是,冬至,向北向西;夏至,向南向东。春分和秋分,处于运动轨迹的中点。

其次是星辰的四游。

春天向西,夏天向北,秋天向东,冬天向南。

为了更加直观和便于理解,我们先用方形图作为示意。

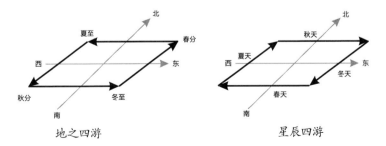

地之四游　　　　　　　　　星辰四游

如图可见，地与星辰的运动方向是相反的，地是逆时针，星辰是顺时针，天地相逆，这正是古人说的"天道左旋，地道右旋"。

如此而已？当然不是。

注意《尚书纬·考灵曜》是怎么说的，"地与星辰四游，升降于三万里之中"，四游当然是东南西北四个方向的运动，但是，同时可还有一个升降运动呢。

也就是说，地与星辰在向东西或南北方向运动的同时，还有一个上下方向的运动。

"地有四游，冬至地上行北而西三万里，夏至地下行南而东三万里"，具体数值不管它，地的运动方向是，冬至向北向西，同时向上，夏至向南向东，同时向下。

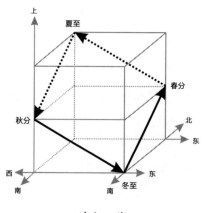

地之四游

星辰的四游就信息不足了，只说了春夏秋冬各向哪个方向运动，没有交代何时向上何时向下。

那么，就有两种可能，春夏上行，秋冬下行，或者春夏下行，秋冬上行。

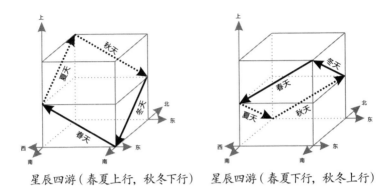

星辰四游（春夏上行，秋冬下行）　　星辰四游（春夏下行，秋冬上行）

参照上面说过的，地与星辰的运动方向相反，地是逆时针，星辰当然就是顺时针，所以，星辰的运动轨迹就应该是：春夏向西向北并上行，秋冬向东向南并下行，即如上图左侧所示。

好了，地的四游与星辰的四游现在都有了。

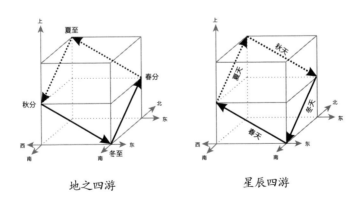

地之四游　　　　　　　　星辰四游

我们知道，地也好，星辰也好，其运动都是全年无休地连轴转，是连续的不间断的，不同季节的运动速度或略有变化，但不可能过两个月踩一脚刹车再来个九十度急转弯，所以，我们把立方体的示意图转换成圆球形吧。

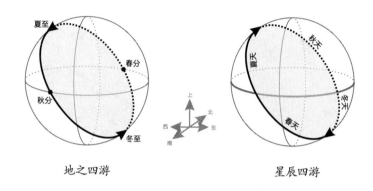

地之四游   星辰四游

不论立方还是圆球，其实都很明显，地与星辰的运动轨迹在上下垂直方向各有一个极点，最高点偏于西北方，最低点偏于东南方，其整体的运动轨迹形成一个由西北向东南的斜切面。

所谓四方上下，是个相对概念，观测点一变，目标方位完全可能东西颠倒、南北翻覆。那么，"四游"模型的观测点在哪？

我们来看原文："地有四游，冬至地上行北而西三万里，夏至地下行南而东三万里，春秋二分是其中矣。"

从夏至开始向下运动，从冬至开始向上运动，上下方向的极点分别是夏至和冬至。冬至起上行，向北而西，即往西往上的极点就到了夏至，然后开始往下，向南而东。也就是说，北而西是向上方向的连续运动，南而东是向下方向的连续运动，那么，这个观测方向的基点是在东西南北和上下六个方向的中心，而冬至的极下点与夏至的极上点分别位于东偏南方向和西偏北方向。

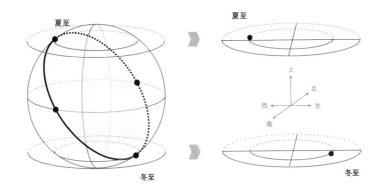

其实在上面画为方形的示意图上更直观。

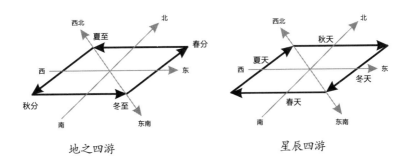

地之四游　　　　　　　　　　　　星辰四游

所以，地与星辰都在运动，而运动的轨迹就是倾于西北和东南。

在唐代孔颖达等注解的《尚书正义·舜典》中，解释浑天说时是这么讲的：

> 其南北极持其两端，其天与日月星宿斜而回转，此必古有其法，遭秦而灭。

对照上面的示意图，"斜而回转"，真是非常准确的描述啊。

这样的运动方式，古人又是用什么方法观测出来的呢？

可惜，这至少到唐代时就已经成了隐学，经学大师如孔颖达都只能说"古有其法，遭秦而灭"。

"遭秦而灭"，不论是秦始皇的焚书还是项羽的火烧咸阳宫，对文化的传承都是釜底抽薪式的浩劫。

（五）

"天倾西北，日月星辰就焉。"地与星辰的运动说过了，还有日月呢？要知道，在各种天体中，与人类关系最密切最为重要的莫过于太阳，那么，太阳的运动轨迹是否也与天倾西北有关呢？

请把地球绕太阳转的观念先放一下，所谓相对运动，从地球的角度看，本来就可以看作是太阳在旋转运动。

对北半球来说，尤其是北回归线以北地区，太阳始终偏于南方的天空。那么，如果每天同一时间同一地点观测太阳，太阳都在同一个位置吗？都在南方是肯定的，但未必在同一个位置。

因为地球的自转轴是倾斜的，太阳直射点会在南北回归线之间移动，直射南回归线，是冬至；直射北回归线，是夏至。

除了每天日出日落的东西方向运动以外，在一年当中，太阳还在南北方向上移动，最北端是北回归线，最南端是南回归线。

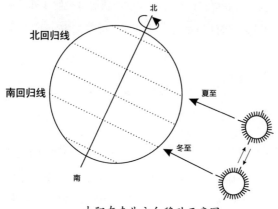

太阳在南北方向移动示意图

也就是说，太阳始终偏于南方，但因为这种南北回归线之间的运动，冬至时的太阳在南方天空的极南位置，而夏至时的太阳则在南方天空的极北位置。

那么，在地球人看来，每天东升西落再加上一年中在南北方向的移动，太阳在天空中的运行轨迹会是什么样的呢？

2007 年 12 月 19 日至 2008 年 6 月 21 日，贾斯廷·昆内尔（Justin Quinnell）在英国布里斯托尔的圣玛丽雷德克利夫教堂持续拍摄，记录下了冬至到夏至间的太阳轨迹图。

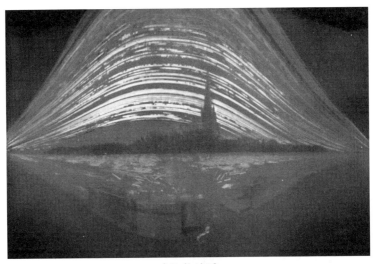

太阳轨迹图

照片里每一道弧线就是太阳在一天中东升西落所走过的路线，其中最下方那道弧线是冬至日的轨迹，最上方则是夏至日的轨迹。

从照片能直观地看到，最上与最下这两道弧线的最高点，就是太阳在南北方向移动的顶点。

那么，这两个顶点（极北点和极南点）是位于正南北方向上吗？有没有偏向东边或西边？

怎样才能判断这两个顶点的方位呢？

这就需要用另一种拍摄方法。

上面的照片是每天白天连续拍摄而形成的，现在，我们只需要在每天的同一时间同一地点拍摄一次记录下太阳的位置就好了。

每天同一时间同一地点同一角度拍摄一次太阳，如此持续一年以后，我们就能得到这一年中太阳在同一时间的位置变化，其形状是 8 字形，称为日行迹（Analemma）。

世界上第一张日行迹照片是丹尼斯·迪奇科（Dennis di Cicco）拍摄的，使用加装太阳滤镜的照相机在同一张底片上曝光 44 次而得到，记录了美国新英格兰地区 1978 年至 1979 年太阳的位置变化。

照片里的三道光柱，是夏至、冬至及春分或秋分那一天用滤光片进行长时间曝光产生的（日出时分开始持续到 8 点 30 分结束），从而记录下了那三天太阳运动的部分弧线（春分与秋分时日出都在正东方，其运行轨迹重合）。

第一张日行迹照片

每天同一时间持续拍摄，记录每天这一时刻太阳的位置，于是，通过日行迹照片，我们可以观察一年中太阳在天空的位置变化。

一年中太阳在南北方向运动的极点在夏至与冬至这两天，而一天之中太阳升到天空的最高点是在正午时分，那么，中午拍摄的日行迹照片不就能显示出太阳在南北方向运动的位置吗？

那么，中午 12 点拍摄的日行迹啥样呢？

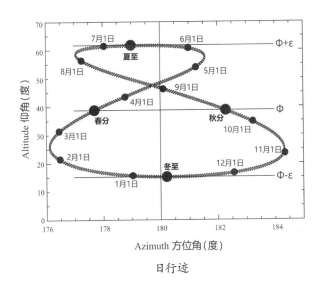

日行迹

如图所示，这是英国格林尼治天文台（纬度 51.4791° N、经度 0°）在 2006 年 1 月至 12 月期间每天中午 12 点观测太阳位置的结果。

横轴是方位角，其中的 180° 是正南方；纵轴是仰角，即太阳和地平线之间的角度。

每个月第一天用黑点表示，夏至冬至和春分秋分则用大黑点标出。

已经一目了然，太阳向北运动到极点的夏至和向南运动到极点的冬至，这两个点的位置并不在正南方向上，夏至时偏向西北，冬至时偏向东南。

"天倾西北，地不满东南"，西北到东南的斜向运动，太阳的运动轨迹确实如此呢。

但是，别高兴太早，这里引用的数据可都是现代值。

（六）

自古以来都是如此吗？

多年以后也还是如此吗？

要知道，一切都在变化，一切都在运动，一刻不停——月亮绕着地球转，地球绕着太阳转，太阳绕着银河转，银河系呢，也在转……

所以，答案是否定的。

在南北方向上，夏至时太阳到达极北，冬至时到达极南。我们现在的夏至一般在 6 月 21 日至 22 日，如果夏至发生在别的月份会怎样？日行迹会有变化吗？

日行迹（1月　　日行迹（2月　　日行迹（3月　　日行迹（4月　　日行迹（5月
春分4月夏至）　春分5月夏至）　春分6月夏至）　春分7月夏至）　春分8月夏至）

如图所示，居中那幅日行迹与上述英国格林尼治天文台观测的结果一致，在南北方向上，太阳极北点偏于西北，极南点偏于东南。如果夏至的时间发生偏移，结果就不一样了。

古代的时候又是怎样的呢？

以下时间均为公历。

公元前 3000 年，夏至 7 月 18 日。

公元前 2000 年，夏至 7 月 10 日，此时是夏朝或夏朝之前。

公元前 1000 年，夏至 7 月 3 日，此时是西周。

公元元年，夏至 6 月 25 日，此时是西汉。

公元 1000 年，夏至 6 月 16 日，此时是北宋。

公元 2000 年，夏至 6 月 21 日，这就到现在了。

由此可见，5000 年前，夏至，即太阳移动到北回归线，发生在 7 月中下旬。之后随着时间推移而逐渐提前，夏商时期，夏至发生在 7 月上旬末，到西周时提前到 7 月初，而现在已经提前到 6 月下旬了。日行迹的变化如图所示[1]：

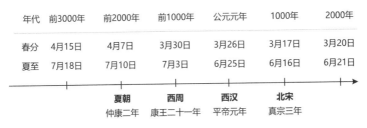

年代	前3000年	前2000年	前1000年	公元元年	1000年	2000年
春分	4月15日	4月7日	3月30日	3月26日	3月17日	3月20日
夏至	7月18日	7月10日	7月3日	6月25日	6月16日	6月21日
			夏朝	**西周**	**西汉**	**北宋**
			仲康二年	康王二十一年	平帝元年	真宗三年

不同朝代对应的春分夏至日

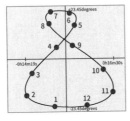

日行迹(3月春分6月夏至)

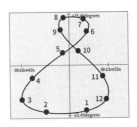

日行迹(4月春分7月夏至)

[1]　公元前 3000 至公元 2000 年的春分夏至时间，数据来源于寿星万年历。夏商周年代，数据来源于夏商周断代工程。相关数据和模拟图表取自日行迹生成软件 Analemma 及寿星万年历，二者的数据模型或与实际情况有误差。

发现了吗？夏商与西周初期，夏至都是在 7 月到来，此时的日行迹显示，太阳一年中的极北点和极南点是偏向东北与西南方向的，然后，这个极北极南点随着时间推移缓慢变化，逐渐向西北与东南方向移动，当夏至在 6 月的时候，极北极南点已经移动到西北、东南方向。

如图所示，太阳的极北点与极南点并不固定，始终呈逆时针方向旋转。

也就是说，五千年以来，太阳的极北点逐渐向西北方移动，极南点则逐渐向东南方移动，这种变化趋势，不就是所谓的"天倾西北"吗？

（七）

与天倾西北相对应的，是地不满东南。

《列子·汤问》载：

> 天倾西北，日月星辰就焉；地不满东南，故百川水潦归焉。

《淮南子·天文训》载：

> 天倾西北，故日月星辰移焉；地不满东南，故水潦尘埃归焉。

《列子》和《淮南子》的说法有个别用字不一样，但意思完全相同。

如上所述，所谓天倾西北，来源于一年中太阳的运行轨迹极北点和极南点呈逆时针逐年移动，这里的天倾，与地面没有什么关系。比较而言，所谓地不满东南，就很容易理解了——完全就是对地形走势的概括。当然，"天倾"与地无关，"地不满"也与头顶的天没有任何关系。天倾地不满，实际就是观察自然探索世界的古代先民对头顶天空和脚下大地的发现和描述。

中国地形西高东低，海洋则主要位于东南方。小流成江河，百川归大海，这片土地上绝大多数河流最终都汇入了东南方的海域，正所谓"水潦尘埃归焉"。"地不满东南"，正是对中国地形走势的形象概括。

不过，在更为古老的年代，很可能还有过"地不满西南"的说法[1]。

所谓"地不满"，实际就是一种好说好记的生活经验和常识，是指地形走势由高到低的变化，这种变化肉眼可见，最直观的就是水往低处流，从河流走向就能做出判断。那么，如果按图索骥，找到西南流向的河，不就能反推出最早产生"地不满西南"这种说法的古人们生活所在了吗？

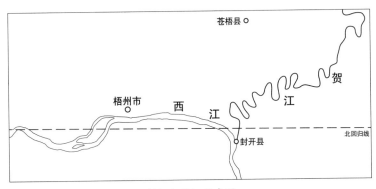

贺江与西江示意图

[1]　"地不满西南"的记载，请参见本章之《女娲补天：天之数有几何？》。

如图所示，广西广东境内的贺江尾段，其流向正是东北—西南走向，终点在广东封开县的江口镇，由此汇入西江。西江则是西北—东南流向，最后注入南海。西江是华南地区最长的河流，也是中国第四大河流，其长度仅次于长江、黄河、黑龙江。

你可能会说，放眼全国，西南流向的大河小溪不知凡几，凭什么就单说贺江呢？

因为就在这片区域，有着比伏羲女娲年代更为古早的中华先祖——豨韦氏[1]。另外，从天文角度来说，这里也有特殊的意义——贺江的终点在封开县江口镇，北回归线正好从这里穿过。北回归线，正是太阳直射点在南北方向上年度周期移动的最北端。

一种猜测的可能性，最早是由生活在贺江流域的一支古人类根据周边地势形成"地不满西南"的说法，后来随着活动半径的扩张，又由西江的流向推导出"地不满东南"。再后来，随着这支古人类的北上迁徙和族群交流，"地不满"这种说法就流传开来。而且，人们视野越来越开阔，而地处东亚大陆的中国这片土地，其地形走势及陆海关系，恰恰也符合"地不满东南"。

事实上，放大到整个亚欧板块来看，中国本身也位于东南方，巧的是，亚欧大陆东端的海岸线整体也呈东北—西南走向，北端是俄罗斯境内的楚科奇半岛向东探出伸向美洲，南端一系列的岛屿如断线的珍珠一般往东南方向延伸到太平洋，换句话说，世界上最大的浩瀚太平洋正好位于视觉上的东南方。

且慢，如果从亚欧大陆的角度来说，不应该四面都是海洋吗？除了太平洋，亚欧大陆南边是印度洋，西边是大西洋，北边是北冰洋，有什么理由单独强调东南方的太平洋呢？

---

[1] 请参阅本书第二章之《封豨：封水河畔见猪肥》。

无巧不巧，地球上最深的地方恰恰就在太平洋，这就是马里亚纳海沟，其最深处超过 10 万米，如果世界最高峰珠穆朗玛[1]陷进去，将会被彻底淹没。地不满，还真的是非常形象的描述呢。

你可能会说，史前神话时代的人们就已经踏足整个亚欧大陆，就已经发现马里亚纳海沟，这可能吗？

是的，很有可能。虽然没有确凿证据，但有线索。

不仅如此，对周遭世界的好奇和发现的愿望与生俱来，人类从来就不曾停止过探索的脚步。

在遥远的史前时代，传说中的大禹，或许还曾经丈量过这片土地。

---

[1] 珠穆朗玛峰的海拔高度：1975 年，中国测得海拔高程为 8848.13 米；2005 年，中国测得峰顶岩面高程为 8844.43 米；2020 年，中国测得最新高程为 8848.86 米。传统的雪盖高为 8848 米。

八、五服四海：大禹的世界有多大？

大禹治水，中国王朝史的起点，可惜尚无实证，唯有传奇穿越千年。

五服，民间一般用来指家族关系，以自己为起点，往上到爷爷的爷爷，往下到孙子的孙子，上下各五代共有九辈人，是为五服。

但大禹的五服，可不是这个意思。

（一）

大禹又叫夏禹，治水成功以后，分天下为九州，铸九鼎，是传说中夏朝的开国太祖。

从大禹开始，中国进入王朝时代，但毫无疑问，那是一个万国林立的时代，大大小小的或酋邦或方国或部族星罗棋布，为了叙述方便，暂且很不严谨地笼统称之为诸侯国。

所谓万国林立并不是形容词，比如进入信史，离我们更近的周朝可以作为参照，那时的大小诸侯国还有一千多个，到后来春秋五霸战国七雄最后秦并天下，这是一个不断兼并逐渐融合的结果。

与秦始皇统一中国后的中央集权不同，夏商周三代虽有相当于中央的天子，但实际上，这个时期的王朝是由很多个大大小小的诸侯国组成的，天子是天下共主不假，但要想收天下万国的人头税还是力不能及。

换句话说，天子所在的王都其实也是一个和诸侯国一样的国家，只有这里才是天子完全的势力范围，然后凭借其软硬实力，以王国为中心把各诸侯国联合在一起。

所谓王朝，就是一个王国加上许多个诸侯国，但在诸侯国内部，是一国一治，各国有相当大甚至完全的自治权。

今天的首都，是政治中心，也是经济中心，还是文化中心，其实差不多一切的中心都在这个地方。显然，这里的中心，是一种虚拟存在，本质是政治结构和权力运行模式。维系这一中心地位的基础无外乎两样，一是指向外围的控制力和影响力，二是指向中心的向心力和吸引力。

不难想象，这种由中心向外围扩散的影响力，会在地理上呈现出逐渐衰减的态势。就像扔到池塘里的石子，激起的涟漪一圈圈扩散，水面波动的半径，最终会有一个极限。比如俗话说的天高皇帝远，皇权不下乡，就是权力衰减的例子。

就算秦帝国一统天下以后，直到明清，历朝历代的皇权也只能延伸到九品芝麻官的县一级。基层的乡村，哪怕帝国盛世也仍然鞭长莫及。即便是所谓的虽远必诛，其潜台词不也是承认远则难诛嘛。

今天的垂直管理能力早已突破空间障碍，实属数千年未有，但在交通和交流完全原生态的大禹时代，地理空间上的远近亲疏无疑是很明显的。

坐在王位上向四周看去，以身处王畿的大禹为中心，散落各

地的大小诸侯环绕四周，就形成了一个由内而外由近及远的圈层
结构。

这就是大禹的五服，由内而外，分为甸服、侯服、绥服、要
服、荒服。

当然了，现实中的天下臣服并不能简单地一概而论，大小诸
侯国中有心悦诚服的，肯定也有口服心不服的，分庭抗礼自然也
在所难免。

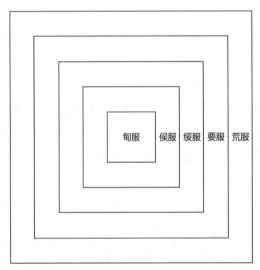

大禹五服示意图

（二）

关于大禹的五服，最完整的记载见于《尚书·禹贡》：

> 五百里甸服：百里赋纳总，二百里纳铚，三百里纳秸服，
> 四百里粟，五百里米。
>
> 五百里侯服：百里采，二百里男邦，三百里诸侯。

五百里绥服：三百里揆文教，二百里奋武卫。

五百里要服：三百里夷，二百里蔡。

五百里荒服：三百里蛮，二百里流。

东渐于海，西被于流沙，朔南暨声教讫于四海。禹锡玄圭，告厥成功。

大意是说，王都四周五百里范围是甸服——明确说要纳税的就只有这个区域。在甸服之中，由近及远所缴纳的税赋各有不同，分为总、铚、秸服、粟、米五等，简单说就是近处的既要缴交谷米给人吃，还要上缴秸秆用来喂牲畜，粮食的植株囫囵个都得交，而远处的只需要上交打好的谷粒就行。这样的安排大概是出于交通的考虑。

甸服以外五百里为侯服，这是分封给在朝为官者及诸侯的地方。

侯服以外五百里为绥服。近处三百里"揆文教"，揆是管理，"揆文教"就是负责文教工作。这个地方的诸侯要充分发挥文化统战的战略作用。文教的对象，自然是绥服以外的那些蛮夷。

准确地说，这里的蛮夷是中性词，主要是指向生产方式、生活习惯、习俗观念、文化背景等方面不同，血缘和种族可能有区别但并不是重点。

"揆文教"的目的，是展示文德以吸引和同化外族，相当于现在的孔子学院和好莱坞，通过文化输出展示软实力，将自己的文化、生活方式、价值观和理念等传播出去，也就是孔子说的"远人不服，则修文德以来之"。

绥服中稍远的二百里"奋武卫"，也就是整顿武备设置防务，所防的当然也是外围那些蛮夷，或被动防守，或主动出击。对于

"搬文教"不成功的刺头，自然是说不服就打服。当然了，到了靠拳头说话的分儿上，要是打不过人家也可能夷夏颠倒，蛮夷反倒变成正统了。

大抵可以说，到这里就已经是中央王朝实际上的边界，相当于现代国家的边境线，"奋武卫"就是秀肌肉造航母搞核威慑。

绥服再往外是要服、荒服，即所谓的蛮夷之地。蛮夷既是争取团结的盟友，也是不可不防的对手。可以理解为外族的地盘，打击罪犯清除异己就往这扔。与后世所谓充军发配比起来，这种流放的方式，好像驱逐出境的意味更浓一点。

对于五服的记载历来有很多讨论。

是真实历史还是后人杜撰？是现实可行的政治规划还是理想化的政治蓝图？

这么规整方正的格局有可能吗？如顾颉刚先生就认为夏禹的五服是不存在的。

真或者假，可行与否，空对空的讨论难有令人信服的结果。

我们应该注意到，文字记载其实说得非常明确，既有定性也有定量，难道不应该按图索骥地算算数字查查地图吗？

五服由内而外，五百里为一层，这是其一。

东渐于海，西被于流沙，这是其二。

（三）

五百里，是一个毫不含糊的数字，但是，且慢，古代的"里"和现在的"里"一样吗？

当然不一样。

所以，首先得找到尺度才行。

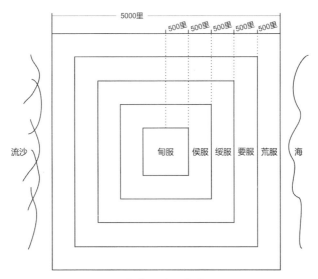

大禹五服示意图

因为度量衡这个东西从古至今一直都在变化之中，即便秦始皇统一度量衡了，此后历朝历代也还在变来变去。

有案可查的说法是，八尺为步或六尺为步，三百步为里或三百六十步为里。

如西汉戴圣《礼记·王制》载：

> 古者以周尺八尺为步，今以周尺六尺四寸为步。

西汉司马迁《史记·秦始皇本纪》载：

> 数以六为纪，符、法冠皆六寸，而舆六尺，六尺为步，乘六马。

有八尺一步，有六尺一步，还有六尺四寸为一步，各代说法不一，这种规定和变化往往是政治权力延伸的体现。

以秦朝为例，那时流行的是以五行学说为基础的五德终始说，夏商周秦，朝代更迭，这是天运流转的结果。秦始皇统一六国，取代了周朝的天命，周是火，秦是水，水克火，所以秦朝的水德替代了周朝的火德。

在五行之中，水代表黑色，数字是一和六，所以，秦尚黑，数以六纪，百官的衣服是黑色的，部队军旗也是黑色的，兵符印信宽六寸，马车宽六尺，拉车的马得六匹，甚至连一年的开始都给改到了十月，因为十月地支为亥，亥五行为水。

六尺为步就是这么出现的，纯粹是政治导向的结果。

再来看"里"。战国穀梁赤《春秋穀梁传·宣公十五年》：

> 古者三百步为里，名曰井田。井田者，九百亩，公田居一。

这里说的"古"并不确定"古"到什么时候，但"名曰井田"，这很明显是井田制的产物，是丈量田亩用的。而且，更重要的是，把上下文连起来看会发现，这个"名曰井田"的三百步为里，等于的是九百亩，也就是说，三百步为里的"里"不仅是我们熟知的长度单位，同时也是面积单位，指长宽都是三百步。

所谓井田制能否上溯到夏禹很难讲，甚至周朝是否真的实行过井田制也有争议，不过，"里"这个单位既是长度又是面积，对于大禹的五服这种国土面积的划分来说至少是很相称的。

但是，这不代表一里就一定是三百步，比如到隋唐的时候就改成了三百六十步为里，同样的，上溯到大禹时代，很可能也有不同规定。

（四）

一尺又是多长呢？

这也是一个没有标准答案的问题。

比如商尺就有好几种，有出土的商代骨尺和牙尺为证。

中国历史博物馆藏商代牙尺，长 15.78 厘米，划分十寸，每寸十分。

上海博物馆藏商代牙尺，长 15.8 厘米，划分十寸，每寸十分。

台北故宫博物院藏商代骨尺，长 16.95 厘米，划分十寸。

商代的两个牙尺仅相差 0.2 毫米，或可视为一种，加上骨尺，这样商代的尺就有大小两种，大尺 16.95 厘米，小尺约 15.8 厘米。

有意思的是，以商尺 16.95 厘米为标准的话，十尺一丈就是差不多 1.7 米，与中国男人的平均身高差不多[1]，所谓男子汉大丈夫，真就是一丈为夫。要是用商代以后的尺，丈夫就很难找了。

比如周尺、秦尺是 23.1 厘米（南京大学历史系文物室藏东周铜尺，长 23.09 厘米，分十寸），在这个时代，要找名副其实的丈夫，那可真得万里挑一，只有姚明那样的才勉强够格 —— 七尺男儿也英雄，何必非得大丈夫，所谓七尺男儿就是从来的（按一尺 23.1 厘米算，七尺也不过就 1.62 米，大多数人都是够格的）。

要说明的是，周尺并非只有一个 23.1 厘米，如河北平山县出土的中山国兆域图，是一个铜版地图，内容包括王陵方位、区域及建筑分布等，这个地图所使用的度量单位就是步和尺，比例尺约为 1 比 500。经测算，一尺 22 厘米，五尺为一步。

注意，这又有了一个五尺为步。

---

[1] 2015 年 6 月，由国家卫生计生委组织编写的《中国居民营养与慢性病状况报告》发布，中国 18 岁以上成年男性平均身高 167.1 厘米。

其实最简单的例子就是，后来秦始皇统一度量衡，要统一，自然就意味着此前各国各不相同。

再往后尺度越来越大，如唐朝一尺 30 厘米，清朝一尺 35.55 厘米，不要说丈夫了，连七尺男儿都不是一般人能做得了的。

一尺有多长？原来代代不一样。

一里走几步？更是信马如游缰。

不过，历朝历代的度量衡大小不一，但毕竟这是与现实生活息息相关的东西。比如步这个单位，显然与人走路的步幅有关系，或者说就是从这来的，如果其大小与生活经验严重背离，肯定不会被社会大众所接受，所以，尺有长短，步有大小，但一步的长度绝不会太过悬殊。

如商尺 16.95 厘米，八尺为步，则一步是 1.356 米；秦尺 23.1 厘米，六尺为步，则一步是 1.386 米；唐尺 30 厘米，五尺为步，则一步是 1.5 米。有差异，但差得并不离谱，1.4—1.5 米，符合一般人的实际步伐。

一步 1.5 米，你可能觉得这步子迈得也太大了吧？实际上，古代的一步是现在的两步，即左右脚各有一步才算一步，而现在的一步，古代叫跬，如《荀子·劝学篇》所言"不积跬步，无以至千里"，这里的跬和步，就是古代的两个计量单位，相当于现在的一步和两步。

由此可见，步是一个直观且相对稳定的度量单位，这也可以和古人"以身为度"的记载相印证，如《史记·夏本纪》记载大禹"身为度，称以出"。

（五）

除了上述各代忽长忽短的尺，在天文观测领域还有一个比较稳定的尺。

南北朝时期，南朝宋的太史令钱乐之铸浑天仪（宋文帝元嘉年间，公元424—453年），其一尺合24.5厘米。

隋文帝统一全国后再次统一度量衡，将北朝大尺（30厘米）用于日常生活，南朝小尺则继续延用于天文观测以保持稳定。

此后历代天文观测中，如唐代僧一行测量子午线、宋代司天监的圭表尺、元代郭守敬造观星台等，他们所使用的也一直是钱乐之的一尺24.5厘米。

1975年，在明代（公元1368—1644年）制造的铜圭残件上发现了当时用于测日影的量天尺的刻度，考定其尺长为24.525厘米，与南北朝时期钱乐之铸浑天仪的尺度相符。

也就是说，从南朝宋起的一千多年间，量天尺的尺值恒定不变，从而保证了天文测量的连续性和稳定性。

事实上，天文领域所使用的24.5厘米为一尺很可能传自上古。

山西襄汾陶寺遗址发现了一座古观象台，出土了一根用于观测日影的漆杆，中国社会科学院考古研究所何驽先生的研究结果是，那时的一尺等于25厘米，五尺等一步，并推测200步合一里[1]。

舜禹禅让在公元前1972年[2]，陶寺古观象台的年代是公元前2050年左右，其时正是传说中的唐尧时代。

陶寺遗址用于天文观测的25厘米一尺，与上述南朝宋以后沿用一千多年的24.5厘米为一尺相比较，实在太接近了，这恐怕不

---

[1]　参见何驽：《从陶寺观象台 IIFJT1 相关尺寸管窥陶寺文化长度单位》，《中国社会科学院古代文明研究中心通讯》，2005年第10期；徐凤先、何驽：《日影千里差一寸观念起源新解》，《自然科学史研究》，2011年第2期。

[2]　详见拙著《五星聚：星象中的天命转移与王朝盛衰》。

能简单说是巧合吧。

自古以来天文观测与历法制定都由王权所掌控，同时又具有高度的专业性，相关知识在专业领域内代代相传，从而保持了专业应用中尺度的统一不随王朝更迭而变化，这种可能性很大且合情合理。

所以，如果要从 24.5 厘米和 25 厘米中选一个，或许更应该倾向于有过多个朝代天文实践的 24.5 厘米。

也就是说，陶寺遗址用于观测日影的漆杆所用尺度其实更有可能是一尺等于 24.5 厘米。

一尺 24.5 厘米，几尺算一步呢？

五尺一步，是 1.225 米；六尺一步，是 1.47 米。

如前所述，商、秦和唐这三个朝代尺度大小不一，但一步的长度都在 1.4—1.5 米。

两相比较，1.47 米在正常范围，1.225 米偏小，但如果长途跋涉，也许稍小点的还更合适。

我们来换算一下：

1 里 = 200 步，1 步 =5 尺，1 尺 = 24.5 厘米，那么，一里 = 200 × 5 × 24.5 厘米 = 245 米，五百里是 122.5 公里。

如果 1 步 = 6 尺，则一里 = 200 × 6 × 24.5 厘米 = 294 米，五百里是 147 公里。

代入大禹的五服，中间的甸服五百里，即边长 122.5 公里或 147 公里。

从中心到边界是五服，即 5 个五百里，是 612.5 公里或 735 公里；整个五服的边长是 10 个五百里，即 1225 公里或 1470 公里。

这就是《尚书》记载的大禹所统辖的世界。

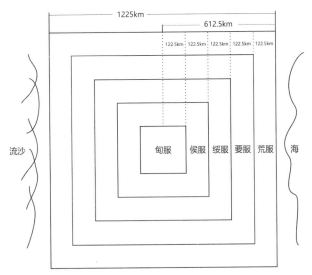

大禹五服示意图

（六）

　　夏朝目前还只能算传说，禹的都城所在当然也不清楚，有说在山西，有说在河南，其中河南登封的王城岗遗址被认为可能性很大。

　　从王城岗遗址到海边，使用地图软件测距显示直线距离为633公里左右（非精确值）。

　　从五服的中心点到边界的距离，前文我们计算的结果，是612.5公里或735公里。其中的612.5公里与地图显示的633公里误差仅20余公里，如果不是巧合，这就太令人惊讶了。

　　由王城岗遗址向西600多公里，这就到黄土高原了。

　　作为地球上面积最大的黄土区，土层厚，植被少，无风三尺土，河里泥沙俱下，水土流失很严重，虽然不是沙漠，但用流沙来形容也完全说得通。

此外，毕竟是 4000 多年前，那时的海平面可能要低于现在
1—2 米。

海平面低于现在，也就是说，东部的海岸线还应该向东退一
点。那么，王城岗遗址距离海边的距离比 20 公里还要再多一点。

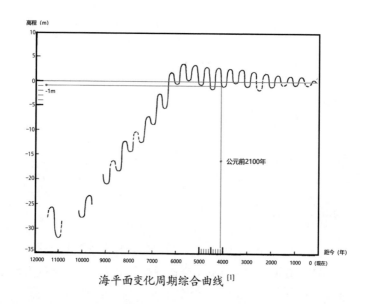

海平面变化周期综合曲线[1]

如果假设大禹五服的记载属实且准确，同时假设大禹都城就
在王城岗遗址所处的纬度线上，那么王城岗遗址就在五服中心的
西侧 20 公里以上，但仍然在五服最内一层的甸服；山西襄汾陶寺
遗址则位于五服中心的西北角，已经到了五服由内而外第二层的

[1]　毕福志等：《中国全新世海平面变化周期与世界未来海平面变化规律》，《第
四纪研究》，1991 年第 1 期。在不同研究中海平面的升降数值并不一致。事实
上，"至今为止还没有一条公认的全新世海平面变化曲线，而且寻求这样的一条
曲线也是不可能的"（中国社会科学院考古研究所编著：《中国考古学：新石器时
代卷》，中国社会科学出版社，2010 年）。

侯服。

其实也就差二十来公里，完全可以算在合理误差的范围。

要说明的是，虽然并不能因此就证明王城岗遗址就是所谓禹都 [1]，但是，在信任古籍记载的前提下尝试进行验算和求证，这种实证的思路无疑是可取的。

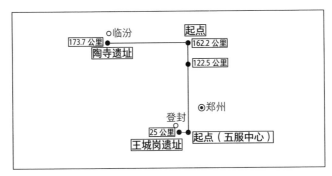

王城岗遗址、陶寺遗址与五服中心示意图

沿着这样的思路，还可以做更多的尝试，也许，我们会与更接近事实的某种历史真相不期而遇……

（七）

大禹的五服制每服五百里向外扩展，划出了一个边长五千里的疆域范围，相当于现在的 1200 公里左右，如果从东部沿海算起，西边到黄土高原的边沿。

实际上，像这样具体而没有丝毫含糊的数字并不是孤例，而且所涉及的地理范围还要更加广阔。比如，春秋《管子·地

---

[1] 舜禹禅让前的禹都更有可能在王城岗遗址东偏北方向约 40 公里的河南新密新砦遗址或 50 公里的河南新郑古城寨遗址，禅让后的禹都在冀都，可能是山西临汾陶寺遗址。详见拙著《五星聚：星象中的天命转移与王朝盛衰》。

数》载：

> 桓公曰："地数可得闻乎？"管子对曰："地之东西二万八千里，南北二万六千里。"

战国《尸子》载：

> 八极之内有君长者，东西二万八千里，南北二万六千里。

战国末《吕氏春秋·有始览》载：

> 凡四海之内，东西二万八千里，南北二万六千里。

西汉《淮南子·墬形训》载：

> 阖四海之内，东西二万八千里，南北二万六千里。

发现没？东西二万八千里，南北二万六千里，这几个不同时期的记载完全相同。这样统一口径的说辞似乎意味着存在一个来自更为久远时代的共同信息源，起码管子与齐桓公的对话不太可能是瞎说，应该是言之有据。

有必要说一下管子，他可是三国时代诸葛亮的偶像，卧龙先生还是草根的时候就号称"亮躬耕陇亩……每自比于管仲乐毅"——这个管仲就是管子，在他的经营下，齐国成了春秋五霸之首，挟天子以令诸侯这种事，其实他比曹操早多少年就玩过了。

管仲是姬姓，出自周朝王室，据说是周穆王的后代，周穆王是西周第五代天子。

周朝上承夏商两代，此前千八百年所积累的文献自然是这个新王朝的战利品。东西二万八千里，南北二万六千里，这个大禹时代的数据历夏商两朝再传到西周，不是不可能。

难道古人真的有可能做过大地测量吗？

（八）

四海，一般用来指代全国各地或世界各地，如你我来自五湖四海，当然不可能说我们是来自海底世界。所谓四海，其实也是陆地。

即便在目前所能见到的最早辞典里，也是这么解释的。成书于战国至秦汉之际的《尔雅》说：

> 九夷、八狄、七戎、六蛮，谓之四海。

东夷、北狄、西戎、南蛮，这是相对华夏而言的概念，中原王朝周边的族群或国家就是四海，名为海，指向的其实是陆地。当然，海是陆地，这不可能是本义，如清代段玉裁在《说文解字注》就说过，蛮、夷、戎、狄是四海，"此引伸之义也"。

就像蟾宫是月亮，但蟾蜍并不是像嫦娥一样的艺术想象，而是现实中确实存在的癞蛤蟆。同样，海就是海，就是这个地球上环绕大陆的水域。

《吕氏春秋》和《淮南子》中记为四海之内，《管子》中记为地之东西、地之南北，很明显，这不就是四海之内有地，地之四边有海的意思吗？

东西二万八千里，南北二万六千里，指的正是四海之中这片陆地的大小。

看地图就知道，这片陆地最有可能的就是亚欧大陆。

（九）

如上所述，由陶寺遗址出土漆杆推算，并结合历代天文观测所使用的尺度，得到了一组单位换算公式，即 1 里 = 200 步，1 步 = 5 尺，1 尺 = 24.5 厘米。

换算一下，东西二万八千里，28000 × 200 × 5 × 24.5 厘米 = 6860 公里。

南北二万六千里，26000 × 200 × 5 × 24.5 厘米 = 6370 公里。

再来看我们所在的亚欧大陆有多宽：

如果以河南登封王城岗遗址（有观点认为这里就是大禹的都城所在）为南北、东西测距的交点，那么大致来说，从中国东海之滨到地中海东岸，是 7500 公里左右。从中国南海之畔到接近北极圈的俄罗斯拉普捷夫海海岸，是 5750 公里左右。

文献记载和实际距离的两组数据做下比较，东西分别是 6860 公里、7500 公里，南北分别是 6370 公里、5750 公里，东西方向比地图实测的少 640 公里，南北方向比地图实测的多 620 公里，误差的绝对值差不多，但一个是多一个是少，两个误差其实挺大的。

且不做过度解读，数据先放着，我们再来看另一种记载。

（十）

在《山海经》里，说到大禹曾经委派竖亥测量东极到西极的距离。《山海经·海外东经》载：

> 帝命竖亥步，自东极至于西极，五亿十选九千八百步。竖亥右手把算，左手指青丘北。一曰禹令竖亥，一曰五亿十万九千八百步。

首先是东极至于西极的这个数据需要做下说明：五亿十选九千八百步，其中的百和千肯定是数位，以此类推，则亿和选这两个字也应该表示数位。

选可能是万的通假，如《康熙字典》载，明代杨慎注解："选与万，古音通，遂借其字。"

其实《山海经》的抄写者也是这么认为的，所以在后面又补充说"一曰五亿十万九千八百步"，认为"十选"可能是"十万"之误。

不管是通假还是讹误，选相当于万，这一点没有问题。

百、千、万都有了，再往上，是十万、百万、千万，然后才是亿。

《山海经》里的"亿"就是我们现在说的"亿"吗？未必。

既然《山海经》里有"十选"，选相当于万，那么，再往上更大数量级的"百万"完全可能另外命名，这就是"亿"。

也就是说，《山海经》里的百、千、选、亿，就相当于我们现在的百、千、万、百万。

亿就是百万，是胡说吗？关于"亿"，《康熙字典》载：

> 数名，十万曰亿。一说亿数不定。《礼·内则·降德于众兆民疏》：算法，亿之数有大小二法。小数以十为等，十万为亿，十亿为兆也。大数以万为等，万至万，是万万为亿也。

由此可见，古代本来就有十万为亿的计数法。既然《山海经》里的"万"记作"选"且用到了"十选"，但并没有将"十选"写作"亿"，如果"亿"是十万，那就势必与后面的"十选"（十万）发生冲突，所以，这里的"亿"起码得是"百万"才能成立。当然，也不排除是更大数量级的可能。

这么理解的话，所谓"五亿十选九千八百步"，就是五百一十万九千八百步，即 5109800 步，比起吓人的五亿多，这并不是一个大得离谱的天文数字。

现在就可以计算了。1 步 = 5 尺，1 尺 = 24.5 厘米，《山海经》所说的东极到西极 5109800 步 = 5109800 × 5 × 24.5 厘米 = 6259.5 公里。

这个数据与地图测量的东西 7500 公里差着 1200 多公里，这个误差未免就显得太大了。

再比较一下却发现，《山海经》所说的东极至西极"五亿十选九千八百步"与《管子》等书所说的"南北二万六千里"，这两处换算后的数据非常接近啊。

	古称	折合	备考
天文尺	一尺	24.5 厘米	
	一步	1.225 米	五尺一步
	一里	245 米	200 步为一里
	五百里	122.5 千米	
	五服	612.5 千米	

	记载	折合
《山海经》	东极至于西极，五亿十选九千八百步	6259.505 千米
《管子》《吕氏春秋》《淮南子》	东西二万八千里	6860 千米
	南北二万六千里	6370 千米

	地图测距
东西	7500 千米
南北	5750 千米

那么，有没有可能是《山海经》在传抄中出了错漏，把本来

是北极至南极的内容讹误成东极至西极呢?

确实很有可能。因为《山海经》里只有竖亥测量东极至西极,并没有北极到南极的测量,在《淮南子》里也有竖亥,不过与《山海经》的记载不一样,他测量的恰恰就是北极到南极,东极至西极也有人负责测量,叫太章。

《淮南子·墬形训》载:

> 禹乃使太章步自东极,至于西极……使竖亥步自北极,至于南极……

这么一比较,有理由相信是《山海经》把南北记成了东西,东西的部分则完全搞丢了。

发生这样的事,在使用竹简的年代也不奇怪 —— 本来就不易保存,再加上王室内部争权倾轧以及改朝换代的战乱,还能留下片鳞半爪而没有全盘灭失,这已经算得上幸运。

如果是这样,那就意味着《山海经》的东极至西极"五亿十选九千八百步"与《管子》的"南北二万六千里",这两个数据应该是等值的。

事实上,《山海经》里也有与《管子》等书完全一致的数据。

《山海经·中山经》载:

> 天地之东西二万八千里,南北二万六千里。出水之山者八千里,受水者八千里。出铜之山四百六十七,出铁之山三千六百九十。

那么,有了这两个步和里的数据,不就能算出一里合多少步了吗?

五亿十选九千八百步是 5109800 步,5109800 除以 26000,得数是 196.53，与我们设定的 200 步为一里近似，但很可惜，这并不是一个严丝合缝的步与里之间的换算关系。

不过，五亿十选九千八百步，南北二万六千里，两相对照，显然前者看起来更像是一个精确数字，那么，将这个步数按我们设定的 200 步一里换算成里呢？

5109800÷200=25549，《山海经》的五亿十选九千八百步等于二万五千五百四十九里。

这个里数有零有整，注意，如果取整数呢？

这不就是二万六千里吗？

没错，二万六千里原来是个取整的约数。

现在，我们可以得出两个有理由予以确定的结论：

第一，《山海经》里的竖亥测量的不是东极至西极而是北极到南极的距离。

第二，《管子》《吕氏春秋》《淮南子》等所记载的南北极二万六千里，这是一个取整的结果，其精确值是二万五千五百四十九里。

由此也可以反过来证明，200 步为一里的设定确实是合理的。

遗憾的是，《山海经》脱漏了太章所测量的东极至西极的数据。古代先民充满智慧、勇气和血汗的探索，就这样消失在历史的幽暗之中，实在可惜可叹。

（十一）

既然南北二万六千里是取整的结果，那么，理论上东西二万八千里也很可能如此。

也就是说，《管子》等书所记载的东西二万八千里可能是精确值，但更可能是一个取整后的约数。

那么，我们可以用地图测距的实际数据来反推。

亚欧大陆过王城岗遗址的东西向距离，即从中国东部海岸到地中海东岸，是 7500 公里左右。

按照一尺 24.5 厘米，五步一尺，200 尺一里的换算关系，实际距离 7500 公里相当于古代的 30612 里，如果取整数，是三万里或三万一千里，并非文献记载的二万八千里。

同理，亚欧大陆南北距离 5750 公里，换算后是古代的 23469 里，取整是二万三千里或二万四千里，也不是文献记载的二万六千里。

两个数据都不吻合。

根据《山海经》记载的五亿十选九千八百步与《管子》等记载的南北二万六千里非常相近，我们推论出这两个数据是对等关系，一个是精确值，一个是取整的约数，进而得到了古代里和步的换算关系，即一里等于 200 步。

然后，在与地图测距的实际数据对照中，东西和南北两个文献数据都无法对应，那就有两种可能，要么是古今海岸线不同造成实际距离不一样，要么是单位换算有问题。

第一种可能暂时无法求证，我们来看第二种可能。

一里 200 步，这是得到验证的，接下来，关键就在一步有多少米上。

出土文物证明，商尺是 16.95 厘米，殷商继夏而起，理论上讲，商承夏制是有可能的，即夏尺也是 16.95 厘米。

尺和步的关系，有五尺一步、六尺一步、八尺一步，按一尺 16.95 厘米来看，则分别是 0.848 米、1.017 米、1.356 米。

作为度量单位的步，其大小与人走路的步伐有关，绝不能过于偏离实际生活经验，0.848 米和 1.017 米，这两个可能就偏小，

1.356 米则比较合理，也就是八尺一步。

一尺 16.95 厘米，八尺一步，200 步一里，好，按这个换算关系再来看看。

	古称	折合	备考
天文尺	一尺	16.95 厘米	
	一步	1.356 米	八尺一步
	一里	271.2 米	200 步为一里
	五百里	135.6 千米	
	五服	678 千米	

	记载	折合
《山海经》	东极至于西极，五亿十选九千八百步	6928.89 千米
《管子》《吕氏春秋》《淮南子》	东西二万八千里	7593.6 千米
	南北二万六千里	7051.2 千米

	地图测距
东西	7500 千米
南北	5750 千米

如上表所示，东西二万八千里与地图测距的 7500 公里非常接近，不足百公里的误差可以接受。

上面说了，二万八千里有可能是一个取整数的结果，而地图测距的实际距离 7500 公里相当于古代的多少里呢？

答案是 27655 里，取整数，正好是二万八千里。

谜底揭晓，东西二万八千里和南北二万六千里，这两个数字的来源都被找到了（如下表）。

	古称	折合	备考
天文尺	一尺	16.95 厘米	
	一步	1.356 米	八尺一步
	一里	271.2 米	200 步为一里
	五百里	135.6 千米	
	五服	678 千米	

	记载	折合	备考
《山海经》	东极至于西极，五亿十选九千八百步	6928.89 千米	取整为二万六千里；"东极至于西极"可能是"北极至于南极"的讹误
《管子》《吕氏春秋》《淮南子》	东西二万八千里	7593.6 千米	
	南北二万六千里	7051.2 千米	

	地图测距	备考
东西	7500 千米	取整为二万八千里
南北	5750 千米	

古文献记载和实际测距有四个数字完美匹配，可能是巧合，抑或就是真实历史的还原。

剩下一个不能匹配的，是《山海经》的五亿十选九千八百步与现在实际的亚欧大陆南北距离 5750 公里，文献数据多出近 1200 公里。

这个差距可谓巨大，完全不能称为误差。

在有更合理的解释以前，暂且说，也许四千年前的北极，陆地面积比现在大得多吧。

还要注意到，大禹五服制的距离也有了少许变化，现在的五百里是135.6公里，由甸服的中心到最外层荒服的边界是678公里。

如果沿用王城岗遗址的纬度，那么，从东部海岸[1]向西678公里就是大禹五服的中心，现在的王城岗在其东侧45公里处，仍然位于五服最里层的甸服——王城岗，仍然是名副其实的王城之地。

这里，有可能是大禹的都城所在地吗？

找到真正的夏都可能仍需时日[2]，但是，相关数据出乎意料的匹配度，不能不让人相信，大禹时代有太章和竖亥分别做过大地测量，这真的不只是传说。

渡大江，过荒野，穿山越岭，纵横数千公里。四千年前的人们是怎样做到的，实在很难想象。而且，就算脚力不是问题，定向不是问题，一路上山峦起伏江河阻隔，又要怎样才能得出直线距离呢？

真是不可思议的成就，又或者，不过只是巧合。

---

[1] 这里的测算以现在的海岸线为准，仅为模拟示例表达思路，更准确的办法应以古代海岸线位置为准。

[2] 舜禹禅让前的夏禹都城可能在新砦遗址或古城寨遗址，距离王城岗遗址约50公里，参见拙著《五星聚：星象中的天命转移与王朝盛衰》。

第二章　怪兽寻踪

逮至尧之时，十日并出，

焦禾稼，杀草木，而民无所食。

猰貐、凿齿、九婴、大风、封豨、修蛇，皆为民害。

尧乃使羿诛凿齿于畴华之野，杀九婴于凶水之上，

缴大风于青丘之泽，上射十日而下杀猰貐，

断修蛇于洞庭，禽封豨于桑林。

万民皆喜，置尧以为天子。

——（西汉）《淮南子·本经训》

一、凿齿：犬牙为美象牙祭

楚汉相争，四年内战，最终刘邦定鼎，号称楚霸王的项羽被这个自己所封的汉王打败，一世英雄遗荒塚，垓下不复过江东。

公元前 202 年，刘邦称帝，定都长安。

大乱之后，人心思定，于是汉初国策奉行黄老之术，讲究无为而治、与民生息，并很快迎来了为后世所称道的文景之治（公元前 180—前 141 年，历汉文帝、汉景帝两代）。

随后汉武帝登上了历史舞台，16 岁的少年天子注定热血，所谓雄才大略，必然也就意味着皇权的一家独大——四十年文景之治恰好也为他的折腾提供了充足的钱粮资本。

毫无疑问，裂土封王的那些同姓王异姓王各自为政，这不是大一统的皇权乐于看到和能够容忍的。

与此相应，无为而治的汉初国策必须改弦更张。

于是，伴随政治而发生的学术纷争，就是儒术穿上了王的华衣并取代黄老成为国家意志，即所谓独尊儒术。

有人不甘也是必然的，比如淮南王刘安。

身为高祖刘邦之孙，汉武帝刘彻得管他叫叔。这个淮南王刘安的主张，就是要坚持汉初以来的无为之治。

当然了，他的真实想法是否如此不得而知，所谓遵循旧制，很难说不是为了维护自己的既得利益，更何况他其实是有心取汉武帝而代之的，只是天不遂人愿，最终落得个大逆不道的罪名而自刎身亡。

黄老与儒术之争，实质是政治的角力。学术被政治裹挟，千年如此委实无可奈何。

但不管怎样，被后人称为思想家、文学家的淮南王刘安和他的门客，为我们留下了一部经典之作——《淮南子》。

《淮南子》又名《淮南鸿烈》《刘安子》等，其内容融合了法家、墨家、阴阳家及儒家等先秦各家思想，虽然被后世定为杂家作品，但以黄老（或老庄）道家思想为主轴是没有疑问的。

比如胡适的评价：

> 道家集古代思想的大成，而淮南书又集道家的大成。

就在这部书里，许多上古神话与传说被记录其中，如女娲补天、后羿射日、嫦娥奔月、大禹治水等。神话是特殊的史话，故事背后往往都有其真实的历史根源或原型，如女娲补天和后羿射日就隐藏着上古先民在天文历法方面的探索实践。

在《淮南子》里，除了女娲后羿等神人神迹，还有神兽怪兽，那么，这些神兽怪兽是否也隐含着真实历史的背景呢？

（一）

《淮南子·本经训》载：

> 逮至尧之时，十日并出，焦禾稼，杀草木，而民无所食。
> 猰貐、凿齿、九婴、大风、封豨、修蛇，皆为民害。
> 尧乃使羿诛凿齿于畴华之野，杀九婴于凶水之上，缴大风

于青丘之泽，上射十日而下杀猰貐，断修蛇于洞庭，禽封豨
于桑林。

万民皆喜，置尧以为天子。

猰貐（yà yǔ）、凿齿、九婴、大风、封豨（xī）、修蛇，一般
被认为是六种怪兽，如东汉高诱注解这六种都是"兽名"。

这段话大意是说，尧的时候，上有十日并出的天灾导致遍地饥
荒，下有六种怪兽出没为害百姓，于是尧派羿射杀了十日和六兽。

在《淮南子》里，这段话并非纯粹讲故事而是当论据使用，
是为了论证乱世出圣人，其结论是"有贤圣之名者，必遭乱世之
患也"。抛开论据的指向性，回到故事本身，我们来看看这些怪兽
都源出何处。

所谓十日，前文已分析过其实是十日太阳历，十日，实即一
年十个月。同理，这里的六种怪兽想必也应该是有所来由的。

（二）

凿齿的记载，也见于《山海经》。

《山海经·海外南经》载：

羿与凿齿战于寿华之野，羿射杀之。在昆仑虚东。羿持弓
矢，凿齿持盾。一曰戈。

《山海经·大荒南经》载：

有人曰凿齿，羿杀之。有蜮山者，有蜮民之国，桑姓，食
黍，射蜮是食。有人方扜弓射黄蛇，名曰蜮人。

"有人曰凿齿"，凿齿是人不是兽，其实已经说得很明确了。

在《淮南子》里，也同样有说到凿齿是人族。

《淮南子·墬形训》载：

　　凡海外三十六国……自西南至东南方，结胸民、羽民、讙头国民、裸国民、三苗民、交股民、不死民、穿胸民、反舌民、豕喙民、凿齿民、三头民、修臂民。

凿齿民，是海外三十六国之一。所谓凿齿，根本不是什么兽。

实际上，汉晋时期的古人也认识到凿齿是人不是兽，但一般都说成是长有像凿子一样的牙。比如：

东汉服虔曰："凿齿，齿长五尺，似凿，亦食人。"

东汉高诱曰："吐一齿出口下，长三尺也。"

晋代郭璞曰："凿齿亦人也，齿如凿，长五六尺，因以名云。"

现在一尺是 33.3 厘米，汉代一尺要短点，也在 20 厘米以上（21.35—23.75 厘米）。显而易见的是，齿长三尺已经是半米以上，五六尺就得一米以上。牙长这么长，很难说还是人，实际已是怪兽的模样。换句话说，这种解释无异于开始讲另一个神话。

真实情况如何呢？

凿齿确实是人，但并非牙特别长。

其实很简单。凿，就是穿凿挖掘的意思，所谓凿齿，顾名思义，就是把牙齿凿掉，也就是拔牙。

凿齿是人，之所以称为凿齿，是因为一种独特的习俗，即拔掉特定的牙齿，就像有的民族流行割礼一样。

有这样的独特习俗吗？

确实有的。

（三）

首先，见于古代文献的就有不少，略引数例如下：

夷洲女已嫁，皆缺去前上一齿（夷洲或指台湾，夷洲女指高山族）。

——三国吴沈莹《临海水土异物志》

荆州极西南界至蜀，诸民曰獠子，妇人妊娠七月而产。临水生儿，便置水中。浮则取养之，沉便弃之，然千百多浮。既长，皆拔去上齿牙各一，以为身饰。

——西晋张华《博物志》

赤口濮，在永昌南，其俗折其齿。

——唐代杜佑《通典》

三濮者，在云南徼外千五百里。有文面濮，俗镂面，以青涅之。赤口濮，裸身而折齿，镵其唇使赤。黑焚濮，山居如人，以幅布为裙，贯头而系之。

——北宋欧阳修等《新唐书·南蛮传下》

邛雅（雅即四川雅安）之夷獠，妇人娠七月而产，产毕置儿向水中，浮者取养，沉者弃之，千百无一沉者。长则拔去上齿如狗牙，各以为华饰。

戎州（四川宜宾）……其蛮獠之类……椎结跣足，凿齿穿耳。

钦州（广西钦州）……又有僚子，巢居海曲，每岁一移，椎结凿齿，赤裈短褐。

——北宋乐史《太平寰宇记》卷77、卷79、卷167

（仡佬族）妻女年十五六，敲去右边上一齿。以竹围五寸长三寸，裹锡，穿之两耳，名筒环。

——宋代朱辅《溪蛮丛笑》

（川西南、滇东北一带土僚）男子十四五，则左右击去两齿，然后婚娶。

——元代李京《云南志略》

有折牙者，谓之打牙仡僚。

——元代周致中《异域志》

（打牙仡佬）父母死，则子妇各折二齿投棺中。

——明代田汝成《炎徼纪闻》

女择所爱者，乃与挽手，挽手者，以明私许之意也。明日女告其父，召挽手少年至，凿上腭门牙二齿授，女亦二齿付男，期某日就妇完婚，终身归以处。

——清代郁永河《裨海纪游》

成婚，男女俱去上齿各二，彼此谨藏，以矢终身不易。

——清代黄叔璥《台海使槎录·番俗六考》

从以上记载可见，云贵川鄂等西南地区有很多少数民族流传凿齿的习俗，其目的或为装饰求美，或是定情信物，或有成人礼的意思，不一而足，尤其要说明的是，这里说的拔牙都不是因病而拔，而是在健康状态下主动选择拔除牙齿的一种行为。

不止古代有，直至二十世纪三四十年代，西南地区的部分仡佬族（或与隋唐僚族有渊源）、台湾的高山族等仍然还保留着这种颇为独特的习俗。

当然，从时间上来说，比起《淮南子》所讲的上古时期，以上记载都属晚出，但不难想见，这种习俗的形成必然有更久远的历史积累和传承。

那么，没有文字记载的史前时代是不是也有这种习俗呢？

拜考古所赐，答案是肯定的。

（四）

考古发现表明，凿齿这种称得上奇怪的习俗曾广泛流行于中国东南沿海一带。

从山东往南，苏、沪、闽、粤、港、台以及河南、湖北等广大地区的考古遗址都有发现，而且在时间上呈现一种随纬度下降而越来越晚的现象，也就是说，越往南，这种习俗的遗址分布就越晚出。

山东的北辛文化（中期）是目前已知存在这种习俗最早的地区（见于汶上县东贾柏遗址），其年代约公元前 5000 年左右，拔牙的基本形态是拔除上颌一对侧门齿。

由北辛文化发展而成，分布在山东、苏北一带的大汶口文化则很常见这种现象，其年代为公元前 4500 至前 2500 年。尤其是大汶口文化的早中期，遗址发掘中发现曾经拔牙的比例往往超过 60%，如泰安大汶口、兖州王因、莒县陵阳河、邳州大墩子等，其拔牙比例在 60%—90% 不等。

再然后，到了公元前 2410 至前 1810 年的山东龙山文化阶段，这种习俗开始淡出这一地区，并逐渐向南传播，拔牙形态也开始多样化，除拔除上颌侧门齿外，还出现其他各种不同组合的拔牙形态[1]。

也就是说，公元前 5000 至前 2400 年左右这两千余年中，在山东、苏北一带曾流行凿齿（拔牙）这种习俗。

与此同时，在其他的同期新石器时代遗址的墓葬中，如黄河中上游的仰韶文化（公元前 5000—前 3000 年）、长江下游的河姆

---

[1]　杨式挺:《略论我国古代的拔牙风俗》,《广西民族研究》, 2005 年第 3 期。

渡文化（公元前 5000—前 3300 年）、广西桂林甑皮岩遗址（公元前 10000—前 5000 年）等，都没有发现过拔牙现象。

另一方面，如上所述，汉晋以后的凿齿习俗又恰恰多见于西南地区的少数民族。

公元前 2400 年左右，原来盛行于山东、苏北地区的拔牙现象消失了，然后逐渐向南方转移。这个时间上以及分布地区的变化是耐人寻味的，因为巧合的是，传说中的尧就在这一时期。

按柏杨《中国历史年表》，尧继任成为天下共主在公元前 2358 年。

所以，一种合理的推测就是，《淮南子》里说尧的时候派羿诛杀了凿齿，这件事并非凭空想象，历史上很可能确有其事，而这里的凿齿，或许就在山东、苏北一带。

由此可见，所谓诛凿齿，就是尧时代的一次东征，有拔牙习俗的这个部族被尧所打败。随着他们的战败和远遁他乡，这种奇怪的习俗就被带走并逐渐传播到了其他地区。这一习俗的传播路径，大致是这样的：

（拔牙习俗）最早的可溯源到大汶口文化的早期居民……其发生地大致在今黄河下游和长江下游之间的山东—苏北大汶口文化分布地区。以后可能朝西南方向流传到江汉地区的屈家岭文化居民中，并一直保留到今云、贵、川地区的某些少数民族之中。向南，这一风俗可能通过史前江南居民，经浙、闽、粤沿海流传到珠江流域，并且可能在不晚于早商时期由大陆沿海传到台湾。[1]

事实上，不仅中国有，这还是分布范围极广的一种习俗。

---

[1] 韩康信、潘其风：《古代中国人种成分研究》，《考古学报》，1984 年第 2 期。

中国的近邻如朝鲜、韩国、日本，东南亚的越南、印尼、泰国，以及更远的埃及、尼罗河流域、东非、尼亚萨湖地区、赞比西河流域、刚果、几内亚等，大洋洲、环太平洋的海岛区等，在这些地区的民族中都有拔牙这种习俗的广泛流行。

除了北非一带的拔牙可追溯到一万年前的中石器时代以外，朝、韩、日及东南亚等地区的考古遗存的年代都要晚于山东、苏北地区的北辛、大汶口文化，也就是说，可以认为山东、苏北地区就是东亚地区凿齿习俗的源头所在。后世居住在西南地区仍保有凿齿习俗的少数民族，也许就是从这里迁徙而去，遥远的东方海边，曾是他们生息的家园。

羿诛凿齿，帝尧东征，战争实现兼并，统一后走向融合。战败的凿齿部族中有人逃遁，也必然有人故土难离，只不过，留守家园的他们要面对和接受的，是新的统治者和新的文化，以及旧有文化和习俗的改造。作为王权象征的历法，即尧的历法，就此成为他们生活作息的时间表。

（五）

如上所述，东汉服虔、高诱与晋代郭璞等人都说凿齿有异乎寻常的大牙，或长三尺，或长五尺甚至六尺。既然在古代部族中确实有凿齿习俗的存在，所谓凿齿是人而不是兽，那么，他们所说的数尺长牙就只能是凭空想象的杜撰吗？当然不是。

上引北宋乐史所撰《太平寰宇记》卷七十七，说邛雅地区的夷獠有一种成年后拔牙的习俗："长则拔去上齿如狗牙，各以为华饰。"这句话对拔牙之俗是讲得很明确的，但细读之下会发现，这明显是个病句嘛。如果说拔去的是如狗牙的上齿，那就是犬齿，这没有问题，但紧跟着又说"各以为华饰"，这里的"各"就不知所谓了。

显然，这里的文字有错讹。中华书局版《太平寰宇记》在校勘中说：

> 长则拔去上齿如狗牙，"如"，底本作"加"，万本同，据宋版、库本及傅校改。

原来有的版本中"如"写为"加"，加，自然就是添加、增加，"加狗牙"，也就是拔掉上牙后再装上狗牙，狗牙锋利尖锐，所以"以为华饰"。这样顺下来，语意就前后贯通了。如此说不误，《太平寰宇记》中这句话就应该是这样的：

> 长则拔去上齿，加狗牙各一，以为华饰。

考古发现证明，公元前5000年左右山东北辛文化中有最早的拔牙习俗，其基本形态是拔除上颌一对侧门齿，即"拔去上齿"是拔掉左右各一颗，所以后面说"加狗牙各一"，"各一"，即左右各一，一共两颗。

拔牙后用动物牙做装饰，此其一。

其次，汉晋之后见于史载的凿齿记录，多称其为僚、蛮僚、夷僚、仡僚等，僚又可写作獠。獠是什么意思呢？

《尔雅·释天》说："宵田为獠，火田为狩。"宵田即夜间打猎。

又如《广韵》所说："獠，夜猎也。"

由此可见，生活在西南地区的獠人，其生业模式中田猎与耕种同样重要，与其他族群比较起来，甚至是更为突出的特征。当他们从东海边辗转迁徙到西南地区的崇山峻岭之中安家落户，所谓靠山吃山，这实在是再自然不过的事了。

凿齿部族长于田猎，此其二。

显然，对于擅长打猎的人们来说，拔牙后喜欢用动物牙作装饰，那绝不会仅仅满足于用狗牙的。

所谓牙长数尺，这不就是象牙吗？

西南獠人的后裔，即现在的壮族、布依族、仡佬族等。

我们知道，云南有亚洲象，那么，广西壮族自治区也有象吗？没错，现在没有，但历史上确实曾经有的，如南宋黄震《黄氏日钞·桂海虞衡志》佚文续补有载："（象）一躯之力皆在鼻。二广亦有野象。"事实上，广西南宁的别称正是"象城"。其次，人们会捕食大象吗？当然了，如明代景泰元年（1450年）编纂的《桂林郡志》有载：

> 钦州人能捕象，象行触机则刃下击之，中其要害必死；将死，以牙触石折之，以牙为护身灾也。非要害则负刃而行，肉溃则刃脱。伤其鼻亦死……杀一象，村众饱其肉，鼻肉最美。熟而加糟，糟透窬而食之。象皮可为甲。

其实不仅老百姓会猎捕大象，有时候象群成灾，甚至会动用军队。如《桂林郡志》里也有记载：

> 洪武十七年（1384），思明府（今广西宁明县）言野象群出为民害，廷始于其地立驯象卫，严督官军略依古法擒捕，后获百余以进，其害遂息。

卫，是明代的军队编制，一卫约5600人，在广西专事捕象的驯象卫曾多达2万余人，可见当年的象群规模颇为可观。

当然了，国家出动军队捕象，真的只是因为象群祸害百姓的庄稼吗？非也。象牙的诱惑可不是现代人的发现——《诗经·鲁颂·泮水》说得明白："元龟象齿，大赂南金。"大龟、象牙、美玉、南金（即铜），是蛮夷之国臣服纳贡的宝贝。

战场上的大象也不只是用来壮壮声威而已，《明史》有载：

> 贼拒战，势甚锐。明卿乃以象阵以左翼冲出横击，贼溃，
> 追奔十余里。

有明一代大肆猎捕，广西的大象可谓遭遇灭顶之灾，从此踪迹难寻。

2000 年 6 月，广西浦北县乐民镇莫村发现保存最为完整的亚洲象化石（现藏广西自然博物馆），身长 5 米、身高 2.8 米，距今已有 5 万至 10 万年的历史。

也就是说，明代之前的漫长岁月里，大象一直栖息在广西地区。凿齿族由东海边迁徙而来之后，凿齿的习俗继续保留，并衍生出用猎捕所得的象牙以装饰的新风尚，于是汉晋时人又据此附会出凿齿有数尺长牙的诡异描述。

当然了，亚洲象的牙虽然可以轻松超过一米，完全满足汉晋时人说的长达三尺甚至五六尺的凿齿大牙，但想想这么粗大的象牙，重量可能在一二十公斤以上[1]，用以装饰，实在不是件轻松的事。由此也就不难想见，这里的大牙装饰，绝不会是为了日常的美观或炫耀，而只能是祭祀或庆典的仪式装扮。

巨齿大牙，舞之蹈之，有如此奇怪习俗的族群被称为獠，想来也就顺理成章了吧。獠牙，就是长在嘴外面的长牙嘛，有此特征的人，当然就是獠人了。所以，所谓獠人的称呼，恐怕在命名之初其实也并没有什么歧视或贬损的意思。

---

[1] 亚洲象的象牙长度可达 1.5—1.8 米，重 30—50 公斤左右。

二、九婴：南岐之见不为丑

《淮南子》说帝尧派羿"杀九婴于凶水之上"，这个传说中的九婴，真可谓十足的怪兽，更是凶兽。

它能喷水也能喷火，自然水不能溺、火不能焚，人们拿它委实没办法。

凶也就罢了，偏偏这货还生就一副招人疼的嗓子，叫声如婴儿啼哭。在它面前，人类的同情心和好奇心分分钟会要了自己的小命。

正如东汉高诱作注：

> 九婴，水火之怪，为人害，之地有凶水。

九婴的长相也很不平凡，标准的九头身。这可不是说身材，是真有九个脑袋，《中华成语典故大辞典》记：

> 可能是长着九个脑袋的水火之怪。

这就和《西游记》里乱石山碧波潭万圣龙王的入赘女婿九头虫一模一样，这货手段了得，偷了祭赛国金光寺的宝珠，与孙悟空大战三十回合不分胜负。物以类聚，想来这个九婴也不是善茬儿。

九婴的尊容，就请参照《西游记》里的九头虫自行脑补吧：

> 远看时一头一面，近睹处四面皆人。
>
> 前有眼，后有眼，八方通见。
>
> 左也口，右也口，九口言论。
>
> 一声吆喝长空振，似鹤飞鸣贯九宸。

袁珂《中国神话传说词典》也是按神话的路数做的解释：

> 当是九头怪兽、怪蛇之属，能喷水吐火以为灾。

好了，用神话解神话充其量是文学，咱们要讲的其实是神话中隐藏的史话，可谓拆穿神话，所以，怪力乱神这些劳什子就不铺陈了。

所谓九婴，和凿齿一样，其实也是人而不是兽。

（一）

如前文所说，在《淮南子》这部书里，一边有羿诛凿齿的神话，另一边又有写实的方国之一叫凿齿民。

与此类似，《淮南子》里的九婴也还有另一个存在。《淮南子·墬形训》载：

> 凡海外三十六国……自西南至东南方，结胸民、羽民、讙头国民、裸国民、三苗民、交股民、不死民、穿胸民、反舌民、豕喙民、凿齿民、三头民、修臂民……自东北至西北方，有跂踵民、句婴民、深目民、无肠民、柔利民、一目民、无继民。

和凿齿民一样，句婴民也是海外三十六国之一。

在地理位置上，凿齿民所在序列是自西南至东南方的倒数第三个，句婴民在自东北至西北方的正数第二个，据此推测，这俩应该都在东方，但一个偏南，一个偏北。

句婴和九婴是一回事吗？

东汉高诱注《淮南子》：

> 句婴，读为"九婴"，北方之国也。

瞧，句婴就是九婴。为什么呢？

当然不能想当然，至少得有个合理的内在逻辑吧。

从文字的角度看，句婴的句，首先应该是读为勾——现在也仍然还保留着这个读音，如朝鲜半岛上的三国时代其中之一就叫高句丽；又如《礼记·月令》"句者毕出，萌者尽达"，句萌是草木发芽的不同状态，弯的叫句，直的为萌。

句的本义，是曲折勾连，这从甲骨文的写法上清晰可见。

句–甲骨文
《甲骨文合集》（9378）、《殷墟书契前编》（8.4.8）

准确地说，句号、语句的句是衍生义——把前后文勾连起来，但其成为普遍用法后就后来居上独占了句这个字，原来表示勾连的句改写成了勾。

至于勾和九就简单了，我们都知道，民间俗称把数字九读作勾，其手势就是把食指弯曲成勾形，现在的军事用语也是如此。

九读作勾起于何时不得而知，但句婴就是九婴，已经很明白了。

（二）

所谓九婴并非怪兽，而是海外三十六国之一的句婴民，那么，句婴又是什么？

还是得到怪兽大本营的《山海经》里去找。《山海经·海外北经》载：

> 海外自东北陬至西北陬者……拘缨之国　，在其东，一手把缨。一曰利缨之国……跂踵国在拘缨东，其为人大，两足亦大。一曰大踵。

《淮南子》里说"自东北至西北方，有跂踵民、句婴民"，即跂踵民在句婴民的东边，显然，这与《山海经》里的记载差不多，方位名称都能对上，可谓大同小异——异就异在句婴写作了拘缨。

拘缨何解？晋代郭璞《山海经注》：

> 言其人常以一手持冠缨也。或曰缨宜作瘿。

冠缨，指帽子上的带子，用来系在下颔以固定帽子，也用作帽子的代称。

戴帽子很正常，有冠缨也很正常，但没事总抓着就不合常理了。

上古时期万国林立，区别各部族自然要用其最具典型性的特征，就像凿齿一样，这种特征就非常突出，戴帽持缨想来算不得什么特别之处，更何况这是本来就不合常理的一种行为，以此为部族的特征并据以命名，难以说通。

大概郭璞也有这种感觉，所以他还给出了另一种可能，"或曰璎宜作瘿"。

答案就在这里。

（三）

瘿（yǐng），是一种病。

在中医里面，瘿有石瘿、肉瘿、筋瘿、血瘿、气瘿等不同类型[1]，病因也分很多种，具体就不引用了。不过，各种病因里面最常见的就是——缺碘，这样一说就明白了吧。

很简单，瘿就是所谓的大脖子病。

这种病现在已经不多见了，因为我们吃的盐都是加碘盐[2]。从1979年起，中国就立法在碘缺乏病区推行食盐加碘，到1996年，更进一步推行全民食用碘化盐，所以，现在一般都不会再患上碘缺乏症。

从这项覆盖全国的政策就可以倒推，之所以要这么做，说明碘缺乏在我们国家是普遍现象。

确实如此，中国是碘缺乏比较严重的国家，全国有1762个县都属于碘缺乏病区，也就是有超过一半的县都有这个问题（至2010年年底，全国共有2856个县级行政区划单位）。

---

[1]　五瘿分类见南宋陈言《三因极一病证方论》（简称《三因方》）。此外，北宋政和年间由徽宗赵佶诏令编修的《政和圣济总录》有另一种五瘿分类：石瘿、泥瘿、劳瘿、忧瘿、气瘿。

[2]　加碘盐是为了预防碘缺乏，但添加到盐里面的碘化物其化学性质很不稳定，虽然一般还会添加稳定剂，但毕竟碘很容易挥发，所以，碘盐的储存最好密闭遮光，炒菜的时候也最好是在快起锅时再加盐，要不然碘都挥发跑掉了。另一方面，大脖子病的主要病因是缺碘造成的，但碘过多了也不行，同样会导致大脖子。

瘿病之因以水土为主，今日如此，几千年前可能也这样。

不过，那时的先民人数有限，分布区域也不像现在这样万里处处有人家，所以，受碘缺乏影响的部族不见得是普遍现象，而有这样问题的部族无疑就有了一个外观视觉上非常显眼的特征。

能成为一个部族的名称，说明绝非个别现象，男女老幼可能都有这个毛病。

本来是种严重影响美观的病态，人们会若无其事地安之若素吗？

历史上真有这样的地方吗？

确实有的。

明代刘元卿《贤奕编·警喻》就有一个这样的故事：

> 南岐在秦蜀山谷中，其水甘而不良，凡饮之者辄病瘿，故其地之民无一人无瘿者。
>
> 及见外方人至，则群小妇人聚观而笑之曰："异哉人之颈也！焦而不吾类！"
>
> 外方人曰："尔之累然凸出于颈者，瘿病之也，不求善药去尔病，反以吾颈为焦耶？"
>
> 笑者曰："吾乡之人皆然，焉用去乎哉！"
>
> 终莫知其为丑。

这个故事叫"南岐之见"，改编自明代刘廷振的《两溪文集》。

大意是说，有个地方叫南岐，在川陕一带的山里，那里的水有问题，当地百姓全都是大脖子。某天有个外地人到了那里，当地人见到这个外地人后都围上来看新鲜，说这个外地人的脖子好奇怪，怎么比我们细那么多。外地人说你们那是病，得治。结果当地人说，没问题啊，我们这里的人都这样啊。最终也没人觉得这是病，更没人认为这样不好看。

当然了，这里的南岐在川陕一带，很难说成是东北方；明朝人的手笔，在时间上也已经很晚近了。但这个故事说明，《淮南子》《山海经》里所说的九婴、拘缨得名于瘿病即大脖子，是有可能的。

前文说到，考古发现表明，凿齿习俗最早流行在山东、苏北一带，到公元前 2400 年左右又从这一地区逐渐消失，这与传说中的尧在时间上有一种巧合，可以推测是尧所在部族在扩张中兼并了凿齿所在的地盘。

按《淮南子》《山海经》里的方位，凿齿在东南，九婴在东北，如果凿齿所在是山东、苏北一带，那么，尧所在的位置很可能在山西一带（山西襄汾陶寺遗址有说就是尧时都城所在），而九婴，可能就在河北一带（或更远的辽宁、内蒙古）。

所以，所谓诛凿齿、杀九婴，其背后的历史很可能就是尧时代的东进扩张。在这个过程中，恐怕战争是难以避免的。自然，被打败的部族里有人逃遁远方，也有人坚守故土逐渐融入新的家国之中。

回望中国历史，从万国林立到成为一个大一统的国家，不也就是在这样不断地兼并重组的过程中实现的吗？

冲突与融合，此消彼长，多少悲欢离合就这样在岁月轮转中消散沉默……

三、大风：滨海大人又防风

尧乃使羿诛凿齿于畴华之野，杀九婴于凶水之上，缴大风于青丘之泽，上射十日而下杀猰貐，断修蛇于洞庭，禽封豨于桑林。

——西汉刘安《淮南子·本经训》

帝尧时期六大怪兽，其中凿齿、九婴并不是兽而是人，是海外三十六国中的两个，诛凿齿、杀九婴，意味着尧时期在东南和东北方向的扩张及族群的融合。

书接前文，再来看下一个所谓怪兽。

（一）

大风，如果望文生义，应该就是狂风暴雨的那个大风。

《诗经·大雅》有一首《桑柔》写到了大风：

大风有隧，有空大谷……大风有隧，贪人败类……

这里的大风就是自然现象的大风。

有隧的隧，《康熙字典》解释为道路，"大风有隧"也就是大风自有其来处，其来处就是有空大谷，即空旷的山谷。

也有不同说法，如清代王引之认为是形容风的迅疾：

> 隧之言，迅疾也。有隧，形容其迅疾也。有空，亦形容大
> 谷之词也。[1]

《诗经》里说的这个大风有更具体的说法吗？

有的，东汉郑玄的解释是：

> 西风谓之大风。

有西风就有东风，还有南风、北风之类，所谓八面来风，古
人给这八方之风都各自起了名字。

在《淮南子》里，西风叫飂风。同样是西汉时期，司马迁的
《史记》却把西风称为阊阖风，东汉许慎的《说文解字》也称为阊
阖风。

西汉刘安《淮南子·墬形训》：

> 何谓八风？东北曰炎风，东方曰条风，东南曰景风，南
> 方曰巨风，西南曰凉风，西方曰飂风，西北曰丽风，北方曰
> 寒风。

西汉司马迁《史记·律书》：

> 不周风居西北……广莫风居北方……条风居东北……明
> 庶风居东方……清明风居东南维……景风居南方……凉风居
> 西南维……阊阖风居西方。

---

[1] 《经义述闻》卷七。

东汉许慎《说文解字》：

> 东方曰明庶风，东南曰清明风，南方曰景风，西南曰凉
> 风，西方曰阊阖风，西北曰不周风，北方曰广莫风，东北曰
> 融风。

郑玄是东汉人，按说飚风、阊阖风的说法他肯定知道，那他为什么还要把大风解释成西风呢？

作为知名学者，郑玄不会空口无凭的。原来，成书于战国之后中国的第一部字典《尔雅》就是这么解释的：

> 南风谓之凯风，东风谓之谷风，北风谓之凉风，西风谓之
> 泰风。

西风称为泰风，泰与太通用，太与大又是一回事，如太一即大一，太宰即大宰，太子即大子。所以，西风也就是大风。

但问题又来了。作为自然现象，不论西风还是东风，恐怕从来就没人能够驯服。风无形无象，缴大风，怎么缴？

所以，大风就是西风，放到《淮南子》的"缴大风于青丘之泽"来看，解释不通，根本就不知所谓。

（二）

在文学想象里，但凡妖怪出场，多半都会有大风相伴，未见其妖，先闻其风，诸如妖风阵阵、飞沙走石之类。比如记载怪兽最多的上古奇书《山海经》里就有。

《山海经·中山经》载：

> 又东三百五十里，曰几山，其木多楢檀杻，其草多香。

> 有兽焉，其状如彘，黄身、白头、白尾，名曰闻獜，见则天下大风。

《山海经·北山经》载：

> 又北二百里，曰狱法之山。瀤泽之出焉，而东北流注于泰泽。其中多鳞鱼，其状如鲤而鸡足，食之已疣。有兽焉，其状如犬而人面，善投，见人则笑，其名山㹥，其行如风，见则天下大风。

闻獜（lìn）、山㹥（huī），就是这样的两种怪兽，出场自带特效，所到之处必有大风。

不过，显而易见的是，这两种怪兽一个像猪（其状如彘），一个像狗（其状如犬），大风只是它们跑得快的伴生现象或者就是一种形容（其行如风），本身并不是大风，也没有什么故事说它们是风神。

对，所谓大风，莫非说的是掌管风的风神？

（三）

在瑰丽丰富的中国神话和民间传说里，风雨雷电等各种自然现象都有专属的神。管风的，叫风师、风伯。

相传西周初期周公所作的《周礼》中就有风师，《周礼·春官宗伯》载：

> 大宗伯之职，掌建邦之天神、人鬼、地示之礼，以佐王建保邦国。以吉礼事邦国之鬼神示，以禋祀祀昊天上帝，以实柴祀日、月、星、辰，以槱燎祀司中、司命、飘师、雨师，以血祭祭社稷、五祀、五岳，以貍沈祭山、林、川、泽，以疈

辜祭四方百物。

飘，即是风，飘师即风师。风师、雨师，都是享受人间祭祀的神灵。

神灵的产生不全是无来由的想象，尤其像风雨这种与生产生活息息相关的现象，除了拜倒在神的面前，完全被动地祈祷风调雨顺以外，通过观察和经验积累，主动掌握风雨的规律和征兆，提前预测风雨的发生，显然更为实用。

各种农谚就是这样，比如"瑞雪兆丰年"，这是长时的判断；比如"日晕三更雨，月晕午时风""月晕而风，础润而雨"，这是短时的预报。

所以，风师、雨师并非全然是凭空想象，一定会有一个具体的承载物。

（四）

东汉王充的《论衡·明雩篇》讲过一个孔子知天时的故事。雩（yú），即祭祀求雨。明雩，也就是知道何时有雨何时没雨。

> 孔子出，使子路赍雨具。有顷，天果大雨。子路问其故，孔子曰："昨暮月离于毕。"后日，月复离毕。孔子出，子路请赍雨具，孔子不听，出果无雨。子路问其故，孔子曰："昔日，月离其阴，故雨。昨暮，月离其阳，故不雨。"

孔子出门，吩咐子路带伞，不一会儿果然下大雨了。子路就问孔子怎么知道的，孔子说因为昨天晚上月亮靠近了毕宿。毕宿，即二十八宿之一，属西方白虎七宿。月离于毕，离通丽，不是离开的意思。

后来，子路又观察到同样的现象，于是在孔子要出门的时候，子路赶紧说咱们把伞带上吧，可孔子又说用不着，结果还真就没下雨。

子路又蒙了，这不科学啊，你不说"月离于毕"会下雨吗？

孔子说了，上一次啊，月亮在毕宿北边，所以有雨。这次不一样，是在南边，所以就没雨了。

月离于毕而有雨，至少西周时期就已经有了这样的经验。如《诗经·小雅》有一首《渐渐之石》：

> 有豕白蹢，烝涉波矣。月离于毕，俾滂沱矣。武人东征，不皇他矣。

与此类似，明末孙毂的《古微书》说：

> 月离于箕风扬沙。

箕，和毕一样，也是二十八宿之一，属东方青龙七宿。

也就是说，毕宿和箕宿，是用于判断雨和风的观测对象，所谓雨神、风神自然就可以附会到这两个星宿上去。

这不是什么迷信，纯粹的经验之谈。

于是，箕宿就成了风神。

如东汉应劭《风俗通义》：

> 风师者，箕星也。箕主簸扬，能致风气……故曰风伯。

如东汉蔡邕《独断》：

> 风伯神，箕星也。其象在天，能兴风。雨师神，毕星也。其象在天，能兴雨。

再如东晋干宝《搜神记》：

> 风伯，雨师，星也。风伯者，箕星也；雨师者，毕星也。

当然了，箕宿之于风，不见得就是唯一的。如春秋孙武《孙子兵法·火攻篇》载：

> 发火有时，起火有日。时者，天之燥也；日者，月在箕、壁、翼、轸也。凡此四宿者，风起之日也。

除了箕宿以外，月亮靠近壁、翼、轸三宿也都会有风。

由此可见，所谓风神并不是古人教条化的迷信。

壁、翼、轸三宿都主风，而之所以箕宿成为风神，或许月离于箕、月在箕是最为多见的一种吧。

箕宿，是东方青龙七宿的最后一个，形状像簸箕。

大风是风神，风神是东方青龙七宿中的箕宿，就这样？

不，当然还没完。

（五）

"缴大风于青丘之泽"，如上所述，这个大风可能指风神，即二十八宿里的箕宿，是东方青龙七宿的最后一个。

如果大风是天上的星宿，那么，大风所在的青丘又是什么呢？

巧的是，古籍有载，青丘也是星宿的名字。

如战国时期，齐国人甘德撰有《天文星占》八卷，魏国人石申撰有《天文》八卷，后人将这两部书合称《甘石星经》，其中就有青丘：

> 青丘七星，在轸东南。

轸，即轸宿，是南方朱雀七宿的最后一个。

青丘是星宿之名，此后历代沿用，从《晋书》《隋书》到《宋史》《明史》等，都有记载。

> 青丘七星，在轸东南，蛮夷之国号也。
>
> ——《晋书·天文志》

> 青丘七星，在轸东南，蛮夷之国号也。青丘西四星曰土司空，主界域，亦曰司徒。土司空北二星曰军门，主营候豹尾威旗。
>
> ——《隋书·天文志》

> 青丘七星，在轸东南，蛮夷之国号。星明，则夷兵盛；动摇，夷兵为乱；守常，则吉。
>
> ——《宋史·天文志》

> 又有古多今少，古有今无者……轸宿中之青丘七星今三，其军门、土司空、器府俱无也。
>
> ——《明史·天文志》

由这些记载可见，青丘在轸宿的东南，《明史》更明确说青丘七星就是轸宿的一部分，只是到明代时期有几颗星已经看不见了。也就是说，青丘所在的位置就在轸宿。

不过，如此一来，有问题。

轸宿是朱雀七宿最后一个，被视为风神的箕宿是青龙七宿最后一个，轸宿和箕宿之间，相当于隔着整个青龙七宿。

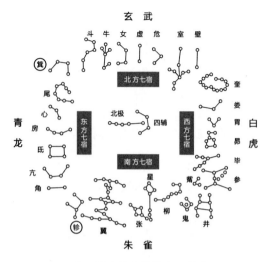

二十八星宿图中的轸宿、箕宿

　　按常理来说，要表达对箕宿的定位，用就在旁边挨着的玄武七宿的斗宿作为参照更合适，或者就用青龙七宿的心宿也好，因为心宿中的大火星[1]可是非常有名，而且亮度很高，在夜空里足够醒目。

　　舍近求远地用轸宿作参照，不合常理。

　　箕宿是风神，青丘也是星宿名，虽然这两个在天文上都能找到，但这种不合理的存在，说明"缴大风于青丘之泽"的大风和青丘很可能另有所指。

　　不知你是否注意到，在《晋书·天文志》《隋书·天文志》《宋史·天文志》中都讲到，青丘七星不仅在轸东南，而且是"蛮夷之国号也"。

---

[1]　大火星是心宿中的一颗，又称心宿二，为全天第十五亮星，其亮度为视星等0.96（心宿二是目视双星，主星亮度1.2等，伴星亮度5.4等，复合星等0.96等）。

在唐代瞿昙悉达所撰《开元占经》里也是这么说的:

> 青丘,南方蛮夷之国号也。

原来青丘既是天上的星宿名,也是地上的国名。

如果青丘是国名,那么,在青丘之泽被缴的大风不就和凿齿、九婴一样,并不是什么怪兽而是人了吗?

显然,这样更合理。

（六）

作为蛮夷之国的青丘又在哪呢?《山海经》里就有。

《山海经·海外东经》记载了从东南到东北的各个方国,由南至北依次是嵯丘、大人国、奢比尸国、君子国、蚩蚩,然后就是青丘国,再往北还有黑齿国、玄股之国、毛民之国、劳民国。

回过头再来看《淮南子》,说法基本一致。

《淮南子·墬形训》载:

> 凡海外三十六国……自东南至东北方,有大人国、君子国、黑齿民、玄股民、毛民、劳民。

两相对照,《淮南子》里这六个国家在《山海经》里全都有,方位和排序也相同。

在海外三十六国中,凿齿排在自西南至东南方的倒数第三个,即偏东南方。而青丘排在东南到东北的序列里,照此说来,青丘或与凿齿并不是很远。

前文我们分析,凿齿可能在山东、苏北一带,那么,青丘大概也在这一片。

按后世所说的分星分野来看,轸宿对应的是楚国,如《淮南子·天文训》载：

> 星部地名：角、亢，郑；氐、房、心，宋；尾、箕，燕；
> 斗、牵牛，越；须女，吴；虚、危，齐；营室、东壁，卫；
> 奎、娄，鲁；胃、昴、毕，魏；觜巂、参，赵；东井、舆鬼，
> 秦；柳、七星、张，周；翼、轸，楚。

楚国地域广阔，所谓故楚七都，其都城曾在湖北荆州、河南淮阳、安徽阜阳等地，战国时期其疆域在巴蜀以东、南岭以北，包括湖南、湖北、江西、安徽、浙江、江苏等地。

如唐代王勃《滕王阁序》里，就说到江西南昌所对应的就是翼宿和轸宿。

> 豫章故郡，洪都新府。星分翼轸，地接衡庐。

当然了，列国时代互相攻伐兼并，所辖地域并不是从来如此固定不变的，这里说的轸宿对应楚国，也只是给我们一个比较直观的大致范围，至于青丘国具体的位置还是不好讲的。

如果"缴大风于青丘之泽"的青丘就是《山海经》里说的青丘国，那么，这个大风必然与青丘国相距不远，甚至就是大人国、君子国、黑齿国等其中之一。

比如这个大人国，会不会就是所谓的大风呢？

（七）

大人国的故事，孔子曾经讲过。

春秋时期，吴越相争，吴国攻入会稽（在浙江绍兴东南有会稽山），得到越国所珍藏的一根大骨头。

这根骨头有多大呢？有一辆车那么长。

吴国人很好奇又觉得不可思议，就跑去问孔子。

孔子就说了，早在大禹时期，大禹召集万国诸侯到会稽开会，有个防风氏姗姗来迟，大禹杀鸡儆猴，就把这个防风氏给杀了。这个防风氏就是个巨人，一节骨头需要用一辆车来装。

防风氏又是谁呢？

孔子说，他是汪芒氏的国君，在封山和禺山一带，虞舜、夏和殷商时期都叫汪罔，到周代时称为长翟，现在则称之为大人。

这段故事见载于相传春秋末左丘明所撰《国语·鲁语》，西汉司马迁的《史记·孔子世家》也有。

《国语·鲁语》载：

> 吴伐越，堕会稽，获骨焉，节专车。吴子使来好聘，且问之仲尼，曰："无以吾命。"宾发币于大夫，及仲尼，仲尼爵之。既彻俎而宴，客执骨而问曰："敢问骨何为大？"仲尼曰："丘闻之：昔禹致群神于会稽之山，防风氏后至，禹杀而戮之，其骨节专车。此为大矣。"客曰："敢问谁守为神？"仲尼曰："山川之灵，足以纪纲天下者，其守为神；社稷之守者，为公侯。皆属于王者。"客曰："防风何守也？"仲尼曰："汪芒氏之君也，守封、隅之山者也，为漆姓。在虞、夏、商为汪芒氏，于周为长狄，今为大人。"客曰："人长之极几何？"仲尼曰："僬侥氏长三尺，短之至也。长者不过十之，数之极也。"

大禹杀防风氏，古籍多有记载。如相传战国时魏国史官所作《竹书纪年》载：

> （帝禹夏后氏）八年春，会诸侯于会稽，杀防风氏。

南宋罗泌《路史》（卷二十二）载：

> 防风氏后至，戮之以徇于诸侯，伐屈骜，攻曹魏，而万国定。

由此可见，防风氏所在就是大人国。防风加大人，可不就是大风吗？

防风氏据说是汪姓的始祖，在封山和禺山一带，也就是现在的浙江省德清县。

今天的江浙一带多湿地，而上古时期受海浸影响，更是到处都为泽国，绝对符合"青丘之泽"的说法。

另一方面，江浙地区地处东南沿海，每年都会有来自太平洋的台风在这里登陆。如公元前 2560 年左右，就有一场中心风力达 12 级以上的强台风或超强台风袭击了现宁波境内的鱼山遗址，这个种植水稻的海边小聚落几乎被彻底摧毁[1]。

几千年来都是这样，时至今日依然如此。不难想见，当年生活在这一地区的古代先民除了日常的种植渔猎，每年入夏后都不得不应对台风的侵袭。所谓久病成医，不断遭受侵袭的人们应对台风的办法也逐渐积累，经验越来越丰富的这个地区的人们因此而被冠以防风氏、大风等名号，实在是顺理成章的事。

至于孔子说的防风氏高达三丈，一丈三米多，三丈就有十来米——这就真是编故事了。即便春秋时期的尺度要小一些，一丈约 2.31 米，三丈就将近 7 米，恐怕这也是不可能的。

那么，所谓一根骨头要用一辆车来装，如果确实有这样的存

---

[1] 屈婷：《环境考古学家"还原"华东史前大风暴》，新华社新媒体，2018 年 4 月 17 日。

在，那又是什么样的骨头呢？

或许 —— 当然这只是猜测 —— 就是恐龙、化石之类吧。

浙江地区确实曾经是恐龙的乐园，目前已发现了浙江吉兰泰龙、礼贤江山龙、丽水浙江龙、中国东阳龙、天台越龙等恐龙化石，而且这几种都是在浙江地区首先发现的新属种。

在《侏罗纪世界》系列电影里，我们都见识过堪称庞然大物的霸王龙，其身长可达 12—15 米。而浙江的中国东阳龙可比霸王龙的块头还大，根据化石复原，其身长可以达到 15—16 米。礼贤江山龙更是不遑多让，其骨架可能比东阳龙还要巨大。

这样的大骨头，所谓"骨节专车"，实在就不足为奇了。

四、封豨：封水河畔见猪肥

　　凿齿是一种颇为古怪却盛行一时的审美范式，九婴是典型的一方水土一方人，大风意味着滨海的人们经受不时而至的风暴的侵扰，所有这些，都是几千年前透着泥土气息的真实生活，只不过在起伏变幻的时空隧道里，成败与恩仇交织，随着话语权的转移，曾经鲜活的许多生命就这么诡异地被压缩和扭曲成了莫名其妙的所谓怪兽。

　　意料之中，"禽封豨于桑林"，这个封豨自然也和凿齿、九婴和大风一样，都是人而不是兽。

　　禽，通擒，捉拿捕获的意思。被擒获的这个封豨，隐藏着一段尘封已久的遥远故事。

（一）

　　封豨的豨（xī），其实就是猪。如《墨子》有一句：

　　　　言则称于汤文，行则譬于狗豨。

　　汤文指商汤和周文王，是殷商和西周两朝的开国之君，后世尊其为圣人。狗豨就是狗和猪。这句话也就相当于我们现在说的

"满嘴仁义道德，满肚子男盗女娼"。

也就是说，豨，是猪的一种别称。

事实上，古代对猪的称呼还有很多种，不同地区以及对不同类型的猪都各有不同的说法，除了豨，还有豭（jiā）、豝（bā）、豬（zhù）、豬（mì）、豱（wēn）等不同叫法，或是特指，或是通称，都是猪。

从字形就能看出来，这些字大都有一个相同的字根 —— 豕。

没错，豕，本义就是猪。如西汉扬雄《方言》：

> 猪，北燕朝鲜之间谓之豭，关东西或谓之彘，或谓之豕，南楚谓之豨。

南朝宋何承天《纂文》：

> 梁州以豕为猪，河南谓之彘，吴楚谓之豨。渔阳以大猪为豝，齐徐以小猪为豬。豬，白豕黑头也；豱，豕奏毛也。

北宋《广韵》：

> 豨，楚人呼猪也。

从这些记载可见，豨就是豕，是楚国吴国等南方地区的叫法。事实上，豕和豨曾经连读音也是一样的，如《说文解字》所释：

> 豕，彘也。竭其尾，故谓之豕。象毛足而后有尾。读与豨同。

所以，所谓封豨，也就是封豕。

再比如，同样是《淮南子》，在《修务训》里也提到了封豨：

> （申包胥）以见秦王曰："吴为封豨修蛇，蚕食上国，虐始

于楚。寡君失社稷，越在草茅。百姓离散，夫妇男女不遑启
处。使下臣告急。"

春秋时期，伍子胥带吴国大军攻入楚国，吓得楚昭王屁滚尿
流地卷包袱跑路了。

楚人申包胥和伍子胥是老相识而且是有交情的，因为他曾经
救过伍子胥。家国倒悬岂能坐视，他要挽狂澜于既倒。看在救命
之恩的分儿上，总会给三分薄面吧，于是申包胥出面找伍子胥请
吴国退兵，没承想，伍子胥根本不搭理他。

也不能怪人家，对伍子胥来说，兴吴伐楚这事确实就是公义
掺杂着私情。申包胥有恩于己不假，可伍子胥的父亲和兄长都是被
楚平王杀掉的。这次攻入楚都，虽然在这之前楚平王就已经死了，
伍子胥还要掘墓鞭尸以报父兄之仇，"力掘楚平王墓，出其尸，鞭
之三百"[1]，你想想，怒火攻心的伍子胥怎么可能听申包胥的呢？

没办法，申包胥只好北上向秦国求救，毕竟秦楚两国还有一
层亲戚关系，秦哀公可是楚昭王的外祖父呢。

他对秦哀公说的"吴为封豨修蛇"，意思就是说，吴国就像封
豨和修蛇一样，贪婪而残暴。

这个故事也见载于春秋末左丘明所撰《春秋左传·定公
四年》：

> 申包胥如秦乞师："吴为封豕长蛇，以荐食上国，虐始于楚。"

看，一目了然，汉代《淮南子》里的"封豨修蛇"在春秋《左
传》里就写作"封豕长蛇"。

毫无疑问，封豨就是封豕。

---

[1]《史记·伍子胥列传》。

（二）

本书的逻辑主线是古代天文。巧的是，在二十八宿里，恰好就有一个封豕。如西汉司马迁《史记·天官书》：

> 奎曰封豕，为沟渎。

奎，即奎宿，是西方白虎七宿的第一个。

除此以外，豕是猪，在二十八宿里还有一个与猪有关，如三国张揖《广雅》：

> 营室谓之豕韦。

营室，即室宿，是北方玄武七宿的倒数第二个，又名营星、定星，与奎宿算是挨着的——室宿和奎宿中间就隔着一个壁宿，而壁宿原本是营室的一部分，后来才一分为二从室宿单独出来。

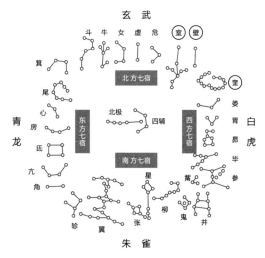

二十八星宿图中的室宿、壁宿、奎宿

比如湖北随州曾侯乙墓出土的漆箱上绘有二十八星宿和北极星图，其中的室宿和壁宿就写作西蒙和东蒙，还隐约可见二者原本一体。曾侯乙墓的年代在战国，曾侯乙死亡时间约为公元前433年左右。由此推测，室宿和壁宿的分离有可能已经到了春秋战国时代，而远在帝尧的时代，很可能是合在一起的——如果已经有了星宿之说的话。

不仅如此。后世的室宿和壁宿曾经合称营室，而奎宿和营室又紧挨着，如果我们相信二十八宿是逐渐细化形成的，那么，把时间轴再往前推，营室和奎宿所在的这一片星空曾被视为一个星宿并赋予其某种形象不也是可能的吗？

也就是说，对星空的识别没有细分到二十八宿以前，室宿、壁宿和奎宿这三个相邻星宿甚至更宽阔的星空有可能是算在一起的。

所谓营室，之所以将这组星宿联想成房子，是因为室宿和壁宿各有两颗亮星，这四颗亮星则构成一个四边形的四个角，其围合的四边形正如房子一样。

其次，这些星宿在天空出现的位置和季节之间有比较规律的关系，可以用来作为判断时令季节的参照。比如公元前1000年左右，时为西周初期，夜幕降临后，如果营室（室宿和壁宿）出现在头顶的天空，那么，这时就是十月左右的秋冬时节。此时农忙已经过去，带着秋收的喜悦，人们闲了下来，正是造房建屋的好时候，这也是称之为营室的原因。如《诗经·鄘[1]风·定之方中》有载：

> 定之方中，作于楚宫。揆之以日，作于楚室。

定，就是定星，即室宿。南宋朱熹《诗经集传》解释说：

---

[1] 鄘国，现河南新乡西南一带。

定，北方之宿，营室星也。此星昏而正中，夏正十月也。
于是时可以营制宫室，故谓之营室。

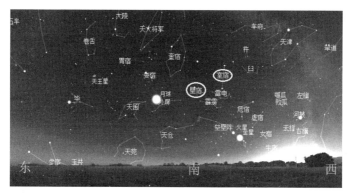

公元前1000年十月初十18点　　　鄘国（今河南新乡）

西方七宿的奎宿是封豕，北方七宿的室宿是豕韦，这俩都与
猪有关。而在《周易》里面，猪属坎卦，五行属水。《周易·说
卦》载：

坎为豕……坎为水，为沟渎。

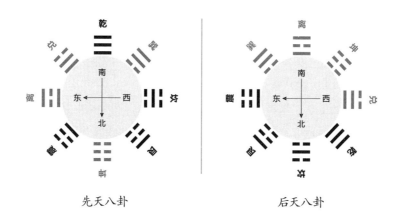

先天八卦　　　　　　　　　　后天八卦

有意思的是，坎在先天八卦里为西方，而在后天八卦里则为北方，一个西一个北，恰好与奎宿（西方白虎七宿第一个）和室宿（北方玄武七宿倒数第二个）能对应上。

前文说过，先天八卦来自以太阳为中心的天文观测，天南地北的天就是太阳（乾为天，坤为地）；后天八卦则是在天文观测中以北极星为标准参照，北方、南方分属坎卦水和离卦火。

按常理推测，对太阳的观测肯定要远早于对北极星的发现，所以，先天八卦的坎为西要早于后天八卦的坎为北，那么，西方七宿的奎宿被联想成猪（封豕）也自然要早于北方七宿的室宿被看成猪（豕韦）。

确实如此，从流传至今的二十八宿所分配的星官也能看出来这种变化，后世传承至今的奎宿所分配的是狼（奎木狼）而不是猪，室宿分配的才是猪（室火猪），而西汉司马迁的《史记》证明，奎宿又确实曾经被联想成猪（奎为封豕）。

简而言之，在更早的年代，奎宿被联想成猪。也就是说，奎宿是封豕其实是被后来的室宿为豕韦所取代的，后起之秀的室宿成为猪以后，奎宿的猪就被剥夺了名分。

如此一来就有意思了。

室宿壁宿曾为一体，因形如房屋称为营室，室宿和奎宿其形象又都是猪，那么，营室这个房子在最初的想象中就并不是给人住的，而是一个猪圈。

当然了，如果再想到"家"字就会发现，这个所谓猪圈其实正是人住的地方——在家里圈养牲畜，正是家成其为家的标志，而猪也是中国先民在本土最早驯化圈养的代表性牲畜之一。

可以做比较的是来自异域的牛和羊，"宀"下面有牛或羊[1]，是牢，这个牢，就真的只是牛栏羊圈。唯有猪圈，才和我们居住的家是一体的。

事实上，直到今天，如果去看看西南地区的苗族，在他们的吊脚楼下，也许你就会发现猪圈，而楼上，就是他们生活起居的家。当然，这样的场景已经越来越少见了，可以预见在不久的将来，这样活生生的"家"的例证终将彻底消失，恐怕人们只会觉得不可思议，为什么要屋里有猪才是家呢？

如上所述，奎宿被联想成猪，比室宿更早，那么，传说中羿射十日那时候的封豕就更有可能是指原来的奎宿，即《史记》说的"奎为封豕"，而此时的二十八宿也许尚未成形，这个被联想成猪的奎宿说不定也包括室宿和壁宿在内，从而为后来的室宿从中分离出来并赋予猪的形象埋下伏笔。

奎宿和室宿都指向猪，但是，如果再往上追溯，猪的形象由来已久，最初也并不是表示奎宿的。

猪的形象，曾经是用来表示北斗七星和北极星的，其年代最晚在公元前 3500 年左右，安徽含山凌家滩遗址出土的超大号玉猪可以为证[2]。

公元前 3500 年左右，北斗七星和北极星这一片所有星宿围绕旋转的中心区域就是一头大猪。

如此一来，羿射十日那时候的"禽封豨"也就理出大致脉络了。

传说中的尧在公元前 2300 年左右，此前至少一千年，猪被

---

[1] 在甲骨文、金文中，牢多指用于祭祀的牲畜，其下部可为牛或羊，从牛表示用于祭祀的牛，从羊表示用于祭祀的羊。

[2] 请参见本书第四章之《斗极：七只小猪的千年迷踪》。

用来代表北天极。到尧的时候，十日太阳历被后世沿用至今的阴阳合历所取代，一年的长度也进一步精确到366天[1]，与此同时，对星宿的观测也逐渐细化，西方七宿的奎宿被单独命名。那时是否叫奎宿不得而知，但可以肯定的是，这组星宿被赋予的形象正是猪。

从北天极的"猪"到奎宿的"猪"，这一变化就是《淮南子》所说的"禽封豨"。

（三）

封豕这个词，在《左传·昭公二十八年》里还有一个故事提到，似乎解释了其由来：

> 昔有仍氏生女，鬒黑而甚美，光可以鉴，名曰玄妻。乐正后夔取之，生伯封，实有豕心，贪婪无餍，忿类无期，谓之封豕。有穷后羿灭之，夔是以不祀。

后夔是尧舜时期的乐正，乐正是上古职官名，大概相当于礼部尚书之类，他娶了有仍氏之女，生的孩子叫伯封。这个伯封像猪一样贪得无厌，常怒而多怨，所以称之为封豕。后来伯封被有穷国的后羿所杀，乐正后夔也就绝后了。

后羿灭伯封（封豕），好像正是《淮南子》里所说的羿"禽封豨"。不过，这里面有问题。伯封被有穷后羿所灭，而这个传说中有穷国的后羿，却是在大禹之后的夏代，太康失国后羿代夏，搞政变的就是这个后羿，与尧舜时期的乐正后夔并不在同一时代。

也就是说，传说中的羿，其实有两个，尧时射十日的羿是夷

---

[1] 《尚书·尧典》。

羿，与夏代有穷国的后羿并非同一个人。如袁珂《山海经校注》指出：

> 羿盖东夷民族之主神，故称夷羿，与传说中之夏代有穷后羿，确是两人……然羿与后羿故事，先秦典籍即已混殽不清。如羿射封豕，《左传·昭公二十八年》亦有后羿射"实有豕心"之伯封之记叙。

虽然春秋时期已经有了张冠李戴的混淆，夷羿后羿合而为一，但《左传》里的这个故事却提示我们，所谓封豕不仅如上所说是天上的星宿，在地上也应该有一个。就像凿齿、九婴等一样，也许是部族方国的名字。

道理很简单，所谓天人合一、天人相应，天上的星官和诸神并非全然是凭空想象，而是人间情事的映射。

好比天上的北极紫微垣是天帝所在，对应着人间的天子和皇宫，二十八宿围绕北天极周流不息，则对应着地上的列国诸侯拱卫天子。

那么，这个地上的封豨又是谁呢？

（四）

天上星宿与诸神其实是人间的映射，比如这个豕韦，不仅是室宿的别称，在历史上也有过同名的国家。

夏代太康当政的时候，有穷国的后羿政变篡位，史称太康失国，八年后还政于仲康，再然后羿被自己的小弟寒浞灭门，寒浞代夏之后又继续追杀了仲康之子相，"灭夏后相"。相的遗腹子少康死里逃生，流亡一段时间后东山再起，最终灭了寒浞复国成功，史称少康中兴。

太康、仲康、少康，这些名字很陌生吧？找个参照可能会亲切一点。民间传说里发明酒的是杜康，酒神杜康还成了酒的代名词，比如曹操吟过的"何以解忧，唯有杜康"，这个杜康就是指美酒。

杜康其人又是谁呢？当然了，毕竟只是传说，这是有多种版本的，而其中一种，说夏代这个中兴之君少康就是发明酒的那个杜康。

少康，姒姓，又名杜康，姒相之子，夏朝第六代君主。

无风不起浪，之所以会有这样的传说比附，是因为少康的经历确实提供了酒神这一人设所需的背景——他在逃亡并复国的过程中，曾先后做过有仍氏的牧正、有虞氏的庖正，所谓庖正，也就是御膳房的头儿。

太康失国后，经仲康、相和少康三代，前后有近百年时间，等到少康中兴，夏代才又重归正朔。

就在少康复国之后，豕韦这个名字出现了。

复国从来不是容易的事，姑苏慕容也梦想着复国，可那不过是镜中月水中花的空想痴梦，大燕飞了就回不去了，反倒白白荒废了神仙姐姐的一片痴情。

比起慕容复的悲催，少康可谓大运不竭，流年得利，当然了，复国成功，必然有赖于各个诸侯国的响应和帮助，这其中有个彭国就勤王有功。

于是登上大位以后，少康投桃报李，又把彭伯的弟弟元哲封到了豕韦国。彭伯和元哲都是大彭的孙子，大彭即传说中活了八百岁的那个彭祖。如《列子·力命》有载："彭祖之智不出尧舜之上而寿八百，颜渊之才不出众人之下而寿四八。"

于是，元哲的豕韦国和彭伯的大彭国就此成为夏代两大诸侯，元哲后人又以国为姓，这就是韦姓的起源。

元哲的封国豕韦在哪里呢？现河南滑县一带。如《新唐书·宰相世系四》有载：

> 韦氏出自风姓。颛顼孙大彭为夏诸侯，少康之世，封其别孙元哲于豕韦，其地滑州韦城是也。豕韦、大彭迭为商伯，周赧王时，始失国，徙居彭城，以国为氏……

滑州即滑县，元哲被封的豕韦就在河南滑县一带，对此历代多有记载，如：

> 豕韦，国名，东郡白马县东南有韦城，古豕韦氏之国。
>
> ——西晋杜预《春秋左氏经传集解》

> （东郡）白马有韦乡。
>
> ——南朝宋范晔《后汉书·郡国志》

> 韦，豕韦，国名，今滑州。
>
> ——明张自烈《正字通·韦部》

东郡白马是秦汉时的区划设置，白马县故城在今滑县东十公里。

夏代由少康将元哲封到豕韦国，而且其后裔以国为姓发展为韦氏一族，但豕韦之名并不是少康的发明，更不是元哲一系的专属。

比如说，夏商周三代，豕韦国就曾经数易其主，但豕韦一直都还是豕韦。

从少康起，豕韦先是元哲韦氏的封国，到夏朝第十四代（或说十六代）孔甲的时候，出了个刘累很得天子赏识，于是老刘家取而代之成了豕韦国的主人。如《左传·昭公二十九年》载：

> 有陶唐氏既衰，其后有刘累，学扰龙于豢龙氏，以事孔
> 甲，能饮食之。夏后嘉之，赐氏曰御龙，以更豕韦之后。

扰龙的扰，是驯养之意。至于这里的龙是什么动物，歧义颇
多，且存而不论吧。

刘累得了御龙氏的称号，可惜好景不长，一不小心却把孔甲
的宝贝龙给养死了。估计刘累跟豢龙氏学扰龙也是学艺不精，所
以心下一琢磨，伴君如伴虎，这可不是长久之计啊，干脆撒丫子
跑吧。

刘累跑了，孔甲倒也没再追究，只是就撤了御龙氏的封号，
仍然把豕韦国交回给了元哲的后人。

你方唱罢我登场，此后又是几起几落，一会儿刘累后人得了
豕韦国，一会儿元哲后人又复国了，如西晋杜预《春秋左氏经传
集解》：

> 豕韦复国，至商而灭。累之后世复承其国，为豕韦氏
> （刘姓）。

这是说元哲一系在夏代孔甲时期养龙的那个刘累跑了以后复
国，但等到商汤伐夏桀，因为刘氏帮着商汤灭夏有功，所以殷商
初期豕韦国又被刘累后人占了去。

再如南朝宋裴骃《史记集解》引曹魏贾逵之说：

> 刘累之后至商不绝，以代豕韦之后。祝融之后封于豕韦，
> 殷武丁灭之，以刘累之后代之。

这是说商初刘氏因战功被封到豕韦国，但不久又被商王朝抛

弃，大概是为了彰显新朝气度吧，又把元哲后人给找了出来，于是元哲之后再次复国。

不幸的是，到第二十三代商王即武丁时期，元哲系的豕韦国以及本家的大彭国错误判断形势，搞个全民公投后宣布独立，不称臣不纳贡，结果被武丁一顿胖揍，王师所至，灰飞烟灭，于是豕韦国的老熟人刘累一系又重新取而代之（据夏商周断代工程，武丁在位于公元前 1250 至前 1192 年）。

同样的故事继续上演，商灭夏，刘家站队成功；周灭商，韦氏又选对了历史的方向，于是，周武王分封天下，韦家又回归祖上故地豕韦国。

总之，城头变幻大王旗，元哲和刘累这两家就这么此起彼伏数百年，但不论主人是谁，豕韦之名都没有改变，直到东周赧王时期——这就已经到战国了——豕韦国才被鲁国吞并而不复存在（周代时的豕韦国已迁移到山东境内）。

由此可见，豕韦作为国名，并非韦氏专属，也不是夏代少康的发明，很可能在少康之前就已经有了豕韦的存在。

没错，这并不是猜测，先秦典籍里就有蛛丝马迹。

我们知道，豕和豨，都是指猪，封豨和封豕是一回事，同样，所谓豕韦，和豨韦也是一回事。

豨韦，可远比豕韦更加历史悠久。

《庄子·大宗师》有一段讲道的话：

> 夫道，有情有信，无为无形；可传而不可受，可得而不可见；自本自根，未有天地，自古以固存；神鬼神帝，生天生地；在太极之先而不为高，在六极之下而不为深，先天地生而不为久，长于上古而不为老。

  狶韦氏得之，以挈天地；伏戏氏得之，以袭气母；维斗得之，终古不忒；日月得之，终古不息；堪坏得之，以袭昆仑；冯夷得之，以游大川；肩吾得之，以处大山；黄帝得之，以登云天；颛顼得之，以处玄宫；禺强得之，立乎北极；西王母得之，坐乎少广。莫知其始，莫知其终。彭祖得之，上及有虞，下及五伯；傅说得之，以相武丁，奄有天下，乘东维，骑箕尾，而比于列星。

  在庄子笔下，他列举了很多个自古以来得道的圣人，排在第一位的，恰恰就是这位籍籍无名的狶韦氏，而伏羲、黄帝、颛顼、西王母这些大名鼎鼎的人物全都排在他后面。

  由此可见，这个与猪有关系的狶韦氏，其渊源甚至还要比后世传说的三皇五帝更加久远。

  这是古人在编故事吗？毕竟伏羲黄帝等究竟是人还是神几千年来也还没人说得清楚，更遑论什么狶韦。

  不过，好在猪这种动物并不是想象出来的，真正的龙无处可寻，而现实中的猪却和人一样必定会留下痕迹，所以，考古发现可以给我们提供线索和答案。

（五）

  猪的形象最初是被赋予北斗七星和北天极的，而我们知道，这一片星空是诸天星宿围绕旋转的中心，有着不同寻常的意义，在天人相应的体系里，这片区域对应的是天子和皇宫。

  显而易见，猪曾经有着非比一般的地位。

  两汉尤其是东汉时期，普遍流行逝者手中握猪的葬俗，也就是把玉猪或石猪放在手里握着作为陪葬。

往上追溯的话，殷商时期甚至是用真的猪作为陪葬，一般多用小猪。之所以用小猪，想必那时候也没有生长素、催肥药之类的，养大一头猪至少也得花一年的工夫，费这么大劲最后却拿来埋掉，委实太不经济了。

用活猪殉葬的传统其实由来已久，早在新石器时代的遗址中就多有发现，既有殉葬的猪，在各种用具和礼器上也经常能见到猪的形象，如红山文化的玉猪龙（公元前4000—前3000年）、安徽凌家滩遗址的双猪首玉鹰和重达88公斤超大号的石猪（公元前3500—前3300年）等。

比起商代的小猪殉葬，上古时期可能更为大方，比如内蒙古东部的兴隆洼遗址，其年代为公元前6200至前5400年，在这里的一座墓葬中就既有玉器、石器、陶器、骨器、蚌器等丰富的随葬品，也有猪的存在，而且是一雌一雄两头大猪。以下引用《内蒙古敖汉旗兴隆洼聚落遗址1992年发掘简报》：

> 人骨的右侧有两具完整猪骨架，自西北向东南依次顺放（为叙述方便，分别编为甲猪和乙猪），占据墓底一半的位置。甲猪仰卧，下颌骨在上，上颚骨贴近墓底，吻部朝西北。猪骨架与人骨的上半部大体齐平，脊椎骨略呈弧形。四腿朝上，两前腿捆绑在一起，两条后腿各自对折，分别捆绑。乙猪亦仰卧，下颌骨在上，上颚骨贴近墓底，甲猪的右后腿斜靠其上，颈椎骨弯曲。两前腿捆绑在一起，其中左前腿朝内侧微屈，右前腿竖起。两后腿分开，右后腿对折捆绑，左后腿弯屈，双蹄紧蹬东南端墓壁。甲猪骨长1.17米、乙猪骨长1.4米。经鉴定，墓主为男性，甲猪为雌性，乙猪为雄性。

从猪骨长度可知，这可不是两头小猪崽，其占用的墓室空间也很可观，算得上与人平分秋色。要是调换一下角色，从猪的立场来看，到底谁殉葬谁还真不好说。

猪的地位不同一般是显而易见的。

猪有野猪、家猪，野猪已有数千万年历史，人类在以狩猎采集为主要生活来源的时代肯定就和野猪打过交道。至于几千年前那些与人一起长眠地下的猪，应该算是家猪，即便不能确定是否已经完成驯化，那也最起码是被人圈养起来的野猪。

那么，猪又是什么时候被驯化进入人类生活的呢？

在欧洲，猪的驯化最早见于土耳其东部地区，年代在公元前7000年左右。

东亚地区对猪的驯化，几乎发生在同时。

如河南舞阳贾湖遗址出土的猪骨遗存，有研究确认已是家猪，其年代上限为公元前7000年[1]。

又如广西桂林的甑皮岩遗址，在第一期文化遗存中出土了大量的猪化石，鉴定发现，这些猪已经有过较长时间的驯养，可确认为家猪。对骨骼标本进行碳14测年，其年代为公元前7100年（±250年）[2]。

公元前7000年左右家猪在中国境内出现，随后逐渐传播到各个地区，在西安半坡、河南新郑裴李岗、浙江余姚河姆渡等新石器时代遗址中，都曾经发掘出距今六七千年的家猪骨骼。

人类对野生动物的驯化，最早的应当是由狼而来的狗，比猪的驯化早约一千年（公元前8000年左右）。

至于羊，在世界范围内最早被驯化的绵羊和山羊在伊朗，时

---

[1] 罗运兵：《中国古代猪类驯化、饲养与仪式性使用》，科学出版社，2012年。

[2] 漆招进：《桂东北漓江流域的石器时代洞穴遗址及其分期》，《农业考古》，2000年第1期。

间也在一万年前，与狗的驯化时间差不多，但中国境内的羊，则要晚得多得多。就目前的发现来看，羊的出现要晚于猪三千多年。

中国对羊的考古发现，已知最早的家养绵羊出现在甘肃、青海一带，其年代为公元前 3600 至前 3000 年；最早的山羊就更晚了，出土于河南偃师二里头遗址，其年代已到了公元前 1700 年左右。

从文字来看，豨是猪，羲则与羊有关，那么，回到上面说的庄子对上古得道圣人的排序，豨韦氏排在伏羲氏的前面，确实符合猪和羊的驯化在中国境内出现的时间先后。

能说这只是巧合吗？恐怕不能。

这恰恰说明，上古神话中那些人物如豨韦、伏羲、黄帝等未必真是某个具体的人，但他们所反映的时代背景是真实的，各有对应的族群存在也绝非虚构。

所谓神话中的史话，其意义也就在这里。如果把神话完全归于文学创作和想象，难免有思维简单态度粗暴之嫌，况且即便是文学，那也还有源于生活的基底。

比如豨韦氏，必然与猪的驯养有关系，反映了上古先民逐渐把野猪驯化成家猪的历史进程，豨韦这个概念也只能在猪这种动物深度介入人们的生活之后才有可能诞生，其所指向的很可能就是最早养猪或者很擅长养猪的某个部落。

同样的道理，所谓伏羲，羲字与羊有关（上面为羊，下面有戈），可以反映出古人杀羊用以祭祀的历史阶段，那么伏羲这个概念自然得在羊出现以后。

有意思的是，目前发现中国境内最早的羊在 5000 年前的甘肃、青海一带，而传说中的伏羲故里，呼声最高的说法恰好就认为在甘肃天水地区。

（六）

中国境内对猪的驯养开始于 9000 年前，就目前已知的考古证据来看，其分布一个在河南舞阳（贾湖遗址），一个在广西桂林（甑皮岩遗址），两者的测年结果又差不多，但是，这两个地方相距却有一千多公里，那么，是正好同一时期各自开始对猪的驯养，还是从一处传播到另一处呢？如果是后者，这俩地又是谁先谁后呢？

如上所说，夏代开始就有豕韦国在河南滑县一带，距离出土最早猪骨之一的贾湖遗址并不远，只有三百来公里。

贾湖遗址的猪与豕韦国的存在正好可以两相印证，这又是一个有意思的巧合。

不过，能因此说贾湖遗址的猪就要稍早于广西桂林甑皮岩的吗？

当然不能，因为庄子说的是豨韦氏，《淮南子》说的怪兽又叫封豨，虽然从文字来看，豨明显是由豕衍生出来的字，但我们还要注意到，豨本是楚国等南方地区对猪的称呼，那么，先有其音而后有其字也是非常合理的。

也就是说，豨字必然是在豕这个字产生以后才有的，但称呼猪为豨的这种叫法，无疑要早于文字。

如西汉扬雄《方言》所说：

> 关东西或谓之彘，或谓之豕，南楚谓之豨。

对猪的称呼，南楚为豨，关东西地区则称为豕。

关东西是哪里呢？这里的关，指函谷关。闯关东的关是山海关，但那已经是明朝时候的事了。

历史上的函谷关有过两个，最早是春秋战国时代就有的，在秦国东边，称为秦关，位于河南灵宝市北 15 公里处的王垛村，距三门峡市约 75 公里，传说中老子西出函谷就是这个；西汉时期在洛阳新安县曾修过一座城关，也叫函谷关，这是汉关，在秦关以东 150 公里。

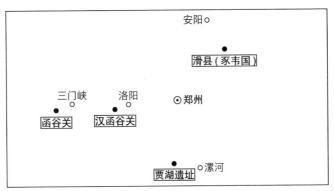

函谷关、贾湖遗址与滑县示意图

汉关早已废弃，现在说的函谷关指秦关。

扬雄是西汉时人，那么，不论他说的关是秦关还是汉关，这个"关东西"无疑是在今陕西、河南两省境内。

查看函谷关、贾湖遗址（出土 9000 年前猪骨）和滑县（豕韦国）这三个地方的地理位置，如图可见，豕韦国偏北，贾湖遗址在南边。贾湖遗址所在地区有可能受到南方楚地影响更多一些而把猪称为豨，而在滑县境内的豕韦国，受关东西地区影响称猪为豕的可能性则应该更大。

不过，毕竟这几个地方都相距不远，把猪称为豕还是豨其实很难分辨。

既然豨韦氏是一个比伏羲更为古老的概念，怪兽传说又有一个封豨，而且豨就是猪已经明确，那么，我们是否能再搞清封豨的封从何而来呢？

是的，封豨这个古老而奇怪的称呼或许可以给我们更靠谱的答案。

1972 年，长沙马王堆汉墓出土两幅西汉初年的地图，分别是长沙国及其南部地区的地形图和守备图[1]，其年代为公元前168年。

在地形图上，长沙国境内的八个县和七十个里都有详细标注，但奇怪的是，广阔的岭南 —— 那时还是赵佗趁秦末大乱而自立为王的南越国 —— 却空空如也，只标注了"封中"二字，连南越国的都城所在番禺都没有标在上面。

这幅地图给出了一个非常重要的提示，广东广西所在的岭南地区曾经被称为封中。

就像汉中一样，汉是汉水，汉中即指汉水流域这一带，所谓封中，自然得名于封水。

封水，就是贺江，又名封溪，发源于广西富川，流经广西贺州再一路向南，由广东封开县境内注入西江，全长仅 352 公里。

现在的封开只是一个普通的县，但历史上的这个地方，却曾经是繁华之地。

汉武帝平定南越国以后，把岭南地区分为九个郡（南海、苍梧、郁林、合浦、交趾、九真、日南、儋耳、珠崖），在封开这个地方置广信县，是整个岭南九郡的首府以及交趾部的衙署所在地。

从广信县沿贺江北上，汉武帝在封水流域这片面积有限的土地上密集地设置了六个县，而整个南海郡也只设了六个县，其面

---

[1] 地图出土于长沙马王堆三号汉墓，彩色帛画，共有三幅，地形图和守备图经修复已基本复原，另有一幅城邑图因破损严重未能复原。

积更是封水流域六个县的五倍[1]，可见西汉王朝对这一区域的极大重视。

之所以如此重视，自然是得益于其地理位置。

沿贺江北上，这里是沟通岭南岭北的交通要道；沿封水向南，汇入西江后则可直达南部出海口；在东西方向上，封开又是两广之间的门户。

事实上，广东广西得名于汉武帝在这里设置的广信县，广信以东为广东，广信以西为广西。

由此可见，封水流域曾经是岭南地区的中枢，而发现了9000年前家猪遗骨的广西桂林甄皮岩，就在这片区域的边上，由桂林到封开，与豕韦国到贾湖遗址一样，也只有三百来公里。

所以，莫非封豨的封就来自这个封水的封？

如果真是这样，那么，河南舞阳贾湖遗址的猪很可能是封水流域的先民北上迁移传播的结果。

在这个北上的过程中，不仅带去了驯养猪的技术，而且出于对故土的记忆和怀念，在人们的口耳相传中，封豨氏的故事也就这么诞生了。

不过，疑问仍然还在。封豨的封可能来自封水的封，那么，封水又为什么会以封为名呢？

（七）

封，按《康熙字典》的解释，有一种意思就是大。所以，所谓封豨，也就是大猪。

但是，封释为大，《康熙字典》所给出的示例似乎并不妥当。

---

[1] 陈乃良：《"封中"及其在西汉的重要地位》，《广东社会科学》，1988年第4期。

比如，其引用《诗经·商颂·殷武》为例：

> 天命降监，下民有严。
>
> 不僭不滥，不敢怠遑。
>
> 命于下国，封建厥福。

这几句诗大意是说：商王秉天命治理四方，天下百姓敬谨端庄。施政赏罚各有法度，勤政为民从不怠惰。王命下达诸侯，四方封国尽享幸福生活。

封建厥福的封，被《毛传》解释为大，但这里的"封建"显然不如解释为"封邦建国"来得顺畅。

再比如，其举例《尚书·舜典》：

> 肇十有二州，封十有二山，浚川。

这里的封释为大，其实也不恰当。道理很简单，封十有二山，前面是肇十有二州，后面是浚川。肇，是肇始；浚，是疏通。也就是划分天下为十二州以及疏通河道的意思。

显然，肇和浚，都是动词，所以，中间的封，没理由解释为大。封十有二山，应该就是历代帝王所热衷的封禅，也就是一种祭祀。

既然封释为大并不准确，那么，封豨自然不应该是大猪的意思。

封的本义是什么呢？

按东汉许慎《说文解字》的解释，封，就是诸侯的封地封国，并按公、侯、伯、子、男的五等爵位，其封地面积各有不同规定。

> 封，爵诸侯之土也……公侯百里、伯七十里、子男五

十里。

比如元哲被少康封到豕韦国做国君，豕韦国就是元哲的封国。

再来看封的写法，在甲骨文里，其字形俨然就是土堆上的一棵树。

封－甲骨文
《甲骨文合集》（CHANT:1384A、1384、1384B）
《英国所藏甲骨集》（CHANTY:1926C）

没错，封的本义就是在边界上种下树木，也就是植树封疆以为界，如《周礼·地官》有载：

> 封人掌设王之社壝。为畿，封而树之。凡封国，设其社稷之壝，封其四疆。造都邑之封域者，亦如之。

从《周礼》可知，天子的王畿四周、诸侯的封国以及城市四周，都要植树为界（社是古代祭祀的地方，是立国的象征）。

所谓封邦建国，最重要的两件事，一是建立社稷坛[1]，二是确定边界，如《周礼·地官》所载：

> 凡建邦国，立其社稷，正其畿疆之封。

---

[1] 社稷，即社神和稷神，分别主管土地和五谷，设坛祭祀以求风调雨顺、五谷丰登、国土安宁、江山永固、天下太平、社稷长存，是中国古代政治中的大事，后成为国家的代名词。秦帝国统一中国后仍历代沿革，都城内都建有社稷之坛，一般取"左祖右社"布局，即东边为太庙（祭祖），西边为社稷坛。社和稷原本分坛而祭，明朝起社坛稷坛合并为一，如现北京中山公园的社稷坛。

由此可见，封的本义，其实就是在四周植树作为边界，由边界又引申出分封、包围、封闭等意思也很顺理成章。

换句话说，封的概念的核心内涵是边界。

显然，封与王权相关。

那么，封水的封，有没有边界的意思呢？

封又是什么的边界呢？

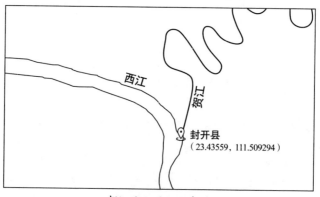

贺江注入西江示意图

真是无巧不成书，封水（贺江）在封开县境内注入西江的地方，其纬度为北纬 23.436°。

北纬 23.436°，正是北纬 23° 26′，有点眼熟不？

没错，这就是北回归线[1]啊，现在的封开县江口镇江滨公园内就建有一座高 15 米的北回归线标志塔。

---

[1]　北回归线的准确位置并非固定不变，受岁差、章动和极移等天文因素的影响，每年都会有细微的移动，其变化范围在北纬 24° 14′ 39″ 和北纬 22° 37′ 56″ 之间（南北距离约 180 公里），往复周期约 37158 年。常说的 23° 26′ 是其中间值，2009 年夏至日即经过这个周期中点并继续南移，每年南移约 14.4 米。目前贺江汇入西江的位置正好在中间值的北纬 23° 26′，9290 年前，北回归线应位于由此北上 90 公里处。近一万年来，北回归线都位于贺江（封水）的末端。

北回归线，不就是太阳周年运动在北半球的边界吗？

每年的夏至，太阳将运行到北回归线并在正午时分直射这里，此后将逐渐向南回归，直到冬至时到达南回归线然后再折回向北。

比如《山海经》里的"日中无景（影）"，即夏至正午阳光之下没有阴影，这不就是北回归线上所具有的标志性现象吗[1]？

另一方面，古代王权的形成与天文历法有着密切关系，太阳作为创制历法最重要的观测对象，其年度往返的北界用封字命名显然也非常合理甚至堪称精准，而这个位置又恰好是古代先民栖居地范围内一条重要河流的末端或终点，于是，封水的名字也就应运而生。

封水的得名竟然是来自天文观测，有点出人意料但委实又在情理之中，恐怕事实真就如此。当然我也承认，这只是一种推测，只是一己之见。

如果真是这样，那么，封水的封是公元前 7000 年在广西桂林甑皮岩驯养家猪的那一代先人们就做出的命名，还是在后世天文观测逐渐成熟后才产生的呢？

从关于《易经》的传说来看，八卦由伏羲所创，而八卦的产生来自古人的历法实践，创制历法的天文观测最初指向的正是太阳。

上面已经说过，羲字与羊有关，中国的羊最早可上溯到公元前 3600 年。

也就是说，如果公元前 7000 年的先人们已经发现了北回归线，那么，到伏羲的可能时代就已经有了三千多年。

---

[1] 北回归线以南和南回归线以北之间的区域都有"日中无景"的现象。

另一方面，观测到一年有 366 天，又晚到尧的时代才完成 [1]，这就已经到了公元前 2000 多年。

如果说公元前 7000 年驯化和养猪的先人们已经认识到北回归线，那么，对一年长度的观测所花的时间未免就太过漫长了。

所以，更合理的可能是，封水的封是在持续的天文观测中发现北回归线以后才有的命名，而在封水流域开始养猪的往事在北迁以后仍然代代相传并未遗忘，于是，随着封水之名的诞生，封豨的故事也就呼之欲出了。

有必要说明的是，最早的家猪出现在 9000 年前，而中国境内的农业如水稻的种植可有着 1 万年以上的历史，比家猪的出现还要更早。

如湖南道县玉蟾岩、江西万年仙人洞、浙江浦江上山等遗址都有发现水稻遗存 —— 玉蟾岩出土的古栽培稻年代距今约 1.8 万年至 1.4 万年，仙人洞发现了距今 1.2 万年的野生稻植硅石和 1 万年的栽培稻植硅石，上山遗址在陶胎中发现了稻壳遗存，经测定属于栽培稻范畴，该遗址年代为距今 1.1 万年至 9000 年。

因为农业生产与季节时令有着天然的密切关系，即便是现在，也不可能把农业生产全都放到温室大棚里。

在苍天之下春种秋收就必须得讲时令，要是误了农时，很可能就会颗粒无收。

所以，农业生产的发展，就必然产生要了解并掌握天时的迫切需求，这种需求就必然会催生出历法的创制。

也就是说，在距今 1 万年前，东亚地区的先民就已经开始了对太阳月亮等天体的观测，这不是不可能的。

---

[1] 《尚书·尧典》。

这也正好可以印证庄子所说的豨韦氏要早于伏羲，进而也就可以推知，虽然有伏羲画卦的传说，但八卦的发明，至少在伏羲时代之前就已经有了相当长时间的准备和积累。

至于公元前 7000 年在广西桂林甑皮岩养猪的那些先人，他们并不孤单，封水流域在西汉时期成为岭南的代名词（封中）也绝非偶然，因为在封水流域这片土地上，就生活着岭南地区目前已知最早的古人类。

在距离封水终点 30 来公里的黄岩洞里，曾发现两枚人类颅骨化石，其年代为距今 11930 年（±200 年）。

黄岩洞旁边的垌中岩人则直接刷新了岭南古人类的纪录，在这里发现了三颗人类牙齿化石，其测定年代为 14.8 万年（±1.3 万年），比 300 公里外位于广东韶关的马坝人还要早 1 万年至 2 万年。

如果说只是三颗牙齿还不足以证明封水流域 14.8 万年前的垌中岩人与现代人类具有传承关系，那么，可以确定的是，沿着封水北上穿过南岭群山，在湖南道县福岩洞所发现的 47 枚古人类牙齿化石则已经具备了完全的现代人形态特征，其年代为距今 12 万年至 8 万年，这是世界范围内目前已知最早的具有完全现代形态的人类，甚至比欧洲和西亚还要早上至少 3.5 万年至 7.5 万年 [1]。

使用地图软件测距可知，从封水的终点到湖南道县福岩洞，其直线距离不过 250 公里。

从 14.8 万年前的封水垌中岩到 12 万年至 8 万年前的道县福岩洞，从 1.2 万年前的封水黄岩洞到 9000 年前的桂林甑皮岩，这些古人类的遗迹恰好分布在封水流域及其周边。

[1] 刘武、吴秀杰等：《华南最早明确的现代人》，《自然》，第 526 期（2015 年）。

　　不难想见，西汉时人将岭南地区冠以封中之名，与数千上万年来先民在封水流域繁衍生息的历史有着一脉相承的久远渊源。

　　所以，应该有理由相信，除了桂林甑皮岩，在封水流域也许还会发现 9000 年前甚至更早的猪骨化石；如果幸运的话，说不定还有可能在这个地区发现观测太阳的天文台遗址 —— 当然，这真就得靠运气了，毕竟立杆测影这事其实只需要一根棍子就足够，也许根本就不会留下什么遗迹。正所谓：

　　红日不见亘古前，无言。

　　金乌万年试封水，不迈。

　　今宵此去，明朝却往年。

五、桑林：祷天祭祖桑梓地

　　封豨的渊源可上溯至比伏羲更为久远的豨韦氏，与上古时期的先民对野猪的驯养有关，而封豨的封可能与岭南地区的封水（贺江）有关。

　　既然涉及具体地望的指认，那么，《淮南子·本经训》说"禽封豨于桑林"，这里的桑林又在哪里呢？能与我们推测的封水流域有所关联乃至重合吗？

（一）

　　战国末年，秦国丞相吕不韦主持编撰《吕氏春秋》，记载了殷商初年商汤求雨的故事，求雨的地方就叫桑林。《吕氏春秋·季秋纪·顺民》载：

　　　　昔者汤克夏而正天下，天大旱，五年不收。汤乃以身祷于桑林，曰："余一人有罪，无及万夫；万夫有罪，在余一人。无以一人之不敏，使上帝鬼神伤民之命。"于是翦其发，䥯其手，以身为牺牲，用祈福于上帝。民乃甚说，雨乃大至。

　　商汤又叫成汤，姓子名履，在鸣条之战打败夏桀，灭夏兴商，

"汤乃践天子位"[1]，成为商朝的太祖[2]。

　　不幸的是，商朝建立后，遭遇连年大旱，天灾肆虐，庄稼无收，荒年出乱民，民乱则国崩，新生王朝的危机可想而知。更为重要的是，商汤起兵灭夏的舆论基础就叫"有夏多罪，天命殛之"[3]，也就是所谓君权天授的观念。那问题就来了，刚刚秉承天命而灭夏，可接下来却又连年灾荒，这不能不让人怀疑这个所谓天命恐怕也不是正版，要不然为什么上天要降灾呢？

　　久旱不雨自然就得求雨，但想想看，"五年不收"，连续五年大旱，不可能前几年就那么干等着，所以，想必此前已经求过很多次了，但还是年复一年无济于事。最后没办法了，商汤再次到桑林祷雨，也许和以前有所不同，这一次他把自己当作献祭的供品。

　　当然了，商汤以身相祭，肯定不能像猪牛羊一样杀了摆盘，而是剪发缚手，把自己的身体当作祭祀用的牺牲。牺牲，即用于祭祀的牲畜，毛色纯而无杂为牺，首尾肢体全而无缺谓之牲。

　　幸运的是，商汤这次的御驾亲祭成功了，"雨乃大至"。

　　商汤桑林祷雨的故事，在先秦典籍中多有记载，比如：

　　　　汤之救旱也，乘素车白马，著布衣，身婴白茅，以身为牲，祷于桑林之野。

　　　　　　　　　　　　　　　　　　　　——战国《尸子》

---

[1] 《史记·殷本纪》。

[2] 成汤灭夏之前称为先商，即商朝可分为先商、早商、晚商三个阶段，本文所称商朝指成汤灭夏之后。

[3] 《尚书·汤誓》。

（商汤）二十四年，大旱。王祷于桑林，雨。二十五年，作《大濩》乐。

——《竹书纪年》

汤之时，七年旱，以身祷于桑林之际，而四海之云凑，千里之雨至。

——西汉《淮南子·主术训》

相同的故事虽然见载于史籍，但遗憾的是，商汤求雨的这个桑林到底在哪里却并不清楚。

按《竹书纪年》的记载，商汤求雨成功的第二年，"作《大濩》乐"。

濩，形容雨水从屋檐流下，如东汉许慎《说文解字》的解释："濩，雨流溜下貌。"

不难想见，《大濩》应该和上一年商汤桑林祷雨不无关系，很可能就是为了歌颂和纪念商汤的这一善举。

巧的是，山西阳城正好古称"濩泽"。

"濩"这个字并不常见，地名里带"濩"的更是凤毛麟角，目前所知就只有这个"濩泽"。另一方面，恰好阳城的蚕桑业也一直很发达，境内有大片桑树林的存在，而且，时至今日还有两百余座汤庙。

凡此种种，都神奇地和商汤的传说相互重合，所以，有人认为商汤求雨的那个桑林很可能就在这里（一说阳城西南五十里桑林乡，一说阳城西南七十里析城山）。

不过，桑林在哪里这个问题并无定论，而且一直都争议不断，可谓众说纷纭。

如河南偃师（西亳）、河南虞城县谷熟镇（南亳）、河南夏邑县桑堌乡、河南济源市小浙山、河南荥阳市汤王沟、河南巩义市墨云山以及河北临漳县桐宫桑林、安徽亳州汤陵等很多地方都可作为备选。要讲故事，谁还没点方志野史可以钩沉发挥呢？

这些地方倒是相距不远，姑且就笼统地说商汤祷雨的桑林可能就在这一片吧。

（二）

事实上，桑林也是乐舞的名字，如庄子讲的庖丁解牛，神乎其技的刀法就被形容为有如桑林之舞。《庄子·养生主》载：

> 庖丁为文惠君解牛，手之所触，肩之所倚，足之所履，膝之所踦，砉然向然，奏刀騞然，莫不中音。合于《桑林》之舞，乃中《经首》之会。

《桑林》和商汤祷雨第二年所作的《大濩》是两首有名的商代乐曲，只可惜早已失传，成了又一个语焉不详的悬案——有可能这是两首不同的曲子，也有可能如上所说，《大濩》就是为了纪念桑林祷雨所作，那么，同一首曲子有两个名字，分别叫《桑林》《大濩》，实在也合情合理。

不过，有据可查的是，这个曲子至少到春秋时期仍然是有传承的，因为宋平公就曾经为晋悼公安排过桑林之舞的表演。《左传·襄公十年》载：

> 宋公享晋侯于楚丘，请以《桑林》。

宋国是周朝时微子启的封国，微子启是商纣王一母同胞的兄长，只是他出生的时候其母亲还没有成为王后，所以算是庶出，不能继承王位。不言而喻，作为殷商王室后裔，有理由相信宋平公为晋侯所展示的这个桑林之舞就是殷商时的桑林乐舞。

所谓"国之大事，在祀与戎"，作为一种乐舞，祭祀无疑是最为重要的使用场合。

古代祭礼繁多，殷商时期尤其如此，商王几乎每天都有各种大小祭祀活动。《吕氏春秋》所记载的这一次桑林祷雨，"用祈福于上帝"，其祈雨的对象并不是后世常见的什么龙王雨神之类，而是上帝，这应该算是最高等级的一种祭祀。

因为这个上帝，既是主宰天地万物的至上神，同时也是商朝王室历代的先公先王，而风雨雷电这些自然神是要听命于上帝的。

殷商时期的帝、祖先神和各种自然神这三者之间的关系有各种不同说法，本文认为殷商时期的观念是，作为至上神的帝并不与人间直接发生关系，商王室的祖先神是与上帝沟通的唯一途径和媒介，帝和商王祖先是二元一体的关系。

唯其如此，才可以让神权被王权垄断，各诸侯都不得染指，老百姓就更不用说了。

神权与王权统一，这是符合历史逻辑的必然阶段，殷商尚且如此，在那之前的尧舜时期自然不可能提前完成分离了。

也就是说，所谓向上帝祈雨，其实也就是向祖先神禀告，换言之，既是祭天也是祭祖。

如果不考虑殷商时期所特有的这种上帝和祖先的观念，把商汤的桑林祷雨单纯理解成后世所说的求雨，无疑会谬以千万里。换句话说，虽然商汤在桑林祭祀的目的是祷雨，但这个祭祀活动并非专门的祷雨之祭，其正式名称应该叫祭祀上帝的禘祭。

既然是对上帝和先祖的祭祀，那就可以想见，商汤祷雨的这个桑林不太可能是现找一片桑树林再搞个临时建筑，而应该是在固定的祭祀场所举行，比如周朝时在国都南郊设有圜丘以祭天，后世明清时期有天坛地坛。而之所以叫桑林，自然就是因为殷商时人在这个祭祀的地方要种植桑树，久而久之，桑林就成了祭祀场所的象征和代名词。商汤祷于桑林的故事，在西晋皇甫谧《帝王世纪》中干脆就写作"祷于桑林之社"[1]，明确说桑林就是祭祀的地方——社，即宗庙社稷。再比如，《墨子·明鬼》有载：

> 燕之有祖，当齐之有社稷，宋之有桑林，楚之有云梦也……

燕国的祖、齐国的社稷、宋国的桑林、楚国的云梦，都是性质相同的祭祀场所，只是不同地区称呼各有不同。

宋国是殷商后裔，其文化传统自然是商代的延续，由此可知，商汤祷雨的所谓桑林，其实就是殷商王室的祭祀之所，相当于后世的天坛、太庙之类。

所以，如果从是否有大片桑树林存在的角度去论证某个地方是不是商汤祷雨的那个桑林，有刻舟求剑的嫌疑。

当然了，虽然商王祭祀是在固定的地方，但就像殷商之后的周朝，其祭天的圜丘是在郊外一样，商代祭祀的这个地方很可能也是在郊野之地——所以《尸子》记载的商汤祷雨是"祷于桑林之野"，或者应该是露天的，如西汉戴圣《礼记·郊特牲》所说："天子大社必受霜露风雨，以达天地之气也。"

如此说来，倘若有一片茂盛的天然桑林，又何尝不是理想的设祭之所呢？

（三）

桑林，顾名思义就是桑树林，当然与桑树有关。

---

[1] 见唐代《艺文类聚》所引。

　　豨是猪，作为真实存在的一种动物，我们可以通过考古所揭示的家猪驯养的历史追溯其渊源。同理，桑树也不是虚构的树木，我们也可以按同样的思路进行追溯。

　　桑树原产中国的中部和北部，但桑树在中国境内的分布是极其广泛的，从东北到西南，往西北去直到新疆，以及东南方向的宝岛台湾，几乎全国各地都有桑树的存在。

　　从民族医药来看也可见一斑，将桑枝、桑叶、桑葚等用于药物在各民族中广泛存在，中医自不必说，另有在如苗药、藏药、侗药、傣药、蒙药等中都能见到，在傈僳族、佤族、阿昌族、哈尼族、水族、土家族、瑶族等众多少数民族中也有如此使用。

　　中国人有浓重的乡土情结，衣锦还乡当然是最理想的，但即便是漂泊落魄以至无颜见江东父老，大多数人也终归还是希望叶落归根，而这个根之所在的故乡，别称就叫桑梓。"生仍冀得兮归桑梓，死当埋骨兮长已矣。"[1] 真正想得开，埋骨何须桑梓地，无碍世情悲与欢，恐怕时至今日这也未必是主流想法。

　　桑梓，即桑树和梓树。之所以成为故乡的代名词，有说古人喜欢在房屋旁边种这两种树，如《孟子》所说："五亩之宅，树之以桑，五十者可以衣帛矣。"衣帛，自然是由采桑养蚕而来。

　　所谓前人栽树，后人乘凉，这桑树梓树自然都是父辈祖辈所手植，于是睹物思人，以至于人在他乡时只要见到这两种树就会想起父母和故乡。"维桑与梓，必恭敬止。靡瞻匪父，靡依匪母。"[2] 可以说，在诗词的意象里，桑梓比明月更思乡。

　　不过，我很怀疑这种说法，桑树毕竟是树，可不是一年一茬

---

[1]　东汉蔡文姬《胡笳十八拍》。

[2]　《诗经·小雅·小弁》。

的秋草黄，倘若家家房前植桑，岂不是户户都有古木遮阴。再说了，就像孟子讲的，"五亩之宅，树之以桑"，这样的大宅子可从古至今都不可能是老百姓住宅的常态。

更重要的是，我们的文化观念就不会允许做这种选择，因为桑与丧，这俩字不仅同音，而且同形。

桑–甲骨文
《甲骨文合集》（CHANT:1444、H10058A）

丧–甲骨文
《甲骨文合集》（CHANT:1447、1447A）

在甲骨文里，丧就是桑加上几个口，谁会愿意房前栽桑天天见丧？

所以，家家房前尽植桑，根本不可能是家家户户的普遍现象。

那么，桑梓即故乡这种传统观念又作何解释呢？

其实也不复杂，只要联系到祭祀，这个问题也就迎刃而解了。

商汤桑林祷雨就是祭天祭祖，在这个祭祀的地方要种植桑树并称之为桑林，同样的道理，百姓虽不能祭天，但祭祖可是年节大事，在供奉宗族祖先的地方 —— 也就是所谓祠堂 —— 自然也要种植桑树。

祠堂所在多古木，这无疑是更为符合实际情况的事实。

再说了，就算古人喜欢在房前屋后栽种桑树，如果不是因为与宗族观念有关联，桑树的意象也很难与故土和父母联系到一起。

其实只要看看上引丧字的甲骨文字形就知道了，桑荫遮蔽，孝子哭祭，此之谓丧，丧出于桑，桑林与祖先故土相关联，实在是题中应有之义。

所以，祭祖与桑林相关联，这才是起码从商代起就已经有了的观念传承。

殷商初期的桑林是祭天（祭祖）之所，《淮南子》说的"禽封狶于桑林"，前文已经推论封狶是后世所说西方七宿的奎宿，那么，所谓擒于桑林，这不就正好可以顺理成章了吗？

因为祭祀和观天在上古时期本就是一体的。《淮南子》所说的桑林既是祭天祭祖之所在，也是观测日月星辰以制定历法的地方，即所谓观象授时，如《尚书·尧典》所说："历象日月星辰，敬授民时。"

这里的民时，就是指导春种秋收的农耕时令。

祭祀与观天同在，典型代表如公元前 2500 至前 1900 年的山西陶寺遗址，在那里发现的古观象台，经复原后的实地观测验证，今天仍然可以用来测定一年中夏至、冬至等各个节气的时点 [1]。而这个观象台，就既是观象授时的天文台，同时也是举行祭祀活动的场所。

所以，所谓"禽封狶于桑林"，就是在观象台上经过持续观测的积累，对诸天星宿的出没隐现等运行规律有了认识和把握。奎宿所在区域的相关星宿也许还能应用到观象授时的历法中去，也就是把奎宿作为观象制历的一个标准星和重要参照——至少在民间的历法运用中可以作为一个直观的参考坐标。由《淮南子》等

---

[1] 陶寺观象台共 13 根立柱，从右至左有 12 道缝，第 2 道缝见日出为冬至，第 7 道缝见日出为春分和秋分，第 12 道缝见日出为夏至。

古籍的记载可以推知，人们给这组星宿所赋予的形象就是猪，并称之为封豨。封豨是在此之前早就存在的一个概念，这就和我们现在会用历史名人给天体命名是一样的逻辑。

（四）

世事变迁，沧海桑田，这个桑田，当然是指我们脚下这片赖以栖身的土地。对一个农业国家来说，自然是指可供耕种的水田旱地。

所谓桑田，就是农田。不过，如果你细想一下，这其实是一件颇为奇怪的事情：似乎桑树成了传统农业的代名词，难道五谷杂粮不更有资格吗？沧海桑田为啥不叫沧海稻田、沧海麦田之类呢？要知道，所谓民以食为天，时至今日，粮食安全仍然是这个世界所有国家的头等大事，中国为了保护耕地画红线[1]，18亿亩永久基本农田的规定可谓明证。

在事关生计的诸多动植物当中，桑树脱颖而出受到上古先民的青睐，仅仅从果腹生存的角度绝对是无法理解和想象的。在吃饱穿暖之上，还有更被看重的需求。换句话说，饱暖的生存需要终究只是目的，而达成目标的手段和途径无疑更为重要。借由传承至今的许多观念，我们可以进行一下想象：

比如故土难离，是因为那里有自己和自己所爱之人过往的记忆，一定意义上，抛开记忆，人生就只剩一片空白，也只有记忆，才能定义我之为我。

比如生儿育女，既是生命的本能，也有满足情感需要、防范老年风险等诸多考虑，更是族裔繁衍和生存的应有之义，所谓无

---

[1] 2016年，国土资源部印发《全国土地利用总体规划纲要（2006—2020年）调整方案》，规定到2020年，全国耕地保有量为18.65亿亩，确保全国15.46亿亩基本农田数量不减少，全国建设用地总规模为4071.93万公顷（61079万亩）。

后为大，不就是对自己未知的未来心生不安与焦虑吗？

比如天堂与来生，那就是认识到人终究无力对抗生死的时候，试图自我救赎的努力，哪怕那只是一种无法验证的幻象和慰藉。

即便民以食为天，那所谓的五谷丰登，不也得寄望于来年的风调雨顺吗？

凡此种种，显化成我们的行为，就是祭天、祭地、祭祖、祭高禖（求子）等一系列动作。

祈望天时调和，祈望儿孙满堂，祈望祖先护佑，祈望魂归彼岸，其实都是自然而然产生的本真而朴素的愿望。

借着人之为人的智慧，这些人人心底自然生发的美好期盼又被政治理念和宗教信仰所重塑，但其本质仍然无非就是寻求与那个不可知世界以及不可控的未来进行沟通。

在这个通往不可知世界的入口，浓荫中的坐标，恰是一棵葱郁的古桑树，或者一片翠绿的桑林。

桑树，就这么成了先民心理底层清晰的象征物。

在数千年的代代传承中，时移世易，桑林的意象在传世文献、语言文字和民俗传说中分解、沉淀、变异，就逐渐变得模糊起来。比如，对于在桑林里发生的男女情事，今人甚至会觉得难以想象。

当然，形而下的现实功用同样重要。桑葚可以吃，桑木可以做器具，桑叶桑根可以入药，但不言而喻，桑树最重要的用处肯定还是用来养蚕，养蚕自然是为了抽丝纺织。

养蚕就会有蚕茧，缫丝就会有布帛，幸运的是，历经数千年，这些本是速朽的东西竟然还能从时光的深渊里浮现出来呈现在我们眼前。1926 年 10 月，第一代田野考古学家、被尊为中国考古学之父的李济先生在山西西南部的夏县主持西阴村遗址的发掘。就在这里，出土了半枚蚕茧。李济先生说：

我们最有趣的一个发现是一个半割的、丝似的半个茧壳。用显微镜观察，这茧壳已经腐坏了一半，但是仍旧发光；那割的部分是极平直。[1]

1928 年，我把它带到华盛顿去检查过，证明这是家蚕的老祖先，蚕丝文化是中国发明及发展的东西，这是一件不移的事实。[2]

这枚茧壳现藏台北故宫博物院，其年代为公元前 4000 至前 3400 年。也就是说，可能在 5000 多年以前，位于黄河中游山西地区的先民已经开始了栽桑养蚕以及缫丝纺织。

不过，可惜的是只有这一枚茧壳的孤证，对于究竟是野蚕还是家蚕并不能得到确定且一致的结论，其年代也受到部分质疑，但可以肯定，这是上古先民利用蚕茧的明证——虽然被切开的茧壳很可能并不是用于缫丝[3]。

如果这枚 5000 多年前的茧壳还不足以证明养蚕缫丝的存在，那么，有更为确定的证据表明，数百年后的浙江地区就已经有了丝绢。

1958 年，浙江湖州境内的钱山漾遗址，在出土的一个小竹筐里，人们发现一块绢片，只有 2.4 厘米 × 1 厘米这么一小片。鉴定结果显示，这一小片东西是蚕丝做的丝制品，编织所用的丝线由二十多根没有捻合的蚕丝构成。经中国科学院考古研究所碳 14 测

---

[1] 李济：《西阴村史前的遗存》，清华学校研究院，1927 年。

[2] 陈其斌、冼奕等主编：《人类学的中国大师》，黑龙江人民出版社，2008 年。

[3] 日本学者藤井守一在《世界的纺织技术和美的源流》中认为，与蚕茧同时出现的纺轮，说明可能是用来把断丝纺成纱；蚕茧之所以截成半截，原因也在于此。

定，其年代为公元前 2750 年（±100 年）。

另一个同步佐证是，位于长江下游浙江、江苏、上海一带的遗址（包括上海市西部青浦区崧泽遗址，江苏苏州吴中区草鞋山和张陵山、常州圩墩遗址，浙江湖州邱城、海宁坟桥港遗址等），其下层地层中检测到的桑树孢粉数量很少，但到中层地层后突然开始大量增加，这种现象表明，这一地区原生桑树较少，后来才变成普遍存在，排除神迹的可能，只能说明这是人工栽种的结果。

崧泽遗址的年代为公元前 3800 至前 2900 年，在时间上正好可以和上面山西夏县西阴村遗址公元前 4000 至前 3400 年、浙江湖州钱山漾遗址公元前 2700 年相互衔接——当然，这种时间序列并不能说明相隔近千公里的西阴村遗址和钱山漾遗址之间有传承关系，但分散各地的族群之间必然会有交流与迁徙，这是不难想见的。

也许西阴村遗址的半个茧壳很难证明缫丝织绸的存在，但无独有偶，地理上相距并不太远的地方发现了更为有力和直接的证据。

1983 年，河南荥阳青台遗址的发掘中，在第七层及相关地层的 142 号、164 号墓的两个瓮棺中，发现了包裹儿童尸体的炭化丝织物残片。经上海纺织科学研究院检验，应为蚕丝类纤维。青台遗址是一处仰韶文化中期一直延续到晚期的文化遗存，所发现丝织物年代为距今约 5500 年前，即公元前 3500 年左右，与山西夏县西阴村遗址同期或比其略早。两者相距直线距离 200 公里，不能不让人联想到两者之间的互动和联系，西阴村遗址的那半个茧壳，恐怕真就是 5000 多年前缫丝的残余。

（五）

西阴村遗址的半个茧壳，钱山漾遗址和青台遗址的丝织物，可以证明中国早在 5000 多年前就有了桑蚕生业的存在，可与传说中黄帝或黄帝元妃嫘祖发明养蚕缫丝相印证，但是，这些遗址都在黄河与长江流域，貌似与岭南并没有什么关系。

前文说过，封豨与岭南的封水有关，可能因水而得名。那桑林呢，会与这个封水发生交集吗？

封水北上，是纵横 2000 余里的九嶷山；封水南流，于现在的封开县境内汇入西江。就在这条封水的南北两端，有两个苍梧。

九嶷山之北，是曾经的楚国。战国时，吴起相楚，楚国向南扩张，南平百越，设苍梧郡，郡治可能在郴（今湖南郴州），"吴起相悼王，南并蛮越，遂有洞庭、苍梧"[1]。在湖南广西交界处，龙头岭和虎头岭南北对峙，二岭之间为龙虎关，即苍梧郡的南界，苍梧也就成了南楚地区的代名词，挂六国相印的苏秦游说楚威王时就曾说：

> 楚地西有黔中、巫郡，东有夏州、海阳，南有洞庭、苍梧，北有汾陉之塞、郇阳。

封水南部，是西汉时的苍梧郡。秦灭六国统一天下后，楚国的苍梧郡并入帝国版图，在秦始皇的郡县制中，苍梧郡保留了一席之地[2]，其位置应仍在南岭北侧的现湖南境内。秦末大乱，原秦将赵佗割据岭南建立南越国，西汉高后五年（公元前 183 年），赵佗称武帝，封族弟赵光为苍梧王。此时的苍梧显然是在岭南地界

---

[1] 《后汉书·南蛮西南夷列传》。

[2] 见湖南出土的里耶秦简。

之内了。之后到汉武帝时代，南越国被攻灭，分岭南为九郡，其中之一即苍梧郡〔置于元鼎六年（公元前 111 年）〕，郡治在广信，即现在的封开县[1]，封水就在这里注入西江，也是北回归线穿过的地方。苍梧就此从楚秦时代的岭北湘南迁到了岭南封水流域。

苍梧之名此后历代多有移易，时广时狭，时存时废，到现在还有一个苍梧县，在封水西岸。

史籍有载的苍梧郡从楚国、秦朝到南越、西汉，其地理位置似乎是由北向南迁移，但让人起疑的是，秦末天下大乱，原本引兵南下平定百越的赵佗自立称帝，与南岭以北的西汉王朝并存近百年，其势力范围不可能越过南岭。那么，南越国为什么会袭用苍梧之名呢？而且到汉武帝的时候仍将苍梧留在岭南而没有还给楚国时就有的湘南地区。所以，我很怀疑苍梧这个名字原本就起源于岭南。

事实上，苍梧之名非常古老，最早见于《逸周书[2]·王会解》，写作"仓吾"。

> 成周之会，埠上……天子南面立……其西……仓吾翡翠，翡翠者，所以取羽。其余皆可知。自古之政，南人至，众皆北向。

《王会解》记录的是周成王时迁都成周（今河南洛阳）后，天

---

[1] 一说在广西梧州。
[2] 《逸周书》又名《周书》《周志》，有说晋代时出于汲冢，故又名《汲冢周书》，可能是晋代时传世本与汲冢出土版本汇编而成，记录了周文王、周武王、周公、成王、康王、穆王、厉王和景王时代的历史事件。《左传》《国语》引《周书》多次，其内容见于《尚书》;《墨子》《战国策》也引《周书》多次，其内容见于《逸周书》。

下诸侯会集朝贡的盛况。在这个仪式上，周天子与周公、姜太公等大小朝臣及各方国诸侯按等级尊卑排列，进贡的物品则按各自所在方位分布在东西南北四周。其中排列在西南方的仓吾国进贡的是翡翠，紧挨着的是南越进贡大象，而且这个进贡大象是"自古之政"。西周之古，自然是夏商两朝。

仓吾进贡的翡翠，不是现在说的玉翡翠，而是一种鸟，翡和翠主要指赤和青两种颜色，如《说文解字》载：

> 翡，赤羽雀也。

> 翠，青羽雀也。

还有一种说法是赤色雄鸟为翡，青色雌鸟为翠，如南宋洪兴祖《楚辞补注》引《异物志》云：

> 翠鸟形如燕，赤而雄曰翡，青而雌曰翠。

翡翠鸟品种很多，在中国也并不少见，彩云之南到东海之滨，长白山到甘肃，都能见到这种颜色鲜艳的小鸟。不过，从《逸周书》里仓吾国排列的位置来看，这个仓吾国恐怕就在后来的苍梧郡这个地区，而且古人一直认为翡翠鸟就是南方特产，如唐代陈子昂有诗云："翡翠巢南海，雄雌珠树林。"

另一个有意思的佐证是，广西柳州的壮族地区在春节期间有翡翠鸟舞的习俗 [1]。其道具是用竹篾编制鸟形，用绿色绸布和绒线装饰外表，表演时一人钻入翡翠鸟内，用手操纵鸟头、眼、嘴、翅膀等以表现飞翔、觅食、饮水、洗澡等动作，表演后再从鸟身

---

[1] 壮族的翡翠鸟舞起源时间不详，推测可能在明末清初，如果考虑到历史上仓吾国人对翡翠鸟的喜爱和利用，则很可能有更为久远的历史。

上拔一根"羽毛"送给主人以示新春祝愿。

翡翠鸟的羽毛鲜艳明亮，是天然的装饰品。仓吾国进贡翡翠，正是为了给西周王室提供在日常生活及祭祀仪式等盛大场合的饰品。

事实上，到清朝的时候，翡翠鸟羽仍然是宫中嫔妃们流行的时尚饰品，而玉翡翠也正是因为颜色相似才被称为翡翠的。

西周及更早时的仓吾在南岭九嶷山的南侧还是北侧不得而知，但可以肯定的是，那时的仓吾国人活动范围内有一条叫封水的河逶迤南流，林深处，美丽的翡翠鸟在阳光下闪耀着明艳的色彩。

巧的是，苍梧又称桑梧。在上海博物馆藏战国楚竹书中有一篇《容成氏》，其中有一句："桑梧之埜。"

桑梧之埜，即苍梧之野。

这就很有意思了，《淮南子·本经训》说的"禽封狶于桑林"，封狶与封水、桑林与桑梧，追根溯源，最后居然都汇集到了同一片区域。

也许这只是巧合，也许这其中就潜藏着某种隐秘消散的历史脉络和渊源呢？

苍山万年何曾老，沧海几时又桑田，往事如烟无觅，封中依稀若现。

（六）

西周初期有仓吾国见载史册，但更有名也更古早的是苍梧山，传说中虞舜就葬在这里。

苍梧之山，帝舜葬于阳，帝丹朱葬于阴。

——《山海经·海内南经》

赤水之东，有苍梧之野，舜与叔均之所葬也。

——《山海经·大荒南经》

南方苍梧之丘，苍梧之渊，其中有九嶷山，舜之所葬，在长沙零陵界中。

——《山海经·海内经》

（舜）年六十一代尧践帝位。践帝位三十九年，南巡狩，崩于苍梧之野，葬于江南九疑，是为零陵。

——《史记·五帝本纪》

这里的苍梧山，即九嶷山。

崇山峻岭中的苍梧，显然是荒僻偏远的地方，舜南巡并死在苍梧，恐怕他的南巡并非悠哉游哉。

按《史记》的说法，其时舜已经是百岁期颐之年，这个岁数南巡远游，无论如何都不是一个明智的选择。如果考虑到尧舜禹三代禅让还有另一种暴力论的可能，那这种不合时宜的南巡就可以得到合理解释——既非自愿，必是被迫，要么被大禹夺权放逐，要么无奈远遁以逃命。以百岁之躯落荒而逃，似乎也不是处于权力巅峰之人必然的选项，所以，被发配边关的可能性更大一些。

桑林苍苍青梧桐，鹤发彷徨眼朦胧。曾经号令群雄，转眼客死异乡。想来也是够凄惶的。

苍梧是帝舜时代的边陲，那苍梧地区又是何时纳入势力范围的呢？答案是尧，即《淮南子》说的"禽封豨于桑林"。

封豨和封水，苍梧和桑梧，都奇妙地聚焦到了同一片区域，照此说来，所谓封豨就是生活在南及封水、北至九嶷这片山区的部族或方国，完全和凿齿、九婴、大风一样，都是人，并非什么怪兽。

诛凿齿、杀九婴、缴大风、禽封豨，帝尧时代的扩张，武力征服的味道实在浓烈，儒家包装的三代禅让的政治寓言映衬在一片猩红的背景中，未免就显得滑稽不堪了。

征服与融合，是人类的宿命，几千年前就已经开始上演。血泪斑驳的痕迹，恰是中华文明无法抹去的序章，史籍中的扭曲遮掩，实在也算得上用心良苦吧。

帝尧时代开始的大扩张，中华大地上的古代先民或被迫或自愿地迁徙融合，随着人群的移动，故土山水的名字可能也跟着移到了新家园。如苍梧之名，在江苏也有一个。《中国古今地名大辞典》载：

> 苍梧山，在江苏灌云县东北，即云台山，《九域志》《寰宇记》皆作苍梧山，苏轼有《苍梧山诗》。《云台新志》谓明神宗时，在云台山筑三元宫，因借四川之云台山来表彰苍梧山之灵异，乃改苍梧为云台。

连云港境内的这个苍梧山的名字，就是从南方移过来的。北魏郦道元《水经注》有载：

> 东北海中有大洲，谓之郁洲，《山海经》所谓郁山在海中者也。言是山自苍梧徙此，云山上犹有南方草木。今郁州治。故崔季珪之叙《述初赋》：言郁州者，故苍梧之山也。心悦而怪之，闻其上有仙士石室也，乃往观焉。见一道人独处，休休然不谈不对，顾非己及也。

崔琰，字季珪，东汉末年名士，后来被曹操所杀。

由崔琰的赋可知，江苏的苍梧山至少在汉代就已经有了这个名字。至于具体何时得名，是秦汉之际还是尧舜时代，就难以追索了。

六、如齐观社：桑林深处云雨浓

伊尹，是中国历史上第一位有记载的贤相。他帮助商汤伐灭夏桀，是缔造大邑商的开国元老。

商汤有三个儿子，老大叫太丁，本是继承大统的太子，不幸死得比他爹还早。商汤驾崩以后，按兄终弟及的继位顺序，伊尹就先后辅佐老二外丙和老三仲壬继承王位。

所谓先后，也不过就三五年的事——很遗憾，外丙和仲壬这两兄弟都不长命。西汉司马迁《史记》有载：

> 帝外丙即位三年，崩……帝中壬即位四年，崩。

其实也不是这俩人短命，主要还是因为继位太晚，外丙加冕为王的时候已经五十有五，仲壬也不年轻了。

这样轮一圈后王位就又转回到早逝的老大太丁家，由太丁长子也就是商汤的孙子继位，长房长孙，是为太甲。

想想看，商汤、外丙、仲壬三代商王在七八年时间里相继故去，这对王权稳固肯定不是好事，偏偏这个太甲又任性乱来，《史记》的评价是"不明，暴虐，不遵汤法，乱德"。于是作为顾命大臣的伊尹就暂时摄政，把太甲发配到桐宫去给爷爷商汤守墓，闭门思过以改过自新，三年之后才又重登大宝。

改邪归正的太甲勤政修德，"诸侯咸归殷，百姓以宁"，就此成为一代明君。

伊尹呢？辅佐完太甲，人家可还健在呢，这就到商朝第五代的沃丁了。

沃丁是太甲之子。直到沃丁八年，伊尹才驾鹤西归，沃丁以天子之礼厚葬，享年超过百岁，还有种说法是 130 岁。

贤相辅明君，这是一个皆大欢喜的故事，伊尹更被尊为元圣，也就是第一个圣人，成了后世文臣所称道的楷模。

不过，历史两张嘴，还有完全不同的声音。

在一本西晋咸宁五年（279 年）因盗墓而发现的《竹书纪年》里，我们所熟知的尧舜禹三代禅让的和谐美好就变成了肌肉控制一切的篡位夺权暴力政变。

一点也不意外，伊尹放逐太甲到桐宫守墓三年的故事和所谓的禅让如出一辙，也不是那么温文尔雅，《竹书纪年》说：

> 仲壬崩，伊尹放太甲于桐，乃自立也。伊尹即位，放太甲七年。太甲潜出自桐杀伊尹，乃立其子伊陟、伊奋，命复其父之田宅而中分之。

故事的开头是一样的，太甲被放逐，但不是令其思过而是被囚禁，伊尹也不只是做摄政王，而是"自立"并"即位"；太甲也不只坐了三年冷板凳，而是在冷清清的桐宫里苦挨七年，当然更没有什么三年回归还政的热泪盈眶，实际情况是七年之后太甲逃出被囚禁的桐宫然后诛杀伊尹成功地夺回王位。

不过太甲还挺厚道，虽然杀了伊尹，但没搞株连，还让伊尹的两个儿子继承了他所有的田宅财产，哥俩对半分。

按《史记》所说，太甲是继位三年后被伊尹放逐，再三年后等他悔过自责了又被伊尹接回来，这样前后加起来也就有七年之数了，在时间上倒确实能和《竹书纪年》的记载对上。所以，不管这个王位是太甲夺回来的还是伊尹还回来的，太甲七年又重新登上王位这一点是一致的。

两种截然相反的说法都见诸史籍，到底是千古贤相还是篡位乱臣可能难得定论，但有一点是可以肯定的，伊尹对殷商的建立和发展功勋卓著，他得到了后代商王的香火祭祀就是明证。在商代甲骨文里可以看到大量记载：

丁丑卜伊尹岁三牢，兹用

——《甲骨文合集》（32791.3）

辛卯卜侑于伊尹一羌一牢

——《小屯南地甲骨》（3612.2）

癸巳□又于伊尹牛五

——《甲骨文合集》（34240.1）

乙亥贞其侑伊尹二牛

——《甲骨文合集》（33694.8）

伊尹岁十羊

——《甲骨文合集》（27655.2）

注意这些记载里提到的祭品，有三牢、五牛、十羊等，不同的祭品代表不同的规格，相应的祭祀规模和目的也各有不同，其中的三牢，指祭祀的时候牛羊猪三牲齐备，这是最高等级的一种。

事实上，伊尹不仅被后世商王所祭，甚至还获得了与殷商太祖商汤并列在一起被祭祀的资格，不难想见其地位的非比寻常。能得到殷商王室这样高规格的礼遇，就算生前之事功过参半，那也一定是功大于过。

生前位极人臣，甚至是太祖商汤的老师，如孟子所说：

> 故汤之于伊尹，学焉而后臣之，故不劳而王。

死后配祀宗庙，享有殷商王室最高规格的祭礼。伊尹的成就，可谓人生巅峰。

但奇怪的是，这样一位声名煊赫的人物，其出生却是语焉不详，成了神话一样的谜。

（一）

伊尹的出生确实就是一个神话故事。

传说有侁氏的一个女子去采桑，在桑树洞里发现了一个被遗弃的婴儿。有侁国的国君把这个捡来的孩子交给御厨抚养，之后还调查出这个弃婴的来历。

话说孩子的母亲在怀孕的时候，梦见神告诉她，如果你发现春米的石臼冒出水来，那你就赶紧往东逃命去吧，千万别回头。

果然，第二天从石臼里真的有水冒出来，于是这个母亲依神所说往东走，一气跑出去十里地，回头一看，白茫茫一片，原来住的地方全都被水淹了。

可神说了啊，千万别回头。因为她回头这么一看，自己就变成了一棵大桑树，孩子就落在了树洞里，这个孩子就是伊尹。故事见于《吕氏春秋·孝行览》：

> 有侁氏女子采桑，得婴儿于空桑之中，献之其君。

> 其君令烰人养之，察其所以然。曰："其母居伊水之上，孕，梦有神告之曰：'白出水而东走，毋顾！'明日，视白出水，告其邻，东走十里而顾，其邑尽为水，身因化为空桑。故命之曰伊尹。"
>
> 此伊尹生空桑之故也。

有没有觉得情节似曾相识？对，这和《旧约》里一个故事很相似。

上帝要毁灭索多玛和蛾摩拉这两座罪恶之城，提前告诉罗德一家去逃命，但千万别回头看。罗德的妻子忍不住回头看了一眼，结果就变成了盐柱。

故事肯定都是编的，但是，人类难以想象不存在的东西，再离奇的想象也是已知事物的组合，同样的，编故事的是人，再怎么瞎编，也会受到文化观念和风俗习惯的影响和制约，编得再离谱，也会把当时的文化背景和思想观念自觉不自觉地嵌入其中。

比如《旧约》里是变成盐柱，而伊尹的母亲是变成桑树，为什么是桑树而不是盐柱或别的什么树呢？桑树的意象承载着怎样的观念呢？

（二）

《吕氏春秋》是秦国丞相吕不韦的门客写的，但伊尹生于空桑这个故事并不是他们编的，因为《列子·天瑞》里也有，只不过没有那么多丰富的细节。

> 思士不妻而感，思女不夫而孕。后稷生乎巨迹，伊尹生乎空桑。

列子是战国时人，作为道家代表人物之一，介于老子和庄子之间。由此可见，至少在吕不韦之前一百多年，早在列子的时候就已经有了这样的传说。

如果生于空桑的故事只有伊尹这么一个孤例，做过多的推测可能都难免会有自说自话过度演绎的嫌疑。恰恰有意思的是，无独有偶，类似的故事还有很多呢。

在中国历史上，最有名的圣人莫过于孔子了，至圣先师的名号就是孔夫子的专属并传承千年直到今天。和被尊为元圣的伊尹一样，孔子的出生也是不明不白。可能你也听说过，孔子出生的时候，他爹已经是古稀之年，70多岁的人老来得子，不仅如此，更具话题性的是，故事的起点，是在苍天为盖地为席的野地里，俗称野合。

《史记·孔子世家》载：

> 纥（叔梁纥）与颜氏女野合而生孔子，祷于尼丘得孔子。

圣人由野合而生，这就让尊其为至圣先师的后代儒生们尴尬了，但有记载在先总不好直接否认，怎么办呢？于是对野合这个词的解释，就有了好几种不同说法，目的只有一个，别想歪了，此野合非彼野合。

有说野合指老少配，因为叔梁纥那时已垂垂老矣，而颜徵在只有十几岁，年龄过于悬殊不合礼仪所以叫野合。如唐司马贞《史记索隐》：

> 此云野合者，盖谓梁纥老而徵在少，非当壮室初笄之礼，故云野合，谓不合礼仪。

初笄，指15岁。

再如唐张守节《史记正义》：

> 男八月生齿，八岁毁齿，二八十六阳道通，八八六十四阳
> 道绝。女七月生齿，七岁毁齿，二七十四阴道通，七七四十
> 九阴道绝。婚姻过此者，皆为野合。

除此以外，还有说叔梁纥与颜徵在并没有正式婚约故称野合，或说两人是贵族与平民结合所以称野合，总之都是一个意思，司马迁说的野合根本不是字面意思那个野合。

为野合正名的司马贞、张守节都是唐玄宗时期的人（公元712—756年在位），距离西汉时的司马迁（生于公元前145年）已有八百年，很难说不是在以今释古或为尊者讳的掩饰托词。

所以，太史公的春秋笔法可真是留了一大悬案，相比他的斩钉截铁，后人一本正经的阐释发挥难免透出一种欲盖弥彰的味道。

更早的关于孔子身世的故事或许会透露更多线索。

汉代盛行谶纬，在《春秋纬·演孔图》中是这么说的：

> 孔子母颜氏徵在，游太冢之陂，睡梦黑帝使请己。已往，
> 梦交，语曰：汝乳必于空桑之中。觉则若感，生丘于空桑之中。

东晋干宝《三日纪》也有类似说法：

> 徵在生孔子空桑之地。

与黑帝梦交，这无疑是编造的神话，但孔子生于空桑，这不和商代贤相伊尹的出生如出一辙吗？

元圣伊尹、至圣孔子，都是生于空桑。桑的意象，必有玄机。

（三）

实际上，除了伊尹和孔子，上古传说中三皇五帝的故事也与桑有交集。

如治水的大禹，娶涂山氏女娇，在台桑结合，之后生了儿子启，即夏代开国之君夏启。

> 禹曰："……予创若时，娶于涂山，辛壬癸甲，启呱呱而泣……"
>
> ——《尚书·益稷》

> 禹之力献功，降省下土四方。焉得彼嵞山女，而通之于台桑？
>
> ——《楚辞·天问》

嵞，即涂。嵞山女，即涂山氏女娇（女娇的繁体是女嬌，有的古籍又作女憍、女趫等，应是传抄讹误）。

通，指男女交合；通于台桑，就是在台桑这个地方洞房花烛戏鸳鸯。

再往上追溯，禹的爷爷颛顼原来也和桑有关。《吕氏春秋·仲夏纪·古乐》载：

> 帝颛顼生自若水，实处空桑，乃登为帝。

禹和颛顼都是黄帝后裔，如《史记·夏本纪》载：

> 禹之父曰鲧，鲧之父曰帝颛顼，颛顼之父曰昌意，昌意之父曰黄帝。

台桑、空桑，显然与桑树有关。

　　巧的是，黄帝的正妃西陵氏称为嫘祖，被尊为中国蚕桑业的创始人，"黄帝元妃西陵氏始蚕"[1]，"嫘祖首创种桑养蚕之法，抽丝编绢之术，谏净黄帝，旨定农桑……是以尊为先蚕"[2]。后世又称其为蚕神，皇家和民间都有奉祀。

　　把以上这些故事连起来，我们会发现，从春秋时的孔子到商代的伊尹，再到夏初的大禹和五帝时代的颛顼和黄帝，除了嫘祖，全都是在讲出生，即生命的诞生。

　　桑林、空桑、台桑，桑的意象一以贯之，在悠远而不可考的历史（伊尹、孔子出生）和流于想象的上古神话（禹、颛顼出生）之间建立起一种奇妙的关联，这种内在一致性，说明一个显而易见的事实——观念和习俗代代相传。

　　是的，故事可以编得天花乱坠各种离奇，但背后却都有着一样的观念原点。而这个原点，毫无玄幻色彩，全然来自上古先民真实的生产和生活。

（四）

　　黄帝正妃嫘祖是栽桑养蚕的始祖，桑又与生命的诞生有着紧密关联，再往上追溯，还有一个更古老的女娲。

　　在中国神话里，女娲抟土造人，她是人类创生的起点。

　　人是女娲所造，其本意无非是说人皆由母亲所生，所谓女娲造人，不过就是对人以及各种动物生命繁洐现象的概括和解释。

　　不仅如此，除了人是女娲所造，乃至世间万物也都是由女娲

---

[1] 《蚕经》，见元代王祯《农书》所引。

[2] 见唐代赵蕤所题《嫘祖圣地》碑文。嫘祖被尊为蚕神，文献可考始于北周，汉代蚕神并非嫘祖，但女性形象始终如一。祭祀蚕神是古老的传统，商代甲骨文中就有祭祀蚕神的卜辞。

所创生，如东汉许慎《说文解字》所载：

> 娲，古之神圣女，化万物者也。

所谓民以食为天，对人来说，万物之中最重要的莫过于食物，于是，人的生产和食物的生产就在女娲化万物的观念中统一起来。

所以不难想象，为什么从古至今，人们对幸福生活的期望都是这么几件事，一是儿孙满堂，人丁兴旺，二是五谷丰登，六畜兴旺，再后来又演变成了财两旺。

上古先民可能曾经有过"但知有母，不知有父"的阶段，这是因为固定配偶的婚姻制度还没有形成，但未必就可以说是因为人智未开蒙昧无知，所以不明白人的孕育是由男女交媾而来，从而将女性的生育归功于莫可名状的所谓神。

比如在女娲的神话里，造人的过程就还有别的神人参与，如西汉刘安《淮南子·说林训》所说：

> 黄帝生阴阳，上骈生耳目，桑林生臂手，此女娲所以七十化也。

阴阳与耳目、臂手并列，可见这里的阴阳指的应该是性别上的男女。

同样，上骈、桑林与黄帝并列，应该是指人（神）。只不过除了黄帝，另外两个在别的古书里难觅踪影（桑林一词虽然可以说很多地方都有，但并没有人格化）。《淮南子》的说法给出一个重要提示，桑林，曾经也是和黄帝一样人格化的存在，是神。

联系前面那些空桑、台桑的故事，我们有理由说，桑林和空桑，曾经是古人祭祀求子的生殖神，而拜祭的地方，就叫桑林或桑台，或者说，因为求子祷产的仪式在桑林举行，桑林就约定俗成地成了生殖神的代名词。

屈原在《楚辞·天问》里说的台桑，"禹之力献功，降省下土四方。焉得彼嵞山女，而通之于台桑？"由上下文可知，"桑台"写作"台桑"，显然是为了与上文的"四方"押韵，所谓台桑，实即桑台。

桑林祭祀除了求子，还包括祈祷风调雨顺获得丰收，因为如上所说，人的生产和土地的生产在观念上本就是相通一体的。所谓丰产，既是指庄稼，也包括牲畜，人的繁衍自然也是题中应有之义。中文里的生产，既是生孩子，也指耕织农作，现在更扩展到一切劳动都称之为生产。

当然，这里所说的桑林祭祀可不仅仅是烧香磕头，还包括司马迁所说的野合，这一传统至少到春秋时期还有，如《墨子·明鬼》有载：

> 燕之有祖，当齐之社稷，宋之有桑林，楚之有云梦也，此男女之所属而观也。

属，即指男女交媾，"属者合也，谓男女交合也"[1]。

桑林祭是男女约会的大好时机，既有为求子而来的虔诚，自然也少不了此后的情投意合。

祭祀高禖的御祭之礼和桑林祭的目的是一样的，都是为了丰产。风调雨顺正是耕种农事所最为祈望的，所以，春天祭祀所上演的一幕幕，既是祈祷生殖之神眷顾，也是祈求农神土地神及老天爷赐予金秋的丰收。

桑林，是伊尹和孔子离奇身世的秘密，是商汤祷雨兴农的圣

---

[1] 陈梦家：《高禖郊社祖庙通考》，《清华学报》，1937 年第 3 期。

地，是供奉先祖的宗庙，是祭祀高禖和土地的社坛。

这种传统的形成，至少在殷商时代就已经有了，如《吕氏春秋·慎大览》有载：

> 武王胜殷……命封夏后之后于杞，立成汤之后于宋，以奉桑林。

封禹夏后人于杞国，立殷商后人于宋国，他们所供奉的这个桑林，无疑是宗庙的代名词。

总之，桑林的意象，寄托着人们对美好生活的向往，而子嗣繁衍与农事生产的同步和比附，不也正是"人法地，地法天"这种天人合一思想的充分体现吗？有道是：

祈雨问天时，沃土兴子嗣。

六畜五谷好播种。

且看桑林深处，春光云雨浓。

七、猰貐：文身百越葫芦瓜

《淮南子》说后羿擒杀六大怪兽，其中最让人捉摸不透的或许就是猰貐（yà yǔ），时至今日，甚至连名字都没几个人能够识读，就算想望文生义都只能一脸茫然。

寻诸典册会发现，怪兽之名确可坐实并世代相传，如李白有诗"猰貐磨牙竞人肉，驺虞不折生草茎"，与连草木都不忍践踏的仁兽驺虞比起来，磨牙霍霍竞食人肉的猰貐实在是残暴至极。

当然，它的怪兽兄弟们也不遑多让，都是暴虐残忍极不仁道的代名词，如西汉扬雄《长杨赋》有云："昔有强秦，封豕其土，窫窳其民，凿齿之徒相与摩牙而争之"，封豕、窫窳甚至都被用为动词，无道强秦之贪婪残暴简直令人咬牙切齿。

封豕，即封豨。窫窳，即猰貐，是猰貐二字的异写，音义皆同。

前文已论证封豨、凿齿、九婴、大风等其实都不是什么怪兽，而是共同生活在中华大地上的某个部族。显然，可以顺理成章地推论，所谓猰貐同样也别无二致，只不过是在族群的征服与融合过程中被胜利者异化或污名化的以讹传讹。

（一）

猰貐、窫窳，同名异写。两种写法，也就意味着两种态度。

在《淮南子》中，猰貐是被羿所杀，而羿则是奉帝尧之命行事——"尧乃使羿……上射十日而下杀猰貐"。显然，这就是战争与征服的逻辑，羿是胜利者，猰貐被杀是尧和羿的战绩和军功。

窫窳之名则见于《山海经》，虽然也被杀了，但杀窫窳的并不是羿而是贰负和危。

其次，窫窳被贰负和危所杀，其命运与猰貐被尧和羿所杀并没有什么区别。不过，对尧和羿来说，猰貐被杀堪称荣耀，而且追杀令本身就是尧发出的，但是，窫窳被贰负和危所杀就完全不同了，因为在他俩之上的帝根本没有下达这样的指令，在窫窳被杀之后，这个帝还出来主持公道对贰负和危施以惩罚。

> 贰负之臣曰危，危与贰负杀窫窳。帝乃梏之疏属之山，桎其右足，反缚两手与发，系之山上木。在开题西北。[1]

"帝乃梏之"的"之"指的是谁呢？从文意来看，起首交代"贰负之臣曰危"，这个危实际就是整段话的主角，他做了什么呢？杀窫窳，于是被帝惩罚"梏之疏属之山"。所以，从文通意顺忠于文本的角度，这个故事中被帝惩罚的应该就是贰负之臣危。

危既为人臣，则杀窫窳的主使应该是贰负。遗憾的是，贰负并不在帝的制裁清单上。虽则如此，可以肯定的是，窫窳被杀显然是违背帝意的，在帝的立场上，窫窳不该被杀。

同是被杀，但逞凶者一个胜利而归，一个罪责难逃，截然不同的两种叙事，也许透露的正是不同族群对同一事件的不同立场

---

[1] 《山海经·海内西经》。

和态度。

（二）

猰㺄被传为怪兽，究竟是何形象呢？

《尔雅·释兽第十八》：

> 猰㺄，类貙，虎爪，食人，迅走。

貙又是啥？东汉许慎《说文解字》："貙獌，似狸者。"

狸又是啥？明张自烈《正字通》："狸，野猫也。"

从这些解释来看，猰㺄是一种外形像虎豹之类的猫科动物。

同样是辞书，还有解释猰为狗的，如南朝梁《玉篇》"杂犬也"，北宋《集韵》"犬也"，北宋《广韵》"杂犬"。

猫也好狗也罢，辞书里的记载还比较正常，再来看《山海经》。

> 窫窳龙首，居弱水中，在狌狌知人名之西，其状如龙首，食人。
>
> ——《山海经·海内南经》

> 有窫窳，龙首，是食人。有青兽，人面，名是曰猩猩。
>
> ——《山海经·海内经》

> 窫窳者，蛇身人面，贰负臣所杀也。
>
> ——《山海经·海内西经》

前两则说猰㺄的特征是龙首，生活在水中，食人，后一则又说是蛇身人面，这与伏羲女娲的经典形象如出一辙。

> 又北二百里，曰少咸之山，无草木，多青碧。有兽焉，其

状如牛而赤身、人面、马足，名曰窦窳，其音如婴儿，是食
人。敦水出焉，东流注于雁门之水，其中多魳魳之鱼。食之
杀人。

——《山海经·北山经》

同样是《山海经》，这里又说猰貐外形如牛，赤身、人面、
马足。

综上所引，猰貐的外形殊难定论，或猫或狗或牛或人面或蛇
身，所谓龙首就更难想象，以我们现在所定义的史前考古中以龙
为名的出土物品来看，有陕西半坡文化的鱼形龙（公元前 5000 年
左右），有河南濮阳如鳄鱼形的蚌塑龙（公元前 4500 年左右），东
北辽河流域红山文化的 C 形龙玉器，则有人说像猪首，有人说像
马首，抑或如熊首（公元前 3500 年左右），山西陶寺遗址的蟠龙
纹则无可争议地明显是蛇的造型（公元前 2500 年左右），正所谓
鱼龙混杂、龙蛇不分。《山海经》里的猰貐龙首——史前的龙首到
底以哪个为准委实难说得很，甚至不同时期的先民对我们现在称
其为龙的那些形象是否以龙为名，恐怕也只能是各说各话。

（三）

见载于史籍的猰貐形象多变而模糊，我们不妨回到名字本身。
所谓人如其名，名字往往反映出起名者的学识和趣味，也承载着
起名者对未来的希冀和想象。所以，从猰貐这个名字入手，或许
能给我们意想不到的更多的提示。

猰貐、窦窳，去掉表示动物的偏旁"犭"和"豸"、表示穴居
的穴字头，两种写法，猰和窦的主体都是契，貐和窳则分别是俞
和瓜，契、俞、瓜。

为什么用这三个字命名？

这三个字意味着什么？

换句话说，当初之所以选用这几个字命名，或多或少都会透露出先民的真实想法。

契，初文作"㓞"，意为以刀刻纹，后来添加"大"成"契"或添加"木"成"栔"，契栔二字通用无别。

契本义为雕琢刻画，如东汉刘熙《释名·释书契》解释得很清楚："契，刻也。刻识其数也。"有诗"爰始爰谋，爰契我龟"[1]，这里的契就是"契灼其龟而卜之"。

再如我们熟悉的刻舟求剑，实即契舟求剑："楚人有涉江者，其剑自舟中坠于水，遽契其舟曰：'是吾剑之所从坠。'"[2] 后来契引申出契约、书契等含义，表示刻画的契的本义就移到了锲，所谓"锲而舍之，朽木不折。锲而不舍，金石可镂"[3]。

如前文所述，所谓怪兽凿齿其实是一种习俗和身体特征，因其不同寻常的特异性而成为具有这种习俗和特征的群体的代称，那么，有没有以契（刻画）为特征或特色的族群呢？

答案是肯定的。

（四）

"契灼其龟"是在龟甲上凿刻，如殷墟发现的大量甲骨；栔在㓞的基础上添加木字说明是在竹木材质上刻画，如春秋秦汉之际常见的竹简木牍。那么，如果直接在人的身体上刻画呢？

没错，这不就是文身嘛，《水浒传》里的九纹龙史进、花和尚

---

[1]《诗经·大雅·緜》。

[2]《吕氏春秋·察今》。

[3]《荀子·劝学篇》。

鲁智深、浪子燕青就都是满身刺青的形象，文身在现代仍然常见。

现在的文身大多出于个人意愿或社团帮派的习惯，但作为一种源远流长非常古老的技艺，文身确实曾是某些族群的传统，这就是以"断发文身"为特征的百越。

百越分布范围的地理跨度很大，如《汉书·地理志》所载，"自交趾至会稽七八千里，百越杂处，各有种姓"，也就是从江浙一带沿海南下，过福建、台湾、广东、港澳、海南、广西直到越南，长达数千里的海岸地带即是百越之乡，毗邻的安徽、江西、湖南、贵州、云南等广大地区自然也在交流和迁徙中少不了百越人的身影。

正如吕思勉先生所说"自江以南则曰越"，即长江以南的半壁江山都是历史上百越族群的活动范围。

现代考古告诉我们，百越之地史前文化星罗棋布，比之中原毫不逊色，尤其是江浙一带，从 7000 年前的河姆渡到 6000 年前的马家浜、崧泽再到 5000 年前的良渚，称其为孕育中华文明的源头之一可谓名副其实。

所谓百越，实为统称。东汉高诱说"越有百种"，即便不是实数，恐怕也有数十种之多。据民国学者罗香林的考证，至少有于越、瓯越、闽越、扬越、滇越、骆越等 17 种 [1]。

一方水土养一方人，不同的生业环境造就了百越地区明显区别于长江以北地区的习俗与文化，另一方面，分布地域如此广阔的百越族群内部其实也必然是各具特色而不可能混同如一。但是，有比较才有大同或小异，在北方人看来，奇装异服的百越民族互相之间风格迥异却又大多有着一个典型的共同特征，即"断发文

---

[1]　罗香林：《中夏系统中之百越》，独立出版社，1943 年。

身"之说，从江浙吴越到交趾越南，千里海岸，莫不如此。

如卧薪尝胆的越王勾践就是文身一族，《墨子·公孟》有载："越王勾践，剪发文身，以治其国。"

岭南地区也是，如《淮南子·原道训》有载："九嶷之南，陆事寡而水事众，于是民人劗发文身，以象鳞虫。"

再如《史记正义》引《舆地志》载："交趾，周时为骆越，秦时曰西瓯，文身断发，避龙。"

孤悬于外的海南岛同样如此，一肚皮不合时宜的苏东坡被贬到天涯海角，对文画其身的当地老乡就印象深刻，有诗为证："久安儋耳陋，日与雕题亲。"[1] 雕题就是指文身之族。

时至今日，高山、德昂、黎、壮、独龙、傣、布朗、基诺等诸多民族仍然有文身的传统。

这种习俗千年传承，其生命力可谓顽强，而这种千年不易的传统，就浸润在日常生活当中成为人们的共识乃至审美取向，如明代钱古训所撰《百夷传》就有记载："不黥足者，则众皆嗤之，曰：'妇人也，非百夷种类也。'"这样的氛围下，文身之俗能够千年相传一点也不意外。

在这些热衷于文身的百越诸族中，有一个尤为特别的存在。所谓文身，前胸到后背、腹臀及四肢都可以让人尽情发挥创意，不过，以头面部为重点区域显然不会是多数人的选择，但有这样一个部族恰恰最喜欢的就是在脸上施以文身，这就是见载史籍的"雕题"。

> 中国戎夷，五方之民，皆有其性也，不可推移。东方曰
> 夷，被发文身，有不火食者矣；南方曰蛮，雕题交趾，有不

---

[1] 北宋苏轼《和陶与殷晋安别》。

火食者矣……

如《礼记》所载，东夷有文身之俗，南蛮有雕题之好。何谓文身雕题？

东汉郑玄注："雕文，谓刻其肌以丹青涅之。"

唐孔颖达疏："雕谓刻也，题谓额也，谓以丹青雕刻其额。"

显然，雕题是文身中尤为特别的一种。

屈原在《楚辞·招魂》中也说到了雕题："魂兮归来！南方不可以止些。雕题黑齿，得人肉以祀，以其骨为醢些。"

招魂可以是为濒死或病重之人所做的巫术疗法，也可以是引导亡魂回归故里的丧葬仪式，《楚辞·招魂》更像是后者，其所招之魂可能是客死异乡的楚怀王。

如何才能让游荡在外的亡魂不要乱跑呢？招魂辞的策略其实很简单粗暴——除了故乡，东南西北哪哪都不能去。比如南方，那里的人脸是花的，牙是黑的，拿人肉当祭品，连骨头都会被磨碎化为齑粉，化外之地，凶险无比，贸然前往，万万不可啊。

注意，屈原说的"得人肉以祀"，不正与《山海经》里窫窳食人之说如出一辙吗？

（五）

再来看窫窳中的"瓜"。

瓜乃象形，其金文字形如藤蔓上的果实，本义即瓜果，又特指葫芦科的果实。

所谓葫芦，实为内涵模糊的统称，包括了外形各异的很多品种。古代有瓠（hù）、匏（páo）、壶、壶卢、蒲卢等各种称呼，称呼不同，形状不一，如北宋陆佃《埤雅》载，"长而唐上曰瓠，短颈大腹曰匏""似匏而圆曰壶"。明代李时珍《本草纲目》则记载了七种不同的葫芦：悬瓠、蒲卢、茶酒瓠、药壶卢、约腹壶、长瓠、苦壶卢。

葫芦本是普通植物，但在神话传说中有着非比寻常的地位。如多见于苗、瑶、侗、仫佬、傈僳、毛南等壮侗和苗瑶语系少数民族的大洪水后重生的传说[1]，讲的是兄妹躲藏在葫芦中得以逃生然后配婚生子，也就是在中国境内广泛分布的伏羲女娲故事，闻一多《伏羲考》就认为伏羲女娲的原型来自葫芦。

考古发现证明，早在 7000 年前的浙江地区，余姚河姆渡遗址的先民就已经种植和食用葫芦。

无巧不成书，从盛传葫芦传说的西南地区到发现最早人工种植葫芦的江浙一带，正是百越民族的栖息地。

（六）

猰和窫，都有"契"，本义为雕刻，江南百越恰好有文身之俗，更有专在额面部施以刺青的"雕题"。

窫，其中的"瓜"指的是葫芦，葫芦的种植和丰富传说恰好也在百越之地。

能说这只是巧合吗？恐怕很难。

所以，我们有理由相信，所谓怪兽猰貐或是窫窳，所指向的其实就是分布在长江以南的百越民族。

如此一来，猰貐的貐也就豁然可解了。

俞，甲骨文、金文都有，但字形所象及其本义为何都尚无定论，在数种用法中，有一种即通为"隅"，如金文不其簋："朔方犷

---

[1] 常帅：《中国葫芦故事类型研究》（硕士论文），华中师范大学，2012 年。

允（犹）广伐西俞，王令我羞追于西。"西俞若为国名，当然不应该说"广伐西俞"，既是广伐，所伐者自然是多个方国，所以，西俞实即西隅，指的是西部、西方。

猰字从"契"，指的是在身体乃至额面部刺刻图案的以文身为特征的部族。貐字从"俞"，俞读为隅，指地域较广的一个地区。所以，猰貐之名，指的就是以"断发文身"为显著特征的百越地区。

窫窳，则同时包含了文身之俗与盛行葫芦文化的两大特征，所指向的也同样是长江以南的百越地区。

至于猰貐的偏旁为"犭""豸"，就像有凿齿之俗的僚人被称为獠一样，多半是来自有着文化优越感并掌握话语权的人们对所谓边远蛮荒之地有意无意的蔑称。

相对而言，窫窳二字均从"穴"，无论是来自上古时代穴居野处的原始记忆，还是生命终点的死葬墓穴，洞穴也好，墓穴也罢，无非都是现实生活的写照，比之"犭""豸"之类明显的情感好恶，显然要更为中性。

如果猰貐是尧羿他们的叫法，那么，窫窳更有可能是百越族群的自称。正因如此，尧和羿杀猰貐等六大怪兽以后"万民皆喜，置尧以为天子"，俨然是一桩名垂千古的功名；而贰负与危杀了窫窳之后，帝的反应则是深感惋惜并插手干预施以惩罚。正因为不同族群对同一事件的情感倾向截然不同，这也就能解释，为什么猰貐和窫窳，虽然字形写法并不一样——貐和窳更是风马牛不相及，两者读音却完全相同。

如果说羿擒杀的凿齿、大风之类更可能是某个具体的部族方国，那么，猰貐则指的是疆域广阔得多的一片地区，因此，这种明显的不同，按理说应该也会在表述方式上有所区别，回到《淮南子》我们会发现，正是如此：

> 尧乃使羿诛凿齿于畴华之野，杀九婴于凶水之上，缴大风于青丘之泽，上射十日而下杀猰貐，断修蛇于洞庭，禽封豨于桑林。

凿齿在畴华之野，九婴在凶水之上，大风在青丘之泽，修蛇在洞庭，封豨在桑林，这五种怪兽各处一地，唯有猰貐不是，与"下杀猰貐"相对的是"上射十日"，完全不同于另五种怪兽都有地望位置的交代。

当我们知道猰貐所指的并非某一个部族而是一个地区的时候，这种叙述也就顺理成章了。

实际上，更进一步细想会发现，"上射十日而下杀猰貐"也不全是凌空蹈虚，其实和其他五个怪兽一样也指出了位置信息，只不过更为隐晦。

如前文所述，羿射十日的故事，实为十日太阳历被阴阳合历取代的历法变革[1]。

在以太阳为观测对象的十日历中，因为古代先民生活于北半球，所观测到的现象就是太阳始终偏在南方，天南地北的观念正是由此产生。

换句话说，太阳为中心的十日历，这个时期的人们是以太阳为天，而天则始终偏在南方，所以，"上射十日而下杀猰貐"所隐含的位置信息就是：

猰貐在南方。

南方者，百越也。

---

[1]　详见本书第一章之《后羿射日：日历月历何所来？》。

八、修蛇：三代同姓，百姓同源

凿齿獠牙，游龙妖媚。寻常九婴，豆蔻画眉。

春潮岁暖大风起，浪里猰貐，闲看惊雷。

慢卷帘，桑林深处云雨霏霏。

封豨戏溪畔，远望，故土何时归？

极目烟波八百里，窈窕不语，倩影知是谁？

五千年前，中华大地阡陌纵横，万千方国或部落如繁星般散落在东亚大陆。可以肯定的是，所谓怪兽多半子虚乌有，不过是人以群分后对彼此特征的夸张性描述乃至鄙视链的产物。湮灭在岁月长河里的是先民用血肉之躯演绎的好恶胜败与离合悲欢，分合聚散之中，开启了栖居中华大地的史前人类逐步构建文化认同继而走向联合与融合的波澜壮阔的伟大征程。

在这样的时代背景下，奉帝尧之命东征西讨一路凯歌的羿当然根本就不可能见过什么怪兽，传说中被擒杀的凿齿、九婴、大风、猰貐、封豨，无一例外都是同一片天空下耕猎有节的近邻或远邦。

显然，"断修蛇于洞庭"，所谓修蛇也绝不可能是什么怪兽。

（一）

修是何义？"长也。"[1] 修蛇，即长蛇。

不过，修的本义并非如此。"修，饰也。"[2] 修的本义乃是修饰、装饰，其他含义如修理、修习、修行、修撰等都是由修饰之修引申而来。

修是修饰，所为何来？不言而喻，美也。

从蓬头垢面到明眸皓齿是为修，从不修边幅到衣冠楚楚是为饰。换句话说，所谓修蛇，就是美貌之蛇。以美貌形容，当然不是虫蛇之蛇，是什么呢？俗谓美女蛇是也[3]。

不要奇怪蛇代表女性，因为古代民俗中蛇曾经就是女性的象征[4]。如《诗经》中就有解梦之诗说梦到蛇是生女的征兆：

> 吉梦维何？
> 维熊维罴，维虺维蛇。
> 大人占之：
> 维熊维罴，男子之祥；
> 维虺维蛇，女子之祥。[5]

在中国古代的神话传说中有人以修蛇为名吗？

---

[1]　三国魏张揖《广雅》。

[2]　《说文解字》。

[3]　游蛇科的玉斑锦蛇俗称美女蛇，因长有鲜艳花纹而得名，但其体长不过一米且无毒，显然不能胜任怪兽之称。

[4]　我们都知道亚当夏娃被逐出伊甸园是因为受到蛇的教唆偷吃了禁果，但有趣的是："在大多数闪族语言里，'Eve'（夏娃）这个词的意思就是'蛇'，甚至是'母蛇'。"（尤瓦尔·赫拉利《未来简史》）也就是说，作为人类之母的夏娃，其实就是蛇。

[5]　《诗经·小雅·斯干》。

有的，她叫修巳，传说是大禹的母亲。

> 帝禹夏后氏，母曰修巳，出行见流量贯昴，梦接意感，既而吞神珠。修巳背剖而生禹于石纽。[1]

辰龙巳蛇，在十二地支中巳属蛇，修巳亦即修蛇。

（二）

人如其名，草蛇灰线，穿越岁月长河流传至今的名字就是见证。为什么用此名而非彼名？为什么用此字而非彼字？

或许名字本身既是疑问的起点也是答案所在。

我们来看两个甲骨文字：

如图所示，这两个甲骨文字何其相似，不过就是上下颠倒而已。在甲骨文中往往字不定型，左右反写很可能是同一个字——如商代青铜器后母戊鼎出土后曾一度被称为司母戊鼎，正是因为后和司可以左右反写。

前者大头在上，是巳。后者大头朝下，是㠯。㠯，东汉许慎《说文解字》释为"从反巳"，反巳，也就是巳倒着写。

㠯是什么？以也。更准确地说，在"㠯"的基础上添加"人"即是"以"（㠯字形可简写为"厶"），后来"㠯"则完全被"以"所替代。

---

[1] 《竹书纪年》。

巳–甲骨文

《甲骨文合集》（20439、32997、33191、27893、26903、22520）

以–甲骨文

《甲骨文合集》（0022、21284、21284、43、945 正）

甲骨文中的巳和目读音并不相同（巳读如四，目读如以，同韵），可奇妙的是，这两个字不仅形似，含义也相互渗透纠缠不清，甚至就连读音也相互交叉。

我们都知道，"巳"和已经的"已"形似而难辨，事实上何止相似而已，在古文字中，"巳"和"已"根本就是同一个字。

青铜铭文即是明证。如许子钟"眉寿母（毋）巳"，吴王光鉴"往巳吊（叔）姬，虔敬乃后"，其中的毋巳、往巳的巳都应该读作已经的已，前者表示终止，"眉寿母（毋）巳"相当于万寿无疆；后者为语气助词，"往巳"相当于往矣。也就是说，已经的已原本借用巳表示，巳已本通用，后来才分化出单独的已字。

不开口的巳字也用作已经的已，这就和目（以）的读音会合了。

正因为巳已通用，所以，大禹的母亲修巳也可以写作修已

（不难想象，形近而讹，修巳也会被写作修己，自己的己 [1]。当然，这个己和巳的关系也并非仅是形似而已，详后）。

再来看甲骨文中巳字倒写的目。

目就是以，在"以"的基础上添加"女"即是姒，添加"人"即是似，姒、似都读如巳。

不仅"巳"的读音跑到了"姒"，还把巳为蛇的形象也带过去了。大禹之母是修巳，姒，则是大禹之姓，也就是夏朝的国姓。如《史记·夏本纪》所载：

> 禹于是遂即天子位，南面朝天下，国号曰夏后，姓姒氏。

大禹又是什么形象呢？《说文解字》："禹，虫也。"在青铜铭文中，这个虫就是一条蛇的形象。

禹–金文
商代且辛禹方鼎（CHANT:2111）

巳为蛇，禹姓姒，姒从以，以是目，目为巳反写，难道这都只是巧合吗？

字形和读音相似或相同当然可能只是巧合，倘若形音义三位一体，或许就更有说服力了。那么，为什么要以姒为姓呢？以姒

---

[1] 写作修巳，如汉代纬书《礼纬》："禹母脩巳，吞薏苡而生禹，因姓姒氏。"西晋皇甫谧《帝王世纪》："伯禹，夏后氏，姒姓也。父鲧，妻修巳。"写作修己，如王国维《今本竹书纪年疏证》："帝禹夏后氏，母曰修己。"南朝梁沈约《宋书·符瑞志》："帝禹有夏氏，母曰脩己。"（脩通假为修）

为姓用意何在呢？

如上所述，"目"添加"人"衍生出"以"，与此类似，如果添加"口"即为"台"。请注意，这个"台"的读音和含义都仍然是目（以），台和以，都是目的分化——此台非彼台，并非我们现在所用简化字的"台"。

"以"添加"女"为"姒"，"台"添加"女"为"始"。既然"台"就是"目/以"，那么，姒和始不就是一回事吗？

确实如此。姒和始就是同一个字的分化，用法完全相同。如已经发现的西周金文中作为姓氏的"姒"就写作"始"，如孟始鬲"孟始作宝鬲"，颂鼎"用作朕皇考龏吊、皇母龏始宝尊鼎"。

事实上，以就是目，所以，姒也可以写作姐，如北宋《集韵》："（姒）古作姐。"

姒就是始，所谓开始、始创、始祖，从无到有即为始。由此看来，开创中国王朝史的大禹以姒为姓也就一点也不奇怪了，这完全就是题中应有之义嘛。

姒者，宗族之始也，这就是为什么以姒为姓的心理背景和造字逻辑。后来秦王扫六合南面称帝就自命为始皇帝，想要昭告天下标榜万世的也正是开天辟地以来前无古人独一无二的创始地位。

始，东汉许慎《说文解字》释曰："女之初也。"虽然解释得很干脆，但还是让人不明所以。当我们搞明白从"巳""目"到"姒""始"的衍生逻辑以后就会恍然大悟，所谓"女之初"实即"母之初"——小而言之，是宗族的始祖母，如姒姓以大禹为始祖，姒姓之始自然就是大禹的母亲修巳；大而言之，是创生人类的始祖母，在中国的创世神话中，她就是我们熟知的女娲——有趣的是，在后世传说中，大禹娶妻也有名为女娲之说，如《世本》所载："禹取涂山氏女，名女娲，生启。"[1]正如伏羲女娲为夫妻一样，既然女娲为始祖母，那么，在这个故事版本中，与其配为夫妻的大禹也就相当于始祖的身份；既然大禹已经成了始祖，那么，所谓大禹之父为鲧也就大可不必存在，或者说，大禹和鲧根本就是同一个人（鲧禹同一并非臆测，《山海经》"伯禹复鲧"之说可证，详后）。

尤可注意的是，大禹和女娲配为夫妻，大禹的地位也就相当于伏羲，也就是说，在神话的诞生和衍变中，大禹和伏羲所指向的原始意象其实是相同的。

由此可见，巳为蛇的"巳"和禹姓姒的"姒"，音、形、义相互渗透如一，恐怕很难用巧合来解释，为什么要以蛇为名的内在逻辑也清晰可见。所以，我们有理由认为，巳和姒其实就是一回事，甚至很可能最初只是以巳为姓，后来才分化出姒，而原来的巳姓则转变成了形似的己姓（除了姒和己，原初的巳姓还转变成子姓，详后）。

己姓，传说其始祖为黄帝之子少昊，也就是神话中五方帝的西方白帝，又写作少皞，如宋代邓名世《古今姓氏书辨证·六止》有载："黄帝子得姓十四人，而青阳、夷鼓同为己姓。青阳，少昊氏也。"

当然，也不排除另一种可能，先有己，然后才分化出巳和姒。可以肯定的是，不论先有巳还是先有己，传说中黄帝、少昊、禹的姓氏其实是同出一源。

说到黄帝，还有一个更让人惊讶的巧合。

---

[1]《世本八种》，商务印书馆，1957 年。

在文献记载中，黄帝为姬姓几乎是众口一词，而姬字恰恰又可以写作妃，如北宋《集韵》："姬，众妾总称，或作妃、妃。"如上所述，妃也是姒的异体字，这也就意味着，姬和姒，都可以写作妃。

不难发现，姒、姬、妃、妃，其实全都出自"巳"和"目"这两个互为反写的字。

有必要指出的是，巳和已经的"已"读音不同但可以通用，巳和自己的"己"则貌似音义均不同（准确说应是读音不同但同韵）而只是形似。但事实上，巳和己同样也有着莫名的亲近关系，比如姬（妃）读如机，和自己的己完全就是同音字嘛。

少昊的己姓和大禹的姒（巳）姓同出一源，更明确的例证是由己衍生的杞姓。

杞姓，史载为大禹之后，伐纣灭商后周武王就曾找到夏禹的后裔东楼公并把他分封到了杞国，其后以国为姓即为杞姓[1]。如《史记·陈杞世家》载：

> 杞东楼公者，夏后禹之后苗裔也。殷时或封或绝。周武王克殷纣，求禹之后，得东楼公，封之于杞，以奉夏后氏祀。

己姓得之于少昊，杞字由己字衍生但杞姓为夏禹之后，夏禹则姓姒，奇怪吗？一点也不奇怪，禹的姒、少昊的己、东楼公的杞，他们所追认的共同始祖都是黄帝，而黄帝的姬姓，和姒姓一样，都可以写作妃。

---

[1]　夏末商初即有杞国，杞国为姒姓后人，如《大戴礼记·少闲》："成汤卒受天命……故乃放移夏桀……乃迁姒姓于杞。"

姬出于目，而目和巳的关系，可当真是剪不断理还乱——追根溯源，黄帝姬姓、禹姒姓及夏后裔东楼公杞姓，其实都是巳姓的分化。

有意思的是，黄帝的姬姓来源于巳字，炎帝的姜姓则貌似只与羊有关，无论如何也很难从字形上追溯到巳字，但是，正所谓无巧不成书，姜与巳同样有关系。

周人为姬姓，如伐纣的武王就叫姬发，姬姓当然是黄帝之后；周人以后稷为先祖，后稷之母为姜嫄（又作姜原），姜姓则是炎帝之后——周人可谓正经八百的炎黄子孙。周人的始祖母姜嫄又源出何处呢？有邰氏。如《史记·周本纪》载："周后稷，名弃。其母有邰氏女，曰姜原……封弃于邰，号曰后稷，别姓姬氏。"《诗经》里也有："厥初生民，时维姜嫄……载生载育，时维后稷……即有邰家室。"[1]

邰，从台从邑。上面我们说过，台本身即是金文小篆的写法，与现在所用简化字的台只是同形，古文的台与目（以）同音同义。

瞧，邰从台，台即是目，目和巳的关系，在甲骨文里互为反写。所以，在周人的故事里，姥姥家的姜姓和自家的姬姓其实也是同源的。

（三）

巳是十二地支中的第六位，在甲骨文中，其字形为大头在上的造型，除此以外，这个巳字有时也会在下面的尾巴上添加一道饰笔。

---

[1]《诗经·大雅·生民》。

巳-甲骨文

《甲骨文合集》（CHANT:1846、22484、8427）

子-甲骨文

《甲骨文篇》（CHANT:0000B、0000E、0000K、0000L、0000M、
0000O）

　　问题来了，添加饰笔以后的这个字，后来被用作"子"。但是，作为十二地支第一位的子在甲骨文中却另有写法——龣，是标准的象形字，有脑袋有头发有脚，俨如一个婴儿的象形。

　　直到西周初期，象形婴儿的子仍然在用，如1976年于陕西出土的青铜器利簋铭文记录了甲子日武王伐纣，其铭文中的子即写作象形有头发婴儿的子："珷征商，隹甲龣朝。"甲龣即甲子。武王伐纣在甲子日的清晨这一时间与传世文献《尚书·牧誓》《逸周书·世俘》的记载正好相合可以互证。

　　是的，子（龣）本来是字形颇为复杂的以婴儿为本的象形字，但在使用过程中，被巳字添加一道饰笔那个字逐渐取而代之。虽然西周初还在使用象形婴儿那个"子"，但与巳添加饰笔那个"子"曾混用，而且这种混用在殷商时代就已经存在，这也就意味着，甲骨文中的十二地支，其实曾经存在过两个巳（子）——所谓子，其实就是巳。子和巳，原本是一个字。

商代小臣艅犀尊及铭文

比如出土山东，被称为"梁山七器"之一的小臣艅犀尊，现藏美国旧金山亚洲艺术博物馆，其腹内铸有铭文，"丁子，王省夒京"，其中表示时间的"丁子"，即是"丁巳"。该器作于帝乙或帝辛时期，可知殷商时代已经将"巳"写为"子"。

嗣－金文
商代戍嗣鼎（CHANT:2708）

子巳同一，从子嗣的嗣还可以看出文字衍变的痕迹。

巳嗣同音，嗣则是一个较复杂的组合字，如上图所示，左上为册，左下为口，右上为司，右下为子（巳）。显然，这是一个会意字，册为简册典籍，口为讲授教育，嗣的本义就是把知识传承给后代，所谓传宗接代是也。

再后来，至少到西周初的时候，嗣中的子被省略，只留下了口、册和司。

嗣-金文
西周早期大盂鼎（CHANT:2837）

司是什么呢？甲骨文中司表示祀，"遍祀先公先王一周为祀"，也就是按一定顺序在不同时间祭祀列祖列宗，遍祀一周即是一年，所以，商代的"祀"既有祭祀之义也用来表示"年"。"夏曰岁，商曰祀，周曰年，唐虞曰载。"[1] 显而易见的是，祀，由巳衍生。

事实上，甲骨文、金文中的祀本来就可以直接写作巳，如春秋晚期的工吴王剑，"工吴王作元巳用"，元巳即元祀，指大祭天地之祀。"国之大事，在祀与戎"，在古代政治中，祭祀的重要性无须赘言。

司就是祀，祀就是巳，也就是说，嗣字最终保留的"司"其实来自"巳"，其读音也继承了"巳"，而嗣的子孙之义本来由"子"提供反倒被省略掉了。

司和巳在祀的意义上重合，然后我们就会发现：司左右反写即为后，巳上下反写则为㠯（以）。

后是什么？夏后氏也（夏代天子称为后，这个"后"不是现

---

[1] 《尔雅·释天》。

在将"後"简写的"后")。开创夏的是大禹，禹为姒姓。如上所述，姒，实际就是巳。

再回到甲骨文中的子。子，是殷商王室之姓。如《史记·殷本纪》载：

> 契为子姓，其后分封，以国为姓，有殷氏、来氏、宋氏、空桐氏、稚氏、北殷氏、目夷氏。

契，是殷商的祖先，传说因辅助大禹治水有功，被帝舜"封于商，赐姓子氏"[1]。

前面我们说过，由巳添加一道饰笔而成的子替代了象形婴儿的子，但请注意，殷商子姓的子正是与巳同形的这个子而不是象形婴儿那个子（麑）。

巳-甲骨文　　　　　　　子-甲骨文

如此一来就很有意思了，殷商以子为姓，子和巳曾混用，可以说是一回事——子姓即巳姓，而夏的国姓恰恰正是姒（巳），也就是说，夏禹的姒姓、殷商的子姓，其实都是由巳衍生而来。

夏商之后的周以姬为姓，姬同样与巳有着千丝万缕的联系，并将其升级成了黄帝之姓。所以，夏商周三代，顺理成章地均为黄帝后裔。

由此推测，窃以为黄帝本不姓姬，所谓黄帝姬姓很可能是周人的创造（此言黄帝之姓，并非黄帝由周人创造。早在夏商之前，

---

[1] 《尚书·汤誓》。

黄帝的概念已经产生，详见本书第三章、第四章）。

当然，为黄帝赋予姓氏，周人并非唯一，史传有载的黄帝之姓，除了姬，还有复姓的公孙、轩辕和单姓的鸿（帝鸿氏）、熊（有熊氏）、云（缙云氏）、轩（帝轩氏，实由轩辕而来）等不同说法。

由此可以得到一个推论，与其说黄帝有这么多不同的姓，不如说这些姓氏的族群都尊奉黄帝为先祖；与其说这些不同姓氏代表着各自宗族血脉的繁衍和基因上共同的始祖，不如说在历史演进中不同族群相互交流融合并构建出共同的文化记忆。

由此我们可以发现，从文字的角度追溯，夏商周三代的姒姓、子姓、姬姓竟然出乎意料地汇聚到了同一个源头——"巳"。

巳，修巳，修蛇，于是，我们又回到了怪兽寻踪的起点。

（四）

修巳是夏禹之母，在圣人无父的叙事逻辑中她可以无夫而孕，但毫无疑问，这种神话故事只能是文化和观念意义上的造说，在生物和基因层面，他肯定也必须有父亲。

追溯禹母修巳的渊源，理所当然得说到夏禹之父——鲧。

鲧，字形一望可知和鱼有关，如东汉许慎《说文解字》"鱼也"，南朝梁顾野王《玉篇》"大鱼也"。

在甲骨文、金文中，鲧从鱼从糸，就是用丝线绳索钓鱼的造型。有意思的是，鲧字读音为滚，但鲧字的部件"糸"就是"絲"（丝），而絲和巳正是同音[1]。巳为蛇，似乎鲧和蛇也有了一丝隐晦

---

[1] 鲧从糸很可能实为从孙，孙从子从糸，子如絲（丝）连绵不绝即为孙，鲧从孙并省略子形，虽则省去，其源可溯。又因子、巳曾可混用，由是可知鲧确与巳有联系。之所以省去孙的子形而留用糸，或也恰因为糸、巳同音。

的关系。

鲧–甲骨文

《甲骨文合集》（CHANT:1816、H33162A）

鲧–金文

西周鲧还鼎（CHANT:2200）、西周中期史墙盘（CHANT:10175）

传说中鲧治水九年无成，被尧殛于羽山。《山海经》里恰好有羽山："又东三百五十里，曰羽山，其下多水，其上多雨，无草木，多蝮虫。"[1]羽山的特征是"多蝮虫"。蝮虫，蝮蛇也。由此可知，鲧和蛇确实有关系。

不仅如此，在某些地方蛇甚至被称为鱼——蛇就是鱼，"南山在其东南。自此山来，虫为蛇，蛇号为鱼"[2]。

"蛇号为鱼"，有人认为应该是"蛇化为鱼"[3]。传抄讹误的可能性确实存在，但可以确定的是，晋代的郭璞看到的版本确实是"蛇号为鱼"——他的注解是："以虫为蛇，以蛇为鱼。"同样，明代黄省曾也有诗为证："结匈虫为蛇，蛇复号为鱼。一物互反覆，

---

[1] 《山海经·南山经》。

[2] 《山海经·海外南经》。

[3] 《山海经》中确实也有"蛇化为鱼"之说，《山海经·大荒西经》："有鱼偏枯，名曰鱼妇。颛顼死即复苏。风道北来，天乃大水泉，蛇乃化为鱼，是为鱼妇。颛顼死即复苏。"

彼此称名殊。"[1]

由此可知，至少晋代以下直到今天，《山海经》传本中确实就是"蛇号为鱼"。

蛇称为鱼，蛇也是鱼，这种说法，《山海经》所载并非孤证，而且并非穷乡僻壤的某个小地方所独有。事实上，蛇鱼不分，本来就是中国古代标准的动物分类法则。

中国古代将所有动物都称为虫，并分为五类：羽虫、毛虫、甲虫、鳞虫、倮虫。

有翅膀的是羽虫，如各种飞鸟；长毛的是毛虫，如狮虎猫狗；有甲壳的是甲虫，如乌龟蜗牛，甲虫又名介虫；有鳞片的是鳞虫，没错，鱼有鳞，蛇也有鳞，鱼蛇都是鳞虫；倮虫即裸虫，皮肤裸露无毛如青蛙、蚯蚓之类，当然，也包括人。

曾子曰："毛虫之精者曰麟，羽虫之精者曰凤，介虫之精者曰龟，鳞虫之精者曰龙，倮虫之精者曰圣人。"[2] 所谓四灵之说即由此而来。

鱼和蛇都是鳞虫，鳞虫之长为龙，所以，鲧死以后，有的说鲧化为黄龙[3]。

"蛇号为鱼"，鱼蛇为一类，这也就意味着以鱼为名的鲧本身就有蛇的意思。父亲鲧是蛇，母亲修巳也是蛇，难怪大禹要以蛇为名了（禹姓姒，姒同巳，巳为蛇；其次，禹字从虫，狭义的虫即指蛇，甲骨文中禹字也作蛇形）。

请注意，禹的父母鲧和修巳都是蛇，这不就是伏羲和女娲的形

---

[1] 《效陶渊明读山海经二十四首·其六》。

[2] 《大戴礼记·曾子天圆》。

[3] 《开筮》："鲧死三岁不腐，剖之以吴刀，化为黄龙也。"见《山海经·海内经》郭璞注所引。

象吗？"伏羲鳞身，女娲蛇躯"[1]，伏羲女娲都是人首蛇身的造型。

鲧字从鱼，鱼和蛇均为鳞虫，鳞虫之长为龙；其次，鲧、修巳和禹，夫妻、父子都有蛇象，连贯的逻辑告诉我们，鲧化为龙，或许正是鲧神话的初始版本。

除了鲧化为龙以外，鲧神话还有其他版本，见于史传的有鲧死后化为黄能[2]、黄熊[3]、玄鱼[4]等说法。

黄能，"能"读如"奈"，是一种鳖："鳖三足，能。"[5]

怎么又变成鳖了呢？按五虫分类，鳖属甲虫，与鱼蛇的鳞虫根本就是八竿子打不着的异类嘛。

其实是有原因的。

龙凤龟麟为四灵，是五虫当中除了人所在的倮虫之外另四类之长，而四灵当中，龙凤麟均为想象的神兽，唯有龟是人间实有之物，显然，三个神兽和一个凡胎并列，这样的设计根本不合理。换句话说，既然并列为五虫之长，那么，龟就应该和龙凤麟一样具有神性才对。

是的，确实如此。所谓甲虫之长，这个龟其实并不是肉眼凡胎之龟，《淮南子·墬形训》有载："先龙生玄鼋，玄鼋生灵龟，灵龟生庶龟，凡介者生于庶龟。"（介者即介虫，甲虫之别称）

看到了吗？龟为甲虫之长，这个龟实为玄鼋，是正经的龙子。

---

[1] 东汉王延寿《鲁灵光殿赋》，见于南朝梁《昭明文选》。

[2] 春秋《国语·晋语》："鲧违帝命，殛之于羽山，化为黄能，以入于羽渊。"《史记·夏本纪》《论衡·无形篇》《吴越春秋·越王无余外传》等皆有此说。

[3] 春秋左丘明《左传·昭公七年》："昔尧殛鲧于羽山，其神化为黄熊，以入于羽渊。"

[4] 东晋王嘉《拾遗记》卷二："尧命夏鲧治水，九载无绩，鲧自沉于羽渊，化为玄鱼。时扬须振鳞，横修波之上，见者谓之河精。"

[5] 《尔雅·释鱼》。

　　同样的逻辑，肉眼凡胎不应该和神物并列，所谓倮虫之长为圣人，圣人当然也得和龙凤龟鳞一样具有神性才合适，所以，史传有载的那些圣人，炎帝、黄帝自不必说，唐尧、虞舜、夏禹、商祖契、周祖弃，全都是无父而生[1]，汉高祖刘邦也不能免俗地要附会一个母亲"梦与神遇""见蛟龙于其上"的故事[2]。圣人无父，感天而生，其神性当然不言而喻。

　　玄鼋为龙子，龟鳖与龙建立联系后，鲧死化龙的故事自然就可以衍变成鲧死化鳖，即史传所说的黄能。

　　文字的歧义再次让故事枝蔓横生，因为能又表示像熊的一种动物，于是鲧化黄能的故事再衍变成鲧化黄熊。

　　鲧化黄龙、黄能、黄熊，为什么都是黄呢？黄，实乃黄帝之黄，鲧不管化什么，总归还得追溯到黄帝身上去——夏商周三代，均为黄帝后裔。

　　现在可以明确，以鱼为名的鲧同时隐含蛇（龙）、龟（鳖）两种形象，这就意味着，鲧的形象实为龟蛇一体。

　　蛇与龟合体，这不就是四方神中的北方之神玄冥吗?

　　玄冥，又名玄武，为北方水神、冬神。

　　鲧本身即是龟蛇合体，后来蛇的形象给了其妻修巳，鲧自己则保留了龟的形象。既然是夫妻，则意味着龟和蛇代表雌雄、男女、阴阳，也就是说，鲧原本即是阴阳俱足的混合体。

　　龟和蛇代表阴阳，东汉魏伯阳《周易参同契》有诗为证："雄不独处，雌不孤居。玄武龟蛇，纠盘相扶。"既然鲧自己就是阴阳俱足雌雄同体，那在神话叙事当中鲧生禹完全就不需要其妻修巳

---

[1]　请参阅本书第三章之《圣人无父：天命封神的政治理念》。

[2]　《史记·高祖本纪》

来帮忙，所以，夏禹的出生确实还有另一种版本——禹其实并没有什么母亲，而是鲧直接生出了禹，《山海经·海内经》载：

> 洪水滔天，鲧窃帝之息壤以堙洪水。不待帝命，帝令祝融杀鲧于羽郊。鲧复生禹。帝乃命禹卒布土以定九州。

通读《山海经》会发现，禹的出生就只有这一句没头没尾的"鲧复生禹"，因为太过简略，如何理解也就歧义丛生。

复，"往来也"[1]，本义是去了又回，来了又往。

显然，复为循环往复，那么，"鲧复生禹"其实说的并不是鲧生禹而应该是鲧化禹——禹其实就是鲧。这与鲧死化黄龙、化黄能、化黄熊等故事并没有本质区别。

如鲧死化黄龙之说，晋代郭璞引《归藏》注《山海经·海内经》："鲧死三岁不腐，剖之以吴刀，化为黄龙也。"

同样的故事，在唐代徐坚《初学记》卷二十二中鲧化黄龙却变成了鲧化为禹：

> 《归藏》曰：大副之吴刀，是用出禹。

两种说法都引用自同一本书而不同，正说明化黄龙和化禹实为等效。

由此推之，或许在最初的故事里，禹和鲧根本就不是后世所传的父子关系。

就像"黄能"歧变成"黄熊"一样，复又可以借用为腹，于是"鲧复生禹"再衍变成"鲧腹生禹"。

"复生"本为神话，用不着遵循实际的生活经验，但"腹生"

---

[1]《说文解字》。

就不一样了，回到了十月怀胎一朝临盆的现实逻辑，于是，在故事的传述中为禹的出生再找一个母亲实在是顺理成章，鲧所包含的龟和蛇两种形象就此分开成了禹的父母两个角色。

有父有母之后又到了圣人无父的故事框架，禹就只是修巳感天而生，连鲧这个爹也只是名义上的。

鲧以鱼为名，同时又隐含龟和蛇两种形象，此为龟蛇一体；分化出修巳并配成夫妻，男女合而生子，阴阳交而有万物，所以分化后的龟和蛇仍然是合体的形象，还是龟蛇一体。

龟蛇一体为玄冥，玄冥为北方之神。

为什么称为玄冥呢？

玄，"幽远也"；冥，"幽也"[1]；幽，"深远也"[2]。

究其本义，所谓玄冥，实即天高地深。

天高者，北天极为至高（诸天星宿视运动的中心）；地深者，日月西坠为至深（日月西沉落山以后在北方潜渡回到东方）。

龟蛇一体的玄冥，来自龟蛇合体的鲧，由鲧所分化的龟和蛇则代表雌雄阴阳。道生一，一生二，阴阳未分是道，分而为二成阴阳，所以，玄冥甚至还可以是道的代名词（玄冥还有多层含义，不赘）。

禹母修巳实为鲧的分化，《左传》中还有一例痕迹清晰可辨：

> 少暤氏有四叔，曰重、曰该、曰修、曰熙……使重为句芒，该为蓐收，修及熙为玄冥。[3]

---

[1] 玄冥二字释义均出于东汉许慎《说文解字》。此外，玄为"黑也"（《小尔雅》），冥为"暗也"（《广雅》），玄冥为黑暗义，同样取义于北半球观察太阳运动始终偏于南方的自然现象。

[2] 南朝梁顾野王《玉篇》。

[3] 《左传·昭公二十九年》。

句芒为东方之神，蓐收为西方之神，玄冥为北方之神。玄冥是修和熙二人的合称，显然，熙字从巳，所谓修熙也就是修巳；而沿着熙字的方向，熙嬉同音，所以大禹的母亲修巳又多了个女嬉的名字：

> 禹父鲧者，帝颛顼之后。鲧娶于有莘氏之女，名曰女嬉，年壮未孳。嬉于砥山得薏苡以天之，意若为人所感，因而妊孕。剖胁而产高密。[1]

当然了，鲧和修巳本就是阴阳同体，修和熙这俩人到底谁是鲧谁是修巳委实说不清楚，所以，鲧之妻是熙（嬉），鲧自己也可以是熙，如西晋皇甫谧所说："鲧，帝颛顼之子，字熙。"[2]

（五）

大禹之父鲧或者说大禹父母鲧和修巳以龟蛇同体之形成为北方水神玄冥。有意思的是，在传说中，鲧之子大禹创建了夏朝，如果按后世历朝历代登极称帝的惯例，鲧应该被追封为夏太祖夏始祖才对；夏之后取而代之的是殷商，而在殷商王室的先祖当中，恰好就有一位名字就叫冥，而且和鲧一样，也主管水："冥勤其官而水死。"[3] 所以传说中也有北方水神玄冥是商人先祖冥的说法。

究竟这个玄冥是鲧还是冥呢？避免冲突的最好办法就是，东汉郑玄说："冥，契六世之孙也，其官玄冥，水官也。"玄冥是官职，不失为调和之法，但不可否认的是，商人先祖的这个冥确实是以"冥"为名的，如《今本竹书纪年·夏纪·帝少康》就说冥是

---

[1] 东汉赵晔《吴越春秋》。

[2] 唐司马贞《史记索隐》。

[3] 《国语·鲁语》。

名字而并非职官名："十一年，使商侯冥治河。"也就是说，北方水神玄冥的名字其实更贴近商人先祖冥，但其形象则与夏代先祖鲧相吻合。

商人的先祖冥有个儿子叫王亥，商代世系从此开始称王，在甲骨文中，冥则被尊为高祖[1]。

亥，和玄冥一样，也指向北方 —— 在十二地支中，亥所在方位即为北（准确说是西北，天倾西北，西北为天之所在；地支子的方位则是正北，子恰好又是殷商王室的姓）。

夏的先祖鲧和商的先祖冥同时指向北方水神玄冥，类似这样的夏商交叉还有很多 —— 乃至后来的姬周也同样如此。

冥虽然被殷商王室尊为高祖，但商人所追认的始祖并不是他，而是还要上推五代的契，《诗经》中说"天命玄鸟，降而生商"，就是指契的母亲简狄吞食玄鸟蛋而有孕，在文献中契又被称为玄王[2]。玄鸟、玄王，也许在商人的意识里，所谓玄冥更应该是契。

商人始祖契，其读音为泻，但请注意，契也是契合的契，读音是弃，弃和启则同音。

启，是大禹之子，正式开启世袭家天下的夏朝；弃，则是姬周王室所追认的始祖，又称后稷。

商人的契和周人的弃，都是帝喾之子，而且周人弃的母亲是帝喾的正妃，商人契的母亲则是帝喾的次妃，当然了，在圣人无

---

[1] 传世文献中称冥，殷墟卜辞中则称为季或河（《楚辞》中也称王亥之父为季），冥、季、河或为异名同指，但也有不同意见。卜辞中称高祖的有多人，冥之子王亥也是高祖。

[2] 《诗经·商颂·长发》："玄王桓拨，受小国是达。"毛传："玄王，偰也。"郑玄笺："承黑帝而立子，故谓偰为玄王。"（偰即契）《国语·周语下》："玄王勤商，十有四世而兴。"韦昭注："玄王，契也。殷祖由玄鸟而生，汤亦水德，故曰玄王。"《荀子·成相》："契玄王，生昭明，居于砥石迁于商。十有四世，乃有天乙是成汤。"

父的叙事模式中，帝喾也只是名义上的爹。

商祖契和周祖弃都以帝喾为父，但在故事当中，弃是尧舜时的农官，契则辅助大禹治水，我们知道，鲧是在尧时代九年治水不成，所以，弃和契兄弟二人长幼之别俨然不就是鲧和禹的父子之差吗？

三代以降，周人后来居上，而且弃是帝喾的正妃所生，也就是嫡出，作为灭商兴周的胜利者，这样的编排实为情理之中。

夏启、商契、周弃，三代竟然同音，倘若按同音可通假的惯例，也就意味着夏商周三代各自世系的第一人完全同名（夏启并非严格的夏代世系第一人，但他是王朝史的第一人，商和周相继其后，并都将自己世系的始祖称以同名，商人更将夏始祖鲧的信息植入其中）。

如上所述，不仅夏商周三代之姓姒、子、姬均源出于巳，三代人名也相互交叉重合，以此推论三代故事都是向壁虚构肯定不合逻辑也不符合事实，但可以肯定的是，就像今人起名要冥思苦想或求教方家一样，古人起名也绝不可能随意，这些姓名的重合，无疑可以告诉我们，之所以如此命名，如果没有相同的文化认知实在就无法想象——这个一以继之的文化传统，也就是以历法为代表的观象制历以及仰观俯察以成卦的易经之学，中国上古神话有很大一部分其实就是基于天文和历法的故事演绎。

夏商周三代同名同姓，这一事实或许还可以成为辨析夏是否真实存在的理据。

如果说周人伪造夏以论证暴力革命伐灭前朝的合理性，这多少还有点可能性，那么，伪造夏并让自己的始祖与之同出，对商人来说既没有必要也不具备可能性——若没有夏，商就是第一个王朝，何必在自己前面编造一个子虚乌有的夏，此为没必要；周人去古未远但好歹也和夏的灭亡相距数百年，但对商人来说，灭夏与兴商在时间上完全同步，如此这般地睁眼说瞎话，再强大的舆论攻势恐怕也很难给世人洗脑，此为不可能。不必要且不可能，但商人偏偏又选择了让自己的先公始祖连名带姓地依附那个所谓的夏，如果夏真的不存在，何其怪哉！

从名字的角度辨析夏的真伪，还可以有更多证据，再举一例：北方水神为玄冥，不论这个玄冥是商人的始祖契（玄王）还是六世祖冥，商人先祖的名号都毫无疑问是直接以神为名——或者反过来，以人名封神。

玄冥是龟蛇同体的形象，这一形象来源于夏的先祖鲧，但是，不论鲧还是禹，名字中既没有这个玄冥神的丝毫痕迹，就连父子两代治水这样的信息也完全没有在名号中体现。

由此推之，似乎鲧禹之名更接近真实，而商人先公契和冥反倒更像是编造的故事了——如此编造的缘起和目的，当然是为了依附和利用此前数百年的夏文化，而之所以要融合夏文化，自然也就意味着夏的存在，不仅存在，而且在当时世人心中有着强大的认同和影响。

（六）

夏商周三代都以巳为姓，巳为蛇的形象为什么成了三代政治体共同的选择呢？

因为中国人讲述的人类起源故事是女娲造人 [1]，"女娲蛇躯"，

---

[1] 女娲是中国古代神话世系中人类繁衍的始祖，《淮南子·说林训》："黄帝生阴阳，上骈生耳目，桑林生臂手，此女娲所以七十化也。"抟土造人之说较晚出，文献中最早见于东汉应劭《风俗通》："俗说天地开辟，未有人民，女娲抟黄土作人，剧务，力不暇供，乃引绳于泥中，举以为人。故富贵者，黄土人；贫贱凡庸者，縆人也。"（北宋类书《太平御览》卷七十八所引）

中华儿女的始祖母就是人面蛇身的形象——更准确地说，女娲
（以及伏羲）其实是龙。龙的原型究竟是什么，可能会有各种不同
解读，但不论如何考据索引，龙的形象主体毫无疑问是蛇，这是
显而易见根本无须论证的事实。

女娲造人当然只是神话，但虚构的故事沉淀为代代相传的文
化基因。文化共同体的形成，正是中华文明千年传承未曾中断的
根本原因和内在动力，这种基于想象的共同记忆和认知，早在传
说中的夏时代即已发端，其后历商周两代连续传承，依附并利用
同源共祖的文化资源成为继夏之后的两代王朝开宗立国的主动性
策略选择，以蛇为姓就是一个生动的例证。夏商周三代同源创生
的造说，为春秋战国时代经历群雄争霸后走向大一统奠定了坚实
的思想基础。

所以，与其说不同姓氏代表不同宗族血缘，不如说万姓同族，
都在中华文化的场域里有着共同的根。甚至可以说，所谓姓氏，
血缘为其表，文化与认同才是核心内涵。

另一方面，女娲作为人类繁衍的始祖神，无非就是人皆由母
所生这样一个常识性经验的形象化——毕竟除了极个别特例，所
有动物也都是如此而并无区别。如此直观的现象，如此一望可知
的常识，若要说史前先民对此蒙昧不知，委实难以想象[1]；若是由
此推导出母系社会云云，也是断然不能同意的。女娲作为中国古
代神话中的始祖母，承载的正是中华儿女在文化意义上一母同胞、
同根同源的文化认同。这种认同的塑造和内化，有力地推动了民

---

[1] 同样的道理，所谓圣人无父，正因为人人皆知有其母也有其父，所以无父所
生的人才会异于常人，才会被尊为圣人，也才有资格就像龙是鳞虫之长一样，圣
人被奉为倮虫之长。所谓无父而生反映了远古的群婚时代知其母不知其父，恐怕
也只是今人的臆想。

族融合的进程。

进一步追问，各种动物如此之多，中国神话中繁衍人类的女娲又为什么是人面蛇身呢？为什么要依附蛇的形象呢？

也许是神的指示。

前言中我们从文字的角度分析过，神的本字是申，申来自闪电的象形。显而易见的是，闪电划破苍穹在天空中蜿蜒，不就像硕大无朋的长蛇吗？

不仅是形似而已，雷电的出现预示着春天的到来，春暖花开，虫蛇复苏，闪电如天上之蛇，唤醒地下潜藏的蛇，这是时间上的同步；这个时间对先民乃至现在的我们都非常重要，所谓一年之计在于春，耕种也好，采集也罢，狩猎也好，游牧也罢，不论哪种生业模式，春的意义都可谓无出其右者；再其次，春还意味着生育和繁衍，古代社会盛行的春社会男女就是开春以后从宫廷到民间都最为重要的活动。在民间话语中，春俨然就是性事的隐语。

其实本质上说，春社中祭祀土地也好，祭祀农神也罢，祈雨也好，求子也罢，目的无非丰产二字——地产之丰是风调雨顺五谷丰登，人产之丰是多子多福儿孙满堂，春天寄托着人们对丰产的美好愿望。

即便人类社会进入文明时代以前，哪怕完全还是混同于野生动物的时代，春天的到来都毫无疑问是包括人类的所有生命翘首以盼的最美好的事物。

蛇的形象（闪电）、蛇出现的时间（春天）及其对生活的意义（生产），都注定在先民的生活经验中留下深刻烙印——同样的逻辑，伴随春天的到来还有很多别的物候特征，如仲春之月"玄鸟至"[1]，玄鸟即燕子，在殷商的创始神话中就敷衍为"天命玄鸟，降而生商"的故事（当然，商人的玄鸟还有别的意涵以及更深刻的政治意义，为免枝蔓，本文不赘述）。

春天与蛇的出现如影随形，与此同时，东方七宿也开始从地平线以下渐次升起，所谓"春分而登天"[2]就是指东方青龙七宿在春天的黄昏时分见于东方，可以方便地用为辨识季节更替的标志性天象，所以，如果给东方七宿赋予一个形象，那最佳选择自然也是蛇。当然，这个蛇完全是天上的，于是被称为龙。

所以，随着神（申）的诞生，蛇（巳）自然而然就是始祖神的最佳形象。

事实上，除了看得见的蛇，在日积月累观象制历的天文实践中，日月东升西落，其运行轨迹同样有如横跨寰宇的巨蛇。

随着天文观测的发展，发现所有星宿都像日月一样东升西落必然也是早晚的事，也就是说，包括日月在内的所有星宿其运行轨迹都是蛇（龙）形，而且包括日月在内的大多数星体其蛇形轨迹都是缺失一部分的圆形（恒显圈内的星体运行轨迹为完整圆形，纬度越高，恒显圈越大）。

在史前遗址中发掘的玉器使用非闭合有缺口的造型可谓屡见不鲜，小缺口的有玉玦，大缺口以至半圆的有玉璜，红山文化的典型玉器 C 形龙同样也是。

闪电是自然现象，但由此而来的"神"不论是自然神还是更为抽象的至上神，毫无疑问都是文化的产物，与宗教和信仰有关。

唯其如此，蛇的意象才具有了无比强大的生命力，如夏商周

---

[1] 《礼记·月令》。

[2] 《说文解字》释"龙"条。

三代就在始祖命名和创生故事中不厌其烦甚至不避重复地在蛇身上做文章，《山海经》里更是一个到处都有蛇的神奇世界，及至蛇升级为龙，中国人的精神世界就有了千年不变的底色。

（七）

夏的始祖鲧以鱼为名，同时隐含龟蛇形象，继而又分化出大禹之母修巳，最后被封神成为北方水神及冬神。故事的另一面——也是更被后人所熟知的，是鲧治水九年不成并被杀。

所谓"断修蛇于洞庭"，实即传说中的鲧在尧舜时代治水失败后被"殛于羽山"这一故事的衍化。

当然了，历来有指修蛇即巴蛇之说。

如东汉高诱注《淮南子》："修蛇，大蛇也，吞象，三年而出其骨之类。"

宋人乐史《太平寰宇记》引《江源记》："昔羿屠巴蛇于洞庭，其骨若陵，故曰巴陵。"

显而易见，这些说法都出于《山海经》中"巴蛇食象"的故事：

> 巴蛇食象，三岁而出其骨，君子服之，无心腹之疾。其为蛇青黄赤黑。一曰黑蛇青首，在犀牛西。
>
> ——《山海经·海内南经》

事实上，在《山海经》中有大量蛇的存在，指认其中之一为修蛇的传说，恐怕只能是望文生义式的想当然。

巴蛇已误，再牵连到地望明确的巴人，就更加谬以千里，为免枝蔓，兹不赘述。

简而言之，倘若非要在《山海经》中找答案，那么，比起蛇食象，蛇被射被吃之类岂不与"断修蛇"的情节更为切近吗？

> 有蜮山者，有蜮民之国，桑姓，食黍，射蜮是食。有人方
> 扞弓射黄蛇，名曰蜮人。
>
> ——《山海经·大荒南经》

> 又有黑人，虎首鸟足，两手持蛇，方啗之。
>
> ——《山海经·海内经》

啗同啖，就是吃，如"日啖荔枝三百颗，不辞长作岭南人"。

比起食象的巴蛇，被射或被吃的蛇显然更符合"断修蛇"的故事情节。

最后的问题是，"断修蛇于洞庭"，洞庭何在？

现在的湖南湖北境内有洞庭湖，因湖中有洞庭山而得名，如唐李密思《湘君庙记》：

> 洞庭山，盖神仙洞府之一也，以其洞府之庭，故以是称。
> 湖名因山，自上古而然矣。昔人有立湘君祠于此山，因复谓
> 之君山。

不过，洞庭湖之名很可能晚至战国时代才有，因为在此之前这一片湖区面积宽广，大大小小多个湖泊连绵分布成湖泊群，史称云梦泽（梦，是楚地方言湖泽之义）。战国后期因泥沙沉积等原因逐渐退化，长江以北成为沼泽地带，长江以南仍是湖泊，从此云梦不再，并以山为名改称洞庭湖。此后继续不断萎缩，时至今日，古代所谓八百里洞庭已经只是传说。

《淮南子》是西汉淮南王刘安组织编撰的，如果"断修蛇于洞庭"是他们的原创，那么，说洞庭就是现在的洞庭湖自然也说得过去，倘若把故事背景上溯到唐尧时代，此洞庭非彼洞庭就是必然。

巧的是，湖南洞庭湖又别名太湖，而江苏境内的太湖之中有

两座山则名为洞庭东山、洞庭西山（又名东洞庭山、西洞庭山），也就是说，洞庭湖原来是太湖，太湖其实也是洞庭湖，如太湖名茶洞庭碧螺春就出产在这里并因为洞庭山而得名。

环太湖地区史前遗迹丰富，虽然比黄河流域出现新石器文明要晚一千多年，但从马家浜文化（距今 7500--5900 年）到崧泽文化（距今 5900—5200 年）再到良渚文化（距今 5200—4200 年）来看，古代先民曾在这一地区繁衍生息持续数千年。

良渚文化无疑是太湖流域新石器文明的巅峰，可惜盛极而衰，随之而来的衰落已非人力可以挽回。

随着海平面与地下水位的不断上升，太湖逐渐成形并向四周扩散，大量降水又无法顺畅宣泄，随之而来的就是年复一年的洪水肆虐，最终太湖面积越来越大，逐渐吞噬了滨湖而居的先民赖以生息的家园，最终先民不得不舍弃故土远走他乡。

大量考古遗迹可资佐证，如吴江胜墩、刘关圩和塘湾里遗址、梅堰袁家埭和团结村大三墩遗址、宜丰建和村北遗址、青浦果园村遗址、淀山湖遗址、无锡玉祁芦花荡等多个遗址都位于沼泽泥炭层以下[1]，数千年前水进人退的场景可谓历历在目。

环太湖地区良渚文化的衰退和同步发生的水患以及先民最终放弃故土的事实，与传说中鲧治水九年不成的故事正可遥相呼应。就此推论太湖地区是鲧治水传说的发生地和"断修蛇于洞庭"的洞庭，虽然不无可能而且窃以为可能性很大，但客观地说，还是难免有断章取义刻舟求剑之嫌。

名字本身承载着命名者据以为名的初始意涵，洞庭湖因洞庭山而得名，洞庭山又为何以洞庭为名呢？

---

[1]　陈中原、王张华:《太湖流域新石器时期：水与文化兴衰》,《科学》, 1998 年第 2 期。

洞是什么？《说文解字》："疾流也。"《玉篇》："疾流貌。又深远也。"所谓洞，也就是又深又宽的水，要么是湖，要么是海。

庭是什么？《说文解字》："宫中也。"《玉篇》："堂阶前也。"所谓庭，客厅堂屋是庭，门前院子也是庭。

洞是水，庭是院，所谓洞庭，即开门见水，以洞为庭，一片深水大湖就是前庭大院，这样的环境就是洞庭，《湘君庙记》所说的"神仙洞府"云云显然并非本义。

登临湖中小岛，极目远望，但见深水如畴烟波如碧，好似宽广无边的庭院向天边伸展，这样的岛，就可以称之为洞庭山，这样的湖，就可以称之为洞庭湖。

简而言之，湖中有岛，就是洞庭山；山前有湖，就是洞庭湖。

山湖相依就是洞庭，以此本义而言，天下洞庭何其多也，更何况沧海桑田，就像广袤的云梦泽萎缩成了洞庭湖，数千年时光中变化何其大也，想要确定指认神话中断修蛇的那个洞庭恐怕并不容易。更重要的是，作为一种文化现象，神话的诞生及其衍变原本就不必拘泥于一时一地——如鲧禹传说的发生地就有西羌、中原、东夷等不同说法，而且都能找到支撑己说的理据，真可谓大河上下皆禹迹——有相同故事流传的地区，未必一定意味着宗脉血缘的繁衍，但可以肯定的是，他们有相同的文化记忆和传承，所谓想象共同体，就在这种共同文化的构造过程中逐渐成形，原本人以群分互为他者的状态也就此逐渐走向融合。

融合的结果，就是中国。

附：上古姓氏之文字

人物	姓氏	字根	甲骨文
黄帝	姬（姞）	目	
少昊（黄帝子）	己	己	
夏禹	姒（姞）	以	
		目	
商王室	子		
周王室	姬（姞）	目	
姜原	邰	台（台=以、目）	
东楼公（禹后裔）	杞	己	
修巳（禹母）	修巳又作修己	巳	
		己	

第三章　炎黄辨谜

昔少典娶于有蟜氏，生黄帝、炎帝。

黄帝以姬水成，炎帝以姜水成。

成而异德，故黄帝为姬，炎帝为姜。

二帝用师以相济也，异德之故也。

——（春秋）《国语·晋语》

一、皇帝：是帝还是皇？

炎帝黄帝，都称为帝，但在传说的三皇五帝谱系中，炎黄二帝都摇摆不定，有时列于五帝，是帝，有时又列于三皇，是皇。

事实上，三皇和五帝这两个概念并没有统一的说法，各有多种不同解释。

三皇至少有七种组合：

1. 指燧人、伏羲、神农，出自《尚书大传》，具体作者年代不详，传说作者为秦汉之交的伏生。

2. 指伏羲、女娲、神农，出自东汉应劭《风俗通义》。

3. 指伏羲、祝融、神农，见于东汉应劭《风俗通义》，又见东汉班固《白虎通义》。

4. 指伏羲、神农、共工，见于东汉应劭《风俗通义》，又见北宋刘恕《通鉴外纪》。

5. 指伏羲、神农、黄帝，见于《尚书序》、南宋王应麟《三字经》、明代孙毂《古微书》等。

上述五种说法中都有神农（炎帝），其中一种包括黄帝。

此外还有两种组合则完全不同：

6. 指天皇、地皇、泰皇，出自西汉司马迁《史记》。秦始皇统一六国后征询自己的称呼，臣下们就曾建议叫泰皇。

7. 指天皇、地皇、人皇，见于唐司马贞《三皇本纪》。

五帝的组合也至少有五种：

1. 指太昊、炎帝、黄帝、少昊、颛顼，见于战国《吕氏春秋》。

2. 指庖牺、神农、黄帝、尧、舜，见于西汉刘向《战国策》。

3. 指黄帝、颛顼、帝喾、尧、舜，见于西汉戴德《大戴礼记》、司马迁《史记》。在成书于春秋末的《国语·鲁语》中曾说到许多上古帝王，对这五人多有赞誉，这一说法很可能就是承袭于此。

4. 指少昊、颛顼、帝喾（高辛氏）、尧、舜，出自《尚书序》，神农和黄帝都不在五帝之中，而是被列入三皇，并称分别有三坟五典传世。伏羲、神农、黄帝之书，谓之三坟，言大道也。少昊、颛顼、帝喾、唐尧、虞舜之书，谓之五典，言常道也。《尚书序》传为西汉孔安国所撰，但多认为出自后人托名之作，有争议。

5. 指黄帝、少昊、颛顼、帝喾、尧，见于北宋刘恕《通鉴外纪》。需要说明的是，刘恕在书中虽然说到三皇五帝，但实际是反对三皇五帝这种说法的，"按孔子时未有语三皇五帝，言者皆周末秦以后伪书耳"。

6. 还有一种是结合五行学说的五方上帝、五方天帝：东方青帝太昊、南方赤帝炎帝、西方白帝少昊、北方玄帝颛顼、中央黄帝轩辕。如《吕氏春秋·十二纪》载：

> 孟春之月……其帝太暤，其神句芒……
> 孟夏之月……其帝炎帝，其神祝融……
> 中央土……其帝黄帝，其神后土……

> 孟秋之月……其帝少暤，其神蓐收……
>
> 孟冬之月……其帝颛顼，其神玄冥……

五帝的六种说法中，除了一种炎帝黄帝都不在其中外，另五种都有黄帝，其中三种也包括炎帝。

各种说法纷乱不一，大可不必陷入其中考究谁对谁错，从来都是历史为现实服务，各说无非为了各有理，比如尧舜禅让是为了论证为政以德。

更明显的例子是西汉东汉之间有过一个新朝，为西汉外戚王莽所建。篡汉登基以后，王莽按历史传统，分封历代先王的后代奉祀各自的祖先，包括黄帝、少昊、颛顼、喾、尧、舜、禹、商、周、汉，顾颉刚《三皇考》说：

> 同时应封伯者三，封侯者五，封公者三，恰合三皇、五帝、三王的次序……从此可知王莽的"三皇"是黄帝、少昊、颛顼；他的"五帝"是帝喾、尧、舜、夏、殷；他的"三王"是周、汉、新。

从自己算起上述历代帝王，于是历史的必然和天命所归的意思就顺理成章，这样的追述，显然是为现实政治服务的。

可惜王莽只当了16个年头的皇帝，后来绿林军造反，短命的新朝很快就成了旧朝，篡位的骂名少不了，所谓五帝新说自然也就无人问津了。

比较以上三皇五帝的各种组合可知，三皇之中炎帝多于黄帝，但炎帝并不叫炎皇；五帝之中黄帝多于炎帝，但黄帝也可以位列三皇。皇还是帝，真个是左右摇摆，朦胧莫辨，很难说这两个名号到底谁更尊贵。

政治家的选择可能更说明问题——秦国统一天下，最后确定的称号是什么呢？始皇帝。

秦始皇之所以要把皇和帝这两个概念拧到一起，正说明在那个时代所谓的三皇五帝原本就是各说各话。三皇五帝，看起来概念好像都很清晰，细究起来内涵却难以界定——归根到底，皇也好，帝也罢，其实都差不多。既然分不清到底孰大孰尊，那干脆绑一块，这样就绝对是独一无二了。

皇和帝为什么会傻傻分不清楚呢？其实文字本身就隐藏着历史的编码。

简而言之，帝字来源于北极北斗 [1]，皇字则是太阳的化身。

皇-金文

上图所示为金文的皇字，除第一个出自商代亚窦皇方斝卣〔卣（yǒu），是一种酒器〕以外，其余出自西周早期到春秋战国。

与殷商甲骨上大量使用帝字不同，已知周代金文中帝字比较少见，相应地皇字却用得很多 [2]。西周以降，有皇天、皇祖、皇王、皇父、皇母、皇考等各种用法，屈原《离骚》《九歌》里就有西皇、东皇、上皇等。

由甲骨卜辞可见，商代武丁之后过世商王开始被称为帝，商代末期甚至有可能在世的商王也称帝。伐纣灭商以后，周天子并

---

[1] 详见本书第四章《寻找"上帝"》。

[2] 商代甲骨文中帝字多见，表示上帝、天帝，是至上神。周代多用皇字，与之相映成趣的是，商代甲骨文虽然有皇字，但辞句残损，意义不详，由此可知其时皇字的使用并不频繁。

没有延续帝的称号，但与商王过世后称帝类似，死后封帝从而位
列天帝之侧这种做法并没有消失，只不过周代不称帝而称为皇。

事实上，周代语境中"皇"的地位和名分可能还要高于殷商
的"帝"。比如三皇五帝的说法，虽然具体的人如炎帝黄帝究竟
是皇还是帝在两可之间，但至少在时间序列的安排上是皇先于帝；
又如《管子·兵法》所说："明一者皇，察道者帝，通德者王，谋
得兵胜者霸。"明一、察道、通德，似乎不好说谁更优等，但与武
力称霸比起来，显然不可同日而语，以此推之，皇、帝、王、霸
的排序，前者还是要优于后者，皇自然也应该比帝更尊贵。

皇，这个字是什么意思呢？

一说上部象火炬之形，象火光辉煌，是"煌"的初文（何琳仪、
季旭昇）。二说上部象日光放射之形，是"煌"的初文（吴大澂），
朱芳圃则认为下部是灯，上象灯光。三说上部象王之冠冕，上插有
羽毛为饰（汪荣宝）。从出土良渚玉冠饰和玉人可证，汪荣宝的说法
是正确的。[1]

良渚文化三叉形玉冠饰

---

[1] 见香港中文大学"汉语多功能字库"之"皇"字条目。

皇字上部像王冠，这种说法虽然有良渚文化的出土遗物可为凭据，但是，如果皇字只是来自皇冠，也就是出于人间的君王之象，那么，周代的皇何以具有超越殷商所称的帝的地位呢？要知道，殷商时期的帝可是高于人王的。

想想看，人王与天帝比起来，毕竟差着无数的日月星辰呢，人天之隔、人神之别，这中间的差距和文化上的禁忌，在讲究天命和君权天授的政治文化之中，周人用人王的称呼取代天帝，恐怕是行不通的。

所以，至少可以说皇这个字不太可能只是王冠的象形。

殷商时帝字用得多，但也有皇字，如上述商代的一个卣上就有（另外殷商甲骨上也有），也就是说，早在殷商时期皇和帝这两个字是并存的，皇并不是周人灭商以后才新造出来的字。

照此说来，清代吴大澂说的"上部象日光放射之形"，即皇字出于太阳，可能性或许更大一些。

问题又来了，如果皇是太阳，按理说太阳东升西落，诸天星宿居中不动的是北极星，太阳的地位应该低于北极星才对，皇又怎么会高过帝呢？

想象一下天文观测的发展过程就不难理解了。观象制历的过程中，太阳和月亮是最容易观测的，当仁不让是最重要的两个对象；而北天极和北极星的存在，绝不是抬头望天就马上能发现的，逻辑上讲，必然是在对日月及星宿的观测中，经过若干年的积累才有可能发现这一点。

所以，北极星虽然地位更尊贵，但从时间序列来讲，肯定要晚于太阳，相应地，由后发现的北极星所衍生的观念必然要晚出于由太阳引申出来的观念。

不仅如此，居中不动的北极星固然重要，但对于人类世界来说，太阳的重要性肯定又要强于北极星，毕竟四时冷暖草木荣枯都拜太阳所赐。

事实上，太阳与北极星，两者之间的这种矛盾性，正是炎黄大战这一传说的基础和原型（详后）。

由太阳和北极星衍生的皇和帝这两个字，在商代以前是帝的地位更高，伐纣灭商以后，周人并没有所谓的自贬身份称王而不称帝，反而是把更加知人冷暖的皇抬了出来。

相较于超然于人间的北极星，太阳赐予我们光和热，太阳的周年运动产生春夏秋冬，四时变化中才有了春耕和秋收，指导农时的历法也因其而产生，这是现实层面；从历史角度来说，对太阳的尊崇或许从人类诞生第一天起就已经出现，不仅中国如此，放眼世界，古代人类无不对太阳顶礼膜拜。

更重要的是，所谓北极星并非万世不变，曾被当作北极星的北斗到商周时期早就不再紧挨着北天极了；其次，即便是北极星，也并不是诸天星宿真正围绕旋转的中心，在那个中心点，即真正的北天极，其实并没有一颗能被我们看见的亮星——所谓北极星，只是非常靠近北天极而已，在不同历史时期，最靠近北天极的星宿并不固定。

由此可见，天帝本身的原型即北天极其实无形无象，北极星也好，太阳也好，各大星宿也好，都可以视为其化身——如果帝是北极星代表天帝，那么，皇是太阳也可以代表皇天。

于是，伐纣灭商以后，周代的政治语境中用与我们关系更密切对我们的生产生活更重要的太阳（皇）替换北极星（帝），偷梁换柱，自然而然。而且，周人所倡导的以德配天、敬德保民等德治民本思想，比附于普照四方的太阳似乎还更为形象和恰当呢。

当然，周人玩的这个文字游戏绝非另起炉灶，虽然用源自太阳的皇替换了帝，但两者指向的都是超然于人间的上天；尽管商周两朝对这个天的认知不完全一致，但本质上并没有区别。

再后来，这个至高无上的皇和帝又从周人的德进化成老子说的道，而对应的意象还是回到了北极星上，如孔子说的"为政以德，譬如北辰，居其所而众星共（拱）之"——北辰，就是北极星。

事实上，皇与帝二者的模棱两可，意味着北极与太阳的二元存在很可能贯穿夏商周三代。在天文观测中太阳与北极确有先后发现之分，但这种先后，是夏代之前的事情，而在三代政治中，二者并不存在线性的先后顺序。所谓天文与人文对应，北极和太阳这两个意象其实一直都存在于三代的政治语境中，其中太阳始终是人王的比附对象。

比如，被商汤伐灭的末代夏桀就是用太阳设喻，《尚书·汤誓》载夏末时人痛恨其暴虐无道，就咒骂说：浑蛋太阳你怎么不完蛋啊，我宁愿和你一起死了。

> 时日曷丧，予及汝皆亡。

日，指代的就是夏桀。

殷商时的人间之王与太阳的关系就更不用说了，历代商王的名字就是明证，如天乙、太丁、外丙、仲壬、太甲、沃丁、太庚、河亶甲、祖乙、盘庚、武丁、祖庚、祖丁、帝乙等，全都是用十天干命名，我们熟知的商纣王，就叫帝辛。

不只商王以天干为名，王妣（商王之妻）也是以天干为名，如武丁先后三位妻子就叫妣戊、妣辛和妣癸。

商王以十天干命名，十天干则本来是用于十月太阳历[1]，与太

---

[1]　参见本书第一章之《后羿射日：日历月历何所来？》。

阳的关系不言而喻。

你可能会问，商代甲骨文中很少看到皇字又作何解释呢？

其实很简单，太阳对应的是人王，北天极对应的是天帝，而甲骨文基本都是卜辞，问天求卜，所要沟通的当然只能是天帝了。

由此看来，周代不称帝而多用皇，根本就不是另起炉灶，而是夏商两代的延续，正如孔子所说"殷因于夏礼……周因于殷礼……"所不同的，是把商代的"帝／北天极"所代表的天的传统和观念更多地集中到了太阳身上，与之相应的政治理念与话术的变化，则是德治理念的完善。

至于位居诸天星宿中心的北天极以及由北天极而来的帝，也根本没有也不可能淡出时代语境，所以才会有孔子所感叹的"为政以德，譬如北辰"。

二、炎帝神农：农业文明的记忆

炎帝和黄帝，被尊为华夏民族最重要的两位祖先，其事迹可见于多种传世典籍，更在民间广泛流传。但是，炎帝和黄帝，仍然是神话与史话交相掺杂，传说或历史真假莫辨的千古谜团。

我们先来看记载中的炎帝。

炎帝的称呼很多，如神农氏、列山氏、烈山氏、厉山氏、连山氏、伊耆氏等。其中列山氏、烈山氏、厉山氏，从读音看应当是一回事，只是同名异写而已。

按《说文解字》的解释，"烈，火猛也"，如《诗经·商颂》"如火烈烈"，可见烈与炎一样，都与火有关。这个火即所谓刀耕火种的火，指秋收后或春耕前用焚烧的方式积肥或开荒（当然，对人类来说，火更重要的意义在于饮食习惯的改造，由茹毛饮血的野蛮生活过渡到了以熟食为主的文明阶段）。

所以，烈山氏、列山氏、厉山氏等称呼与神农氏基本同义，都与农业相关，说明其所在部族或其所代表的时代是依靠稼穑耕种的农业方式生存发展。

农业春种秋收，这也就意味着，神农氏所在部族是定居的，与"迁徙往来无常处"[1]的黄帝系发生冲突也就在所难免了。

事实上，农业民族与游牧民族的冲突与融合，不正是推动中国数千年来不断改朝换代最重要的一种模式吗？

连山氏，或与易经三种中的《连山》有关[2]。

易经八卦起源于天文历法，甚至最初的易经根本就是历法，历法的产生又直接源于农业生产的需要，而历法的制定来自对日月的观测，在八卦中离卦为火亦为太阳，所以，连山氏的连山[3]，炎帝的炎，更有可能都来自太阳。

伊耆氏，与祭祀有关。如《礼记·郊特牲》载：

> 天子大蜡八，伊耆氏始为蜡。

蜡，指蜡祭，为年终大祭，所谓天子大蜡八，指蜡祭的祭祀对象有八神，郑玄注：

> 先啬一，司啬二，农三，邮表畷四，猫虎五，坊六，水庸七，昆虫八。

周代时有主管祭祀之职就名为伊耆氏，如《周礼·秋官司寇》载：

> 伊耆氏，下士一人、徒二人。

> 伊耆氏掌国之大祭祀，共其杖咸。军旅，授有爵者杖，共王之齿杖。

---

[1] 《史记·五帝本纪》。

[2] 一般认为，易有三种，夏曰《连山》，商曰《归藏》，周称《周易》。

[3] 连山之名还可能与根据以年为周期的太阳在南北方向上的移动而观象制历有关，见《山海经》中东西方各七座日月出入之山。

除此以外，也有说伊耆是炎帝之姓，南宋罗泌《路史·后记三》载：

> 炎帝神农氏，姓伊耆，名轨，一曰石年……其初国伊，继国耆，故氏伊耆。

炎帝与神农两种称呼合在一起称为炎帝神农氏，在唐司马贞《三皇本纪》、北宋类书《册府元龟》、南宋罗泌《路史》等书中都是这么说的，不过，炎帝和神农最初其实是不同的两个人，如《管子·封禅》载：

> 桓公既霸，会诸侯于葵丘，而欲封禅。管仲曰："古者封泰山禅梁父者七十二家，而夷吾所记者十有二焉。昔无怀氏封泰山，禅云云；虙羲封泰山，禅云云；神农封泰山，禅云云；炎帝封泰山，禅云云；黄帝封泰山，禅亭亭……"

《管子》成书于战国秦汉之间，后由西汉刘向编定。

由《管子》的记载可知，其时炎帝与神农仍然是不同的两个人，西汉司马迁的《史记·封禅书》也采此说。

炎帝与神农合并，是西汉刘歆的手笔（刘歆为刘向之子），其《世经》载：

> 以火承木，故为炎帝；教民耕种，故天下号曰神农氏。

其后东汉班固的《汉书》承袭此说，于是，炎帝与神农就合而为一了。

炎帝故里在哪，显然是有着寻根问祖传统的我们要追问的，其用以招徕游客也无疑是引人垂涎的金字招牌，而散布各地的传说与文化遗存又足以支撑各说各话，于是，炎帝故里之争自然在所难免。

　　古籍记载、民间传说、相关遗迹、民俗活动等，各有丰富的证据支持，至少有七个地方都被认为是炎帝故里，如陕西宝鸡、甘肃天水、湖南会同、湖南炎陵、湖北随州、山西高平以及河南柘城。

　　上述各地都能找到自己是炎帝故里的立论依据，如湖南炎陵、陕西宝鸡和山西高平都有称作炎帝陵的遗迹存在，到底谁才是真的呢？

　　跳出各说各有理的纷繁理据，其实道理并不复杂，之所以在如此广阔的地域内都有炎帝的踪迹，这只能说明炎帝这一称号所代表的部族在不断迁徙（整体迁移或分支扩散），此其一；炎帝部族的文化在逐渐向外传播，此其二。

　　所以，所谓谁真谁假，实在没必要太执着。

　　事实上，如宝鸡和天水，虽然分属两个省，但实际上相距并不远，不过一两百公里而已。即便相距万里之遥，对古人来说也没什么，游牧逐水草而居，农耕迁沃土而植，这是再自然不过的事。

　　记载传说如此之多，细究下去难免见木不见林，恐怕只会是越加迷失。回到前述对炎帝不同称号的分析：神农氏、烈山氏与农业有关，连山氏与易经、历法及农业有关，伊耆氏与祭祀有关。

　　综合可知，关键是农业，炎帝系的各种记载和传说，是农耕文明的产物。

　　因为农耕的需要，天文历法发展起来，作为窥知天机的一门学问，那时的政治、宗教、祭礼、巫术等大小事务，无不与天文历法息息相关。

　　简而言之，炎帝这一称号所反映的文化，核心就在于可以安排农时的太阳历，也就是与太阳有关，而在八卦类象中火和太阳正是同属离卦，"离为火，为日"[1]。正如东汉《白虎通义·五行》说得很明白，炎帝即太阳：

> 太阳见于巳……壮盛于午……衰于未……其日丙丁者……时为夏……位在南方，其色赤，其音徵……其帝炎帝者，太阳也。

炎帝是农业文明与太阳历的集合体，他所代表的其实是一个漫长的历史时代。

道理很简单，驯化农作物种植五谷，定居农耕发明耒耜农具，饮食进步发明陶器和炊具，以及我们耳熟能详的"神农尝百草"即医药的发明与使用，诸如此类，这些所谓炎帝神农氏的功绩，毫无疑问绝非一时一地一人所能完成的。

比如水稻的种植，可追溯到一万多年前，而炎帝姜姓[2]的说法显然与羊有关，羊在中国境内的出现，目前所知最早只能到5600年前，首现于甘肃和青海一带。

所以，与其说炎帝是中华民族的始祖之一，毋宁说是上古先民中以农耕文明为代表的一个时代和族群的代名词。

---

[1]《周易·说卦》。
[2]《国语·晋语》、西晋皇甫谧《帝王世纪》等。

三、黄帝轩辕：星踪何处觅

对每个中国人来说，黄帝也是一位耳熟能详但又语焉不详的华夏始祖。

和炎帝一样，黄帝也有很多不同称呼，轩辕氏是我们比较熟悉的，此外还有如唐张守节《史记正义》所说：

> （黄帝）号曰有熊氏，又曰缙云氏，又曰帝鸿氏，亦曰帝轩氏。

这些不同称呼，或是后人不断创造附会的结果。

如缙云氏，东汉贾逵就说：

> 缙云氏，姜姓也，炎帝之苗裔，当黄帝时任缙云之官也。

这里的缙云氏是职官名，是黄帝的臣子，但族裔关系仍是炎帝之后。

上古时各代职官的命名都很有特点，太昊伏羲氏以龙纪官，炎帝神农氏以火纪官，黄帝轩辕氏以云纪官，也就是说，伏羲时的官职以龙命名，炎帝时以火命名，黄帝时则用云命名，缙云就是其中之一，如东汉应劭所说：

> 黄帝受命，有云瑞，故以云纪事也。春官为青云，夏官为缙云，秋官为白云，冬官为黑云，中官为黄云。

再如帝鸿氏，在南宋罗泌《路史·国名记》中，黄帝和帝鸿是不同的两个主体：

> 余披传记，见蛮夷之种，多帝之苗矣。若巴人之出于伏羲；玄、氐、羌、九州戎之出于炎帝；诸蛮、髦氏、党项、安息之出黄帝；百民、防风、雕头、三鳐之出帝鸿；淮夷、允戎、鸠幕、群舒之出少昊；昆吾、滇濮、欧闽、珞越之出于高阳；东胡、儋人、暴舆、吐浑之出高辛；匈奴、突厥、没鹿、无余之出夏后，曰是固有矣。缙云之子，黄帝子孙，其始不肖，以至不才，几何而不胥为夷也。

很明显，《路史》分别列出了黄帝和帝鸿的子嗣，那么自然就不可能是同一个人。

至于帝鸿究竟是谁就难说了，按《山海经·大荒东经》所载，帝鸿是帝俊之后：

> 有白民之国。帝俊生帝鸿，帝鸿生白民，白民销姓，黍食，使四鸟：豹、虎、熊、罴。

帝俊是上古神话中一个极为神秘的存在，只见于《山海经》，其后裔也很多，并说他有两位妻子叫羲和、常仪，分别生了十日和十二月。

从神话的角度说，帝俊是日月之父，是创世造物之神。

如果回到人的逻辑，前文我们曾分析过，十日和十二月实际就是太阳历和阴历，反映的是古代天文历法的观测实践，那么，这个帝俊自然就是发明了阳历和阴历的那个部族的首领或他们尊奉的先祖或天神。

黄帝传说与相关遗迹分布范围也很广，所谓黄帝故里同样是各说各有理，其出生地、建都地、陵墓所在地等涉及陕西、甘肃、山东、河北、河南、湖南、北京等多个省市。

如陕西，有说黄帝生于宝鸡，建都也在宝鸡，葬于黄陵县。

如甘肃，有说黄帝生于天水。

如山东，有说黄帝出生地和寿陵都在寿丘（即曲阜）。

如河北，涿鹿县有黄帝陵，也有说黄帝曾建都于此。传说中黄帝大战蚩尤的涿鹿之战也发生在这里。

如河南，传说和遗迹都非常密集，既有黄帝都城，也有黄帝陵，分布范围以新郑市、新密市一带为中心地区。

如湖南，有说黄帝生于长沙，葬在洞庭湖畔。

如北京，有说黄帝陵在平谷区，从地理位置看，平谷区在河北涿鹿县东偏南，两地相距也不过二百来公里。

黄帝子嗣众多，族裔兴旺，按西晋皇甫谧《帝王世纪》所说，黄帝有四个妻子：

> 元妃西陵氏女曰嫘祖，生昌意。次妃方累氏女曰女节，生青阳。次妃肜鱼氏女生夷鼓，一名苍林。次妃嫫母。

按《史记》载：

> 黄帝二十五子，其得姓者十四人。

上古传说中的少昊、颛顼、帝喾、尧、舜、鲧、禹等都是黄帝后裔，商代先祖契、周人先祖后稷（名弃）及秦氏嬴姓等也是黄帝一脉，甚至夷夏之别中被称为蛮夷之族的犬戎、北狄、南蛮

等也是黄帝之后 [1]。

除了开枝散叶并建功立业的这些有名之后，黄帝后人中也有不少不肖子孙，如《史记·五帝本纪》载：

> 昔帝鸿氏有不才子，掩义隐贼，好行凶慝，天下谓之浑沌。
>
> 少暤氏有不才子，毁信恶忠，崇饰恶言，天下谓之穷奇。
>
> 颛顼氏有不才子，不可教训，不知话言，天下谓之梼杌。
>
> 此三族世忧之。至于尧，尧未能去。
>
> 缙云氏有不才子，贪于饮食，冒于货贿，天下谓之饕餮。
>
> 天下恶之，比之三凶。舜宾于四门，乃流四凶族，迁于四裔……

浑沌、穷奇、梼杌、饕餮，是传说中的四凶，在《山海经》里的形象都是怪兽，如："穷奇，有翼能飞，便剿食人，知人言语，善蛊惑人心，喜制造战争，而厌食死人。"

当然，黄帝世系中的众多人物细究起来也有点乱，在不同史籍中说法不一，如少昊可能是黄帝之子也可能是黄帝之孙，甚至还有说黄帝是少昊之子的；帝喾可能是黄帝之孙也可能是曾孙；颛顼也是，在孙与曾孙之间；鲧则可能是黄帝之孙，也可能是曾孙，还可能是玄孙。

总之，神话里这些人设的不一致和逻辑冲突，说明一个直白的道理——编剧不是一个人。

不过，再异想天开的编剧也不可能脱离自身的文化传统和时

---

[1] 黄帝的后代白犬，《山海经》称其居北方为犬戎之祖，《路史》称其处南方为蛮人之祖。

代背景，甚至可以说，在一定意义上，一切文艺作品其实都是当代史。那么，就像炎帝的本体是太阳，黄帝的原型又是什么呢？也和我们头顶的这片星空有关系吗？

所谓传说，在口耳相传中随着时间的流变必将不断累加与变异，附会之说也在所难免，所以，陷于关于黄帝的纷繁故事当中去辨析真伪并不是追溯黄帝真相的好办法。那么，何以入手呢？

最简单又直接的途径，就是文字本身。

黄帝，何以为黄？为何以黄为名？

黄，东汉许慎《说文解字》解释说：

> 从田从炗，炗亦声。炗，古文光。

黄字从光，黄帝自然就是光帝，是光明之神。天地之间最大的光源无非太阳，所以，有学者如何新先生曾论说黄帝其实就是太阳。但是，此说谬也——或者更准确地说，不全对——因为在小篆当中黄字确实"从田从炗"，金文也勉强——这其实是文字书写中的讹变造成的，而在甲骨文中，黄字与炗字完全无涉。说不全对，是因为理由虽然找错了，答案却歪打正着地靠上了边，也就是说，黄帝确实也和太阳有关系，当然，绝不是关键所在。

黄-小篆　　　　黄-金文　　　　　　黄-甲骨文
康熙图　　　　西周智壶盖　　《甲骨文合集》(CHANT:2550、2550A)

如图所示，甲骨文中的黄字其字形构成根本没有"炗"的影子。那么，甲骨文的黄又作何解呢？

我们来看和黄字非常相似的另一个字——寅。

寅-甲骨文
《甲骨文篇》（CHANT:0000、0000A、0000B、0000C、0000D）

如图所示，寅和黄真的是有如孪生，二者主体都形如箭头一般。

事实上，甲骨文的寅字最初就是假借的矢字，后来为了区别才在中间加了个圈形的分化符号。

矢，就是箭。

矢-甲骨文
《甲骨文合集》（CHANT:2544、2544A、H0069B、#2542C）

如此一来，问题并没有解决，反倒更让人疑窦丛生乃至匪夷所思了。

黄和寅的字义风马牛不相及，为什么字形如此相似？

为什么黄寅二字都和箭有关？

为什么寅直接用矢字假借？

黄和寅与箭如何能扯上关系？

寅有恭敬的含义，作为武器的箭怎么可能用来表示温良恭俭让这一套？

寅在十二地支中表示正月，箭与正月有哪怕丝毫的关系吗？

作为一种颜色，黄色为什么受到历代宫廷王室的青睐而且千年不变？

黄色又如何与箭产生关联？

古人有什么样的观念背景做支撑才会这样造字？

这样造字用意何在？

我相信，这些问题如果得不到合理圆融的解释，就很难说抵达了黄帝的真相。

其实答案本来并不复杂，只可惜上古文化在历史进程中断代以致湮灭，以炎黄子孙自居的我们居然历千年而不识。

其实答案原本是一望可知，只要仰望星空，本来那就是摆在眼前的事实，只可惜斗转星移，所谓恒星也在时间的长河里随波逐流，此时的星空不复往昔，无字天书变了模样，黄帝也就变成了虚幻无着的传说。

那么，究竟是怎么回事呢？

少安毋躁，我们先卖个关子，答案在下一章揭晓。

四、圣人无父：天命封神的政治理念

炎帝和黄帝是什么关系呢？

见诸文字的说法是，炎黄二帝是同父同母的兄弟，此其一；或者炎帝年长于黄帝，与黄帝的先辈是同胞兄弟，此其二。

如《国语·晋语》所载为第一种兄弟之说：

> 昔少典娶于有蟜氏，生黄帝、炎帝。黄帝以姬水成，炎帝以姜水成。成而异德，故黄帝为姬，炎帝为姜。二帝用师以相济也，异德之故也。

《国语》一书作者不详，相传为春秋末年鲁国史官左丘明所撰，其成书应不晚于战国时期。

也有说少典并非人名而是族名。

晋郭璞说："诸言生者，多谓其苗裔，未必是亲所产。"

唐司马贞说："少典者，诸侯国号，非人名也。"

如南宋罗泌《路史·后纪三·禅通纪》所载即是第二种说法：

> 初少典氏取于有蟜氏，是曰安登。生子二人，一为黄帝之先，袭少典氏，一为神农，是为炎帝。

另外，在清代马骕的《绎史》中还有另一种说法：

> 炎帝者，黄帝同母异父兄弟也，各有天下之半。

虽然说法各异，但炎黄同宗是一致的，都是少典之后。

不过，虽则如此，若细究起来，炎黄二帝却根本都不是少典的血脉。因为他们的出生，都非常神异。

比如炎帝，多种文献都说是其母有感于神龙而有孕，也就是说，炎帝其实是神龙之子。

西晋皇甫谧《帝王世纪》载：

> 神农氏，姜姓也。母曰妊姒，有蟜氏之女，名女登。游于华阳，有神龙首，感女登于尚羊，生炎帝。

唐司马贞《三皇本纪》载：

> 炎帝神农氏，姜姓，母曰女登，有蟜氏之女，为少典妃，感神龙而生炎帝。

南宋罗泌《路史·后纪三·禅通纪》载：

> 炎帝神农氏……一曰石年……母安登感神于常羊，生神农于列山之石室，生而九井出焉。

母亲有感而生，如此一来，所谓少典，充其量也只是名义上的父亲而已。

黄帝的身世又是怎样的呢？成书于春秋战国时期的《竹书纪年》载：

> 黄帝轩辕氏，母曰附宝，见大电绕北斗枢星，光照郊野，感而孕，二十五月而生帝于寿丘。

西晋皇甫谧《帝王世纪》载：

> 黄帝，少典之子，姬姓也。母曰附宝，见大电光绕北斗枢星照野，感附宝而生黄帝于寿丘。

唐张守节《史记正义》的说法也差不多，只不过孕期要少一个月：

> 母曰附宝，之祁野，见大电绕北斗枢星，感而怀孕，二十四月而生黄帝于寿丘。

炎帝是感神龙而生，黄帝是感大电而孕，这就是所谓的感生神话。

除了作者不详的《国语》和《竹书纪年》，其年代可能在春秋战国时期，上述记载都见于汉代以后。

事实上，不仅炎黄二帝的出生充满神奇色彩，类似的故事还有很多。比如商周两朝的先祖，同样是以类似方式来到人间的——商祖契是简狄吞鸟蛋后有孕而生，周祖后稷是姜嫄踩了某个神秘的脚印后有孕而生。

两个故事的记载最早都见于《诗经》：

> 天命玄鸟，降而生商，宅殷土芒芒。
>
> ——《诗经·商颂·玄鸟》

> 厥初生民，时维姜嫄。生民如何？克禋克祀，以弗无子。履帝武敏歆，攸介攸止。载震载夙，载生载育，时维后稷。
>
> ——《诗经·大雅·生民》

玄鸟究竟是什么鸟，仍是一桩悬案，有说燕子的，有说乌鸦的，有说猫头鹰的，有说凤凰的，郭沫若干脆说是男性生殖器的象征。

"履帝武敏歆"，这句比较费解，通行的解释是，履为践踏，踩；帝指上帝；武是痕迹，这里指足迹；敏，通"拇"，即大拇趾；歆，是心有所感。连起来的意思，就是踩了上帝的脚印后有感而孕。

不过，《诗经》的诗句过于简略，尤其是商祖降生的"天命玄鸟，降而生商"，并没有任何细节，倘若忠于文本不做发挥，很难得出吞鸟蛋而有孕的故事。

更丰富和完整的故事可见于后来的《史记》等书。

商祖契的出生，《史记·殷本纪》载：

> 殷契，母曰简狄，有娀氏之女，为帝喾次妃。三人行浴，见玄鸟堕其卵，简狄取吞之，因孕生契。

西汉刘向《列女传》的记载更为生动：

> 契母简狄者，有娀氏之长女也。当尧之时，与其妹娣浴于玄丘之水。有玄鸟衔卵，过而坠之，五色甚好。简狄与其妹娣竞往取之。简狄得而含之，误而吞之，遂生契焉。

周祖后稷的出生在《史记》里也有记载，而且细节颇为丰富：

> 周后稷，名弃。其母有邰氏女，曰姜原。姜原为帝喾元妃。姜原出野，见巨人迹，心忻然说，欲践之，践之而身动如孕者。居期而生子，以为不祥，弃之隘巷，马牛过者皆辟不践；徙置之林中，适会山林多人，迁之；而弃渠中冰上，飞鸟以其翼覆荐之。姜原以为神，遂收养长之。初欲弃之，因名曰弃。

完整而丰富的故事情节是到汉代才编出来的吗？也不是，至少战国时期就已经有了。

上博简（上海博物馆藏战国楚竹书）[1]中释读出《子羔》一文，其中孔子就说到了商祖契和周祖后稷的感生故事。孔子说：

> 契之母，有娀氏之女也，游于央（瑶）台之上，有燕衔卵而措诸其前，取而吞之，怀三年而划于膺，生乃呼曰钦，是契也。

> 后稷之母，有邰氏之女也，游于玄咎之内，冬见芙，搴而荐之，乃见人武（如上，武即是脚印），履以祈，祷曰：帝之武，尚使（我有子，必报之）。是后稷之母也。

有意思的是，继续追溯下去我们会发现，几乎所有上古圣王都有类似的故事。

比如伏羲，是华胥踩了巨人脚印而有孕所生（周祖后稷的故事与此相同），或是有感于青虹所生。西晋皇甫谧《帝王世纪》载：

> 太昊帝庖牺氏，风姓也。燧人之世，有巨人迹出于雷泽，华胥以足履之，有娠，生伏羲于成纪。

唐司马贞《三皇本纪》载：

> 太皞庖牺氏，风姓，代燧人氏继天而王。母曰华胥，履大

---

[1]　1994年，上海博物馆先后从香港文物市场获得一批竹简（收购1200余枚，受赠497枚），经测试分析，为战国晚期楚国贵族墓葬，其年代为战国中期偏晚、后期偏早，即公元前300年左右。竹简内容以儒家类为主，兼及道家、兵家、阴阳家等，多为传世本所无或与传世本的文本多有不同。上博简非直接考古出土，原始出土时间与地点均不详，传闻来自湖北但无确证。

人迹于雷泽，而生庖牺于成纪，蛇身人首，有圣德。

东晋王嘉《拾遗记》载：

> 春皇者，庖牺之别号。所都之国，有华胥之洲，神母游其上，有青虹绕神母，久而方灭，即觉有娠，历十二年而生庖牺。

比如尧，汉代纬书《诗纬·含神雾》载：

> 庆都与赤龙合昏，生赤帝伊祁，尧也。

比如舜，《竹书纪年》载：

> 握登感枢星而生重华（重华即舜）。

东汉郑玄注《尚书纬·帝命验》：

> 舜母感枢星之精而生舜重华。

比如禹，《竹书纪年》载：

> 帝禹，夏后氏，母曰修己，出行见流星贯昴，梦接意感，既而吞神珠。修己背剖而生禹于石纽。

东汉王充《论衡·奇怪篇》载：

> 禹母吞薏苡而生禹，故夏姓曰姒。

西晋皇甫谧《帝王世纪》载：

> ……修已，见流星贯昴，又吞神珠，意感而生禹于石纽。

统一六国的秦始皇，其嬴姓祖先也同样有类似的故事，《史记·秦本纪》载：

> 秦之先，帝颛顼之苗裔孙曰女脩。女脩织，玄鸟陨卵，女
> 脩吞之，生子大业。

秦人祖先大业也是其母亲女修吞鸟蛋而生，与商祖契的故事如出一辙。

上古及夏商周历代的帝王，本来是有世系表的，如西汉戴德《大戴礼记》有《五帝德》和《帝系》两篇，《史记》里有《五帝本纪》，晋代皇甫谧《帝王世纪》则从三皇一直排到汉魏，历代帝王世系和年代都见于文本。

也就是说，三皇五帝这些人，在古书里谁是爷爷谁是爹完全可以追溯，虽然在不同书里有时候辈分会有点乱，但既然有世系传承，那么其基本逻辑还是说——这些人都是有爹的。

奇怪的是，如前文所述，炎帝、黄帝以及伏羲、尧、舜、禹、商祖契、周祖后稷等全都有母无父，他们真正的父亲都是虚无缥缈或不可思议的东西，比如巨人脚印、鸟蛋、神龙、赤龙、虹光、大虹、大电，等等。换句话说，上古帝王几乎都是有母无父，正如《春秋公羊传》所说：

> 圣人皆无父，感天而生。

这样一来就有矛盾了，一方面有世系传承，有血亲族裔关系，另一方面又圣人无父感天而生，世系传承的那个父系全都只是名义上的。

事实上，有父或无父，其实都有人主张，是由来已久而观点相左的两派。

比如《诗经》，历史上有四个版本，即鲁诗、韩诗、齐诗和毛

诗 [1]，这四家里面鲁韩齐三家都主张圣人无父，而毛诗并不同意这种说法，认为圣人也是有父的。

再比如《春秋》，《公羊传》讲无父，而《左传》就讲的是有父。

由此可见，早在春秋战国时代，圣人无父并不是唯一的权威观点。

任何观点的产生，都必然有其诉求和立论背景。那么，无父或有父，这两种观点背后的历史逻辑是什么呢？

通行的说法是，圣人无父的神话和传说，反映的是上古时期没有婚姻制度，人们群婚杂处，如《吕氏春秋》所说：

> 昔太古尝无君矣，其民聚生群处，知母不知父，无亲戚兄弟夫妇男女之别，无上下长幼之道。

知其母而不知其父，圣人的出身居然是乱来的结果，后人觉得这太辱没先人了，于是就造出履大人迹而生、吞燕卵而孕等离奇故事。

远古时期也许确实曾有过群居杂处的阶段，但圣人无父的各种传说恐怕并不能作为其例证。

据《晋书·苻健载记》载，苻健也是无父而生：

> 苻健，字建业。洪第三子也。初，母姜氏梦大罴而孕之。

大罴即大熊，《晋书》由唐代房玄龄等人合著。

两晋、南北朝、隋唐，此期的中国绝不能再说是原始社会，所谓母系社会更是绝无可能，但无父而生的离奇故事依然别无

---

[1]　毛诗由鲁国毛亨和赵国毛苌二人所辑注，故称毛诗。

二致。

当然，实事求是地说，苻健的故事并没有明确说无父而生，"梦大罴而孕"也可以理解为行房受孕的那个夜晚其母亲恰好做了这样一个梦，充其量也就是个征兆。

我们再来看苻健的侄子苻坚是怎么出生的。《晋书·苻坚载记》载：

> 苻坚，字永固……其母苟氏尝游漳水，祈子于西门豹祠，其夜梦与神交，因而有孕，十二月而生坚焉。有神光自天烛其庭。背有赤文，隐起成字，曰"草付臣又土王咸阳"，臂垂过膝，目有紫光。

这里明确说苻坚是其母梦交所生，并没他爹啥事，不仅如此，还有很多别的异象神迹。

怀孕十二月，比正常的孕期长点，似乎也并非绝无可能。

但除了孕期长，其他迹象就明明白白地昭示苻坚这孩子不是凡胎，比如出生时有神光照耀——你可以脑补舞台上的追光灯效果，比如背上有红字，比如手长过膝，比如眼冒紫光等。

说这些异象目的何在呢？背上的红字已经说明一切。

"草付臣又土王咸阳"，这是一句隐语。"草付"，草字头加付即是苻；"臣又土"，拼在一起就是繁体的坚（堅）。这句话的意思就是苻坚在咸阳称王。

其实这不就是曾经盛行于汉代的谶纬吗？目的很简单，苻坚登基称帝，这都是天意啊。

公元351年，"梦大罴而孕"的苻健（即苻坚的伯父）入据关中，称大秦天王，年号皇始，次年称帝，定都长安，国号秦，史称前秦。

公元 355 年，苻健死，其子苻生继位。

公元 357 年，苻坚发动政变，杀苻生后登基，是为前秦世祖宣昭皇帝——出生时背上的红字应验了。

苻家叔侄的故事解释了圣人无父传说的创造动因，简而言之，就是借由异象神迹以宣示政权与执政的合法性，说白了，也就是一种舆论操作手法。

再比如汉高祖刘邦的故事。《史记·高祖本纪》载：

> 父曰太公，母曰刘媪。其先刘媪尝息大泽之陂，梦与神遇。是时雷电晦冥，太公往视，则见蛟龙于其上。已而有身，遂产高祖。

我们都知道，刘邦草根出身，甚至只是个市井无赖，没承想乱世风云直登大宝。现如今江山姓了刘，布衣成了天子，自然需要一个得天下的所以然的解释，总不能赤裸裸地说什么成王败寇吧。于是，刘邦乃是蛟龙之子的故事就出现了，我们熟知的刘邦斩蛇起义说他是赤帝之后，与这里的蛟龙之说都是一样的逻辑，原因无他，只是彼时社会有这样的大众心理和舆论基础。

在《史记·三代世表》里有位褚先生说：

> 夫布衣匹夫安能无故而起王天下乎？其有天命然。

有天命者得天下，这是一套政治话术，那么，如何才能证明这个天命呢？你说有天命，总得有点神奇不可思议的东西吧。

蛟龙之子、赤帝之后，这就是刘邦有天命的佐证。

如上所述，早在春秋战国时期，就有圣人无父或有父的两派，我们再来看一段同在春秋时期的孔子的话，圣人无父的说法是为现实政治服务这一点，就更为清晰了。

上博简《子羔》一文中，孔子与子羔讨论了夏祖大禹、商祖契、周祖后稷等上古三王的出生问题，孔子也承认这三王是无父而生：

> 禹之母，有莘氏之女也，观于伊而得之，娠三年而划于背而生，生而能言，是禹也。

> 契之母，有娀氏之女也，游于央（瑶）台之上，有燕衔卵而措诸其前，取而吞之，怀三年而划于膺，生乃呼曰钦，是契也。

> 后稷之母，有邰氏之女也，游于玄咎之内，冬见芺，搴而荐之，乃见人武，履以祈，祷曰：帝之武，尚使（我有子，必报之）。是后稷之母也。

> 三王者之作也如是。

然后说到了舜，子羔问：

> （帝舜）其亦天子也钦，抑亦人子也钦？

天子，即天父之子；人子，即人父之子。也就是说，帝舜他爹是天还是人呢？

> 孔子曰："有虞氏之乐正瞽叟之子也。"

瞧，在舜的身世问题上，孔子明确说他爹是瞽叟，充其量他算个官二代（乐正指主管音乐的上古职官），并没有提无父而生的传说。

实际上舜也是有类似传说的，在春秋时期晋国史官和战国时期魏国史官所作的《竹书纪年》里就有：

> 握登感枢星而生重华（重华即舜）。

由此可见，孔子的时候其实很可能也有这样的传说，但孔子并不采信。为什么孔子要说舜是瞽叟之子而不说无父而生呢？

禹、契、后稷都是老天爷的儿子，所以他们或其子孙成为人王是天意使然，而舜并没有这样的身世，他又凭什么也能成为人王呢？

> 子羔曰："何故以得为帝？"
>
> 孔子曰："昔者而弗世也，善与善相授也，故能治天下，平万邦，使无有、小大、肥瘠辨，皆得其社稷百姓而奉守之。尧见舜之德贤，故让之。"

为什么？凭什么？不是因为有老天爷的加持顺理成章，而是因为舜是贤德之人。因为舜有贤德，所以尧要把帝位禅让给他。

显而易见，孔子与子羔这番对话说明两个问题：

首先，当时的社会舆论有普遍共识或集体无意识式的心理基础，认为人间帝王都是而且应该是有异象的，这些异象是他们之所以能登基称帝堪为人王的证明。

其次，在无父而生以论证天意和合法性的基础上，孔子提出德政，有没有天生异象不重要，关键是要有贤德，只有德才是政权合理性与合法性的前提。

所以，圣人无父感天而生的各种奇异故事实质上就是一种政治神话，这应当是比群居杂处的说法更为合理更贴近事实真相的一种可能。

事实上，所谓天意天命的意识贯穿整个人类的历史，几乎所有人都会对不可言说的现象抱有一种下意识的敬畏，即便是坚定的无神论者，恐怕也未必就对那些流于传说的神异真的无惧无畏。

诸如圣母玛利亚以处子之身有感于圣灵而生耶稣，摩耶夫人梦见白象入怀后有孕而生乔达摩·悉达多（佛祖释迦牟尼），类似这样的故事在世界范围内非常之多，其内在的敷衍逻辑和创作基础与中国的圣人无父并没有什么两样。

五、炎黄大战：从太阳到北极

上古时代有两场著名战争，一是炎黄二帝的阪泉之战，二是黄帝与蚩尤的涿鹿之战。西汉司马迁《史记》首篇《五帝本纪》就是从这两场战争开始的。

> 轩辕（黄帝）乃修德振兵，治五气，蓺五种，抚万民，度四方，教熊罴貔貅䝙虎，以与炎帝战于阪泉之野。三战，然后得其志。

> 蚩尤作乱，不用帝命。于是黄帝乃征师诸侯，与蚩尤战于涿鹿之野，遂禽杀蚩尤。而诸侯咸尊轩辕为天子，代神农氏，是为黄帝。

在后人的记述中，战争真实而惨烈，如西汉贾谊《新书》所说：

> 炎帝者，黄帝同母异父兄弟也，各有天下之半。黄帝行道而炎帝不听，故战于涿鹿之野，血流漂杵。

阪泉之战与涿鹿之战，有说就是两场战争，最后黄帝打败了炎帝和蚩尤；也有说二战实为一战，蚩尤其实就是末代炎帝（炎帝、黄帝、蚩尤三人的关系说法很多，从略）。

事实上，如果我们知道古代政治、宗教、科技等都与天文密切相关，那么，所谓炎黄大战，虽然未必能推知血肉之躯的炎帝和黄帝都是谁，但这一传说所承载的时代与文化背景却是清晰可见的。

炎，从甲骨文金文到篆隶楷，其字形保持高度一致，都是上下两把火。

甲骨文　　金文　　小篆　　隶书　　楷体

《周易·说卦》载：

> 离为火，为日。

《尚书·洪范》解释五行：

> 火曰炎上。

从天文角度看，炎帝代表的就是太阳，如东汉班固《白虎通义·五行》所说：

> 炎帝者，太阳也。

炎帝是太阳，黄帝又是什么呢？《史记》载：

> 黄帝者，少典之子，姓公孙，名曰轩辕。

黄帝又称轩辕氏，那么，苍穹之中，可有轩辕？唐张守节《史记正义》载：

轩辕十七星，在七星北。

在北斗七星旁边不远处即是轩辕十七星，是狮子座的一部分，其中最亮的是轩辕十四（狮子座 α 星），为 1 等星。

这颗轩辕十四正好位于黄道上，日月五星在年复一年的运转中都要经过这里，巴比伦称其为"国王"，波斯称其为"中心者"，西印度称其为"伟大者"。

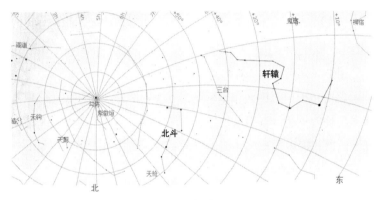

北斗七星与轩辕十七星

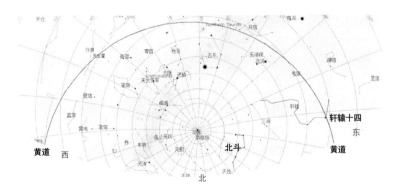

轩辕十四位于黄道上

不过，和巴比伦、波斯等将轩辕十四称为国王、中心者不同，在中国的天文体系中，其角色却是女性。如《史记·天官书》载：

> 轩辕，黄龙体。前大星，女主象；旁小星，御者后宫属。

黄龙体，意为轩辕十七星在天空中蜿蜒伸展犹如飞龙。

前大星，就是最亮的那颗轩辕十四。

女主象，即最亮的轩辕十四是后宫之主，也就是皇后。

其余较暗的那些星，就都是后宫佳丽，算是嫔妃、御女之类。

也就是说，这十七颗轩辕星并不代表轩辕黄帝，而是黄帝的后宫。

其次，就是我们熟悉的北斗七星了。

北斗七星在不同文化中被联想成不同形象，如古巴比伦将北斗七星称为货车，古埃及称为伊西斯女神之车，英国称为亚瑟王之车，阿拉伯人则称为车星，中国是将其视为帝王之车，如《史记·天官书》所载：

> 斗为帝车，运于中央，临制四乡。分阴阳，建四时，均五行，移节度，定诸纪，皆系于斗。

轩辕又是什么意思呢？东汉许慎《说文解字》载：

> 轩，曲辀藩车。

> 辕，辀也。

清代朱骏声《说文通训定声》解释得更详细：

> 大车左右两木直而平者谓之辕，小车居中一木曲而上者谓之辀，故亦曰轩辕，谓其穹隆而高也。

简而言之，轩辕就是车的意思。传说中的黄帝的功绩之一就是建舟车。

出门有车坐着巡视四方，回来有软玉温香侍候，这才是帝王的标配嘛。

显然，北斗帝车和后宫那十七颗星，其命名都源于轩辕黄帝。

答案呼之欲出，如果炎帝是太阳，那么，黄帝就是诸天星宿围绕其旋转的北天极，也就是所谓北极星。

事实上，公元前 4500 年左右，北斗七星中的开阳星还曾经被视为北极星。[1]

炎帝是太阳，黄帝是北极星，反映在天文上，就代表两种不同的宇宙观。

相较于地球公转的轨道面，地球的姿势是斜着身子，赤道平面与公转轨道面之间有一个夹角，即黄赤交角。

以太阳为参照，是黄道坐标系，如希腊天文学就用的是黄道坐标系。

以北极星为参照，正是中国古代天文所沿用的赤道坐标系。

从太阳到北极星，这种变化反映在易经中，就是先天八卦与后天八卦的区别。

先天八卦乾坤定南北，离东坎西，这是以太阳为中心的参照系。

后天八卦离坎分南北，乾为天偏居西北，这就是以北极星为参照的赤道坐标系。

在古人观天制历的过程中，随着对日月五星和各种星体的观测积累，终于发现诸天星宿有一个围绕旋转的中心，即北天极、北极星。

---

[1] 参见本书第四章之《北斗：寻找北极星》。

　　这样的新发现，在天文与政治、宗教及神权密切相关的上古时期，随之而来的必然是一场深刻的观念更新与宗教改革，与政治相关的对权力来源及合法性的解释也将引入新的理念和话术。

　　但是，这种变化绝不是简单的取代和颠覆，道理很简单，以太阳为参照并不能抛弃，因为历法的制定不可能离开它（阳历），而且太阳之于生命的意义，无须赘言。

　　最终，以北天极为中心的赤道坐标系胜出并沿用数千年，所以，炎黄大战中最后胜利的也就是黄帝。

　　后世的太极、无极等观念也是由北天极、北极星这个赤道坐标系及其宇宙观所衍生的，所以，道家尊奉黄帝并称黄老之学，也就是顺理成章的事了。

六、称帝之路：由帝而王的天文背景

公元前 221 年，齐王田建被俘，合纵六国中最后一颗钉子被拔掉，秦国升级为秦朝，秦王嬴政自封始皇帝，从此开启两千年帝制时代，秦始皇也被称为千古一帝。

始皇帝，当然就是历史上第一个皇帝了。

不过，皇帝一词根本就不是秦始皇的发明，如《尚书》《吕氏春秋》《庄子》等都有皇帝一词 —— 不过这里的皇帝实指黄帝。

比传世文献更早的也有，如西周晚期的金文里就有皇帝，见于《师訇簋》(《殷周金文集成》编号 4342)：

> 肆皇帝亡斁，临保我有周，雩四方民，亡不康静。

当然，秦始皇更不可能是第一个称帝的人。

翻开西汉司马迁的《史记》，在《五帝本纪》《夏本纪》《殷本纪》中，每一代君主都被称为帝。

如传说的五帝时代，有炎帝、黄帝、帝颛顼、帝喾、帝挚、帝尧、帝舜、帝禹。

如夏代，有夏后帝启、帝太康、帝中康、帝相、帝少康、帝予、帝槐、帝芒、帝泄、帝不降、帝扃、帝廑、帝孔甲、帝皋、帝发、帝履癸，最后这个履癸就是商汤灭夏时的末代君主夏桀。

如殷商，有帝外丙、帝中壬、帝太甲、帝沃丁、帝太庚、帝小甲、帝雍己、帝太戊、帝中丁、帝外壬、帝河亶甲、帝祖乙、帝祖辛、帝沃甲、帝祖丁、帝南庚、帝阳甲、帝盘庚、帝小辛、帝小乙、帝武丁、帝祖庚、帝甲、帝廪辛、帝庚丁、帝武乙、帝太丁、帝乙、帝辛，最后这个帝辛就是我们熟悉的商纣王。

牧野之战武王灭商以后，《史记·殷本纪》说：

> 于是周武王为天子。其后世贬帝号，号为王。

照此说来，似乎周以前的夏商两代以及再往上的传说时代都称帝，到周朝时才不再称帝而称为王。

比较流行的一种说法叫夏称后、商称帝、周称王，夏朝缺少实证暂且不说，我们来看看殷商时期的情况。

查甲骨文可知，在商代确实有大量使用帝字。如《甲骨文合集》：

> 贞今一月帝令雨
>
> 帝令雨正年
>
> 贞今三月帝不其令雨，二告
>
> 贞翌癸卯帝其令风
>
> 翌癸卯帝不令风夕雾
>
> 丁卯卜𣪊翌戊辰帝不令雨戊辰允雾

从这些记录可见，风雨雾等都得听这个帝的指挥。显然，这里的帝应该指的是天帝而不是商代的君王。也就是说，帝是超然于人间的存在，是自然神、造物主一类的概念。

这时候的帝，并不是商朝君王的称呼。

那商王们称啥呢？商王商王，当然是称王啦。那也就是说，周朝称王其实也不是什么自贬身份。

帝是天帝，这一观念到第二十三代商王的时候起了变化[1]。

小乙之后，父死子继，武丁继位，其在位时间是公元前1250—前1192年（据夏商周断代工程），史称武丁盛世。

武丁一代，父王小乙就开始被称为帝，卜辞中武丁称其为父乙帝（指父亲小乙）。

从此以后，类似的称呼就一代传一代，帝丁（指父亲武丁）、帝甲（指父亲祖甲）、父乙帝（指父亲康丁）等都可见于甲骨卜辞。

甚至到周朝的时候，所谓周代称王而不称帝也不尽然，如西周晚期金文就有称"帝考"（见于仲师父鼎、窑鼎）。考指父亲，所谓帝考，与商代时所说的帝丁、帝甲一样，都是对已逝父王的尊称。

武丁一代起，逝去的先王开始被尊称为帝，从此天上的帝与人间的王变得更为亲近。再下一步，就该活人称帝了。

商朝最后两个王称为帝乙、帝辛（商纣王），如《新收殷周青铜器铭文暨器影汇编》载：

> 乙未，王宾文武帝乙肜日，自阑偁，王返入阑，王赏版贝，用作父丁宝尊彝，在五月，惟王廿祀又二。

---

[1]　高明：《从甲骨文中所见王与帝的实质看商代社会》，《高明论著选集》，科学出版社，2001年。

文武帝乙即纣王之父。肜，是商代祭祀之名，指祭祀之后第二天又进行的祭祀，肜日即肜祭之日[1]。

从这段金文来看，末代商王时仍然是将已逝父王称为帝，自己仍然是称王。

再如于省吾主编《甲骨文字诂林》就认为整个商代都没有活人称帝的：

> 卜辞帝指天帝，并非王天下之号。至于帝乙、帝甲、文武帝之帝，乃人主死后之尊称，所谓德配彼天。直至乙、辛卜辞，殷统治者均自称王，毫无例外。人王而生称帝，当自晚周始。

有据可查的活人称帝，要到战国时代。

春秋以降，礼崩乐坏，地方诸侯坐大了，不拿周天子当回事。

秦惠文公四年（公元前334年），秦国开始称王，改称秦惠文王。当然其他国家也没闲着，后来都陆续给自己封王，公、侯、伯、子、男那一套被抛弃了。

又过了几十年，秦和齐已经是分处东西的两大强国，战国七雄都是王，实力雄厚的秦国就琢磨要称帝了。

秦昭襄王十九年（公元前288年），秦王派魏冉找齐闵王商量，齐国在东，你当东帝，我在西，称西帝。

齐闵王自然不愿得罪秦昭襄王，就同意了，于是，活人称帝就此开始。《史记·穰侯列传》载：

> 太史公曰：穰侯，昭王亲舅也，而秦所以东益地，弱诸侯，尝称帝于天下，天下皆西乡稽首者，穰侯之功也。

---

[1] 《尔雅》："绎，又祭也。周曰绎，商曰肜，夏曰复胙。"

穰侯就是出使齐国劝齐王称东帝的魏冉。

不过，这事很快就被搞六国合纵的苏秦搅黄了，齐闵王宣布不称帝，并与赵、燕、韩、魏等国结成抗秦统一战线。

齐国不称帝，大概是受制于舆论压力，随后秦国也就宣布放弃帝号。《史记·六国年表》载：

> （秦）十月为帝，十二月复为王……（齐）为东帝二月，复为王。

这是第一次称帝，以失败告终。

又过二十几年，到秦昭襄王四十八年（公元前259年），秦国还没忘称帝这回事。

趁着秦军包围赵国邯郸，邻居魏国想救赵国又不敢救，秦国就派人去找魏国，说你带个头，割地臣服承认我称帝。

此时的秦国虽说是战国争霸中的超级大国，但想称个帝也不是自导自演地弄个黄袍加身就行。

魏国很纠结，但最终还是没答应，信陵君魏公子无忌又盗取兵符发兵救赵，决心要跟秦国干仗，于是秦国撤兵，逼魏国承认秦国称帝这事就又黄了。

再过三十八年，秦始皇才正式称帝。

由此可见，有商一代都尊奉相当于至上神的帝，但直到帝辛（商纣王）鹿台自焚，并没有在世商王自称帝的记载。

到战国时期，秦国一直惦记着称帝，但直到秦始皇兼并六国后才自封为皇帝。

殷商甲骨中有大量的帝字，说明帝这一观念至少在商代已经很成熟，但是，对后人来说，时至今日仍然对这个帝字莫衷一是。

检点众家之论，至少有以下几种不同含义。

其一，最通俗的说法是帝即蒂，也就是花蒂，其字形也有如花蒂。如郭沫若《先秦天道观之进展》：

> （帝字）这是花蒂的象形文，象有花萼、有子房、有残余的雌雄蕊，故而可以断言帝字就是蒂字的初文。

其二，帝是超脱人间的天帝、上帝，世间的风雨雷电、阴晴旱涝乃至祸福寿夭都是帝决定的。帝拥有至高无上的地位，即使人间君王也必须俯首称臣。如前文所说，从甲骨卜辞看，商朝从武丁一代才开始将过世先王称为帝，在此之前的帝就都是这种性质。

武丁之后，帝又多了一层含义，成为对先王的尊称，换句话说，通过去世的先王，天帝与人间君王有了更亲近的关系；或者说，人间君王与天帝的距离更近了。从君权神授、受命于天的角度看，武丁一代起称先王为帝，也就意味着神权的收缩和王权的扩张。

其三，指我们最熟悉的帝王的帝，如东汉许慎《说文解字》解释为"王天下之号"。远了不好讲，至少秦始皇的始皇帝肯定是这个意思。

其四，与祭祀有关。祭天要架木烧柴，这个柴堆的形象就是帝的字形来源，与此同时，这种祭礼也称为帝（禘），如徐中舒《甲骨文字典》：

> 象架木或束木燔以祭天之形，为禘之初文，后由祭天引申为天帝之帝及商王称号。

另有一说与此类似，认为祭天时要制作草编人偶，这个有头有身的人偶形象就是帝字的来源[1]。

以上几种说法各有不同，但显然是有共性的：

对人间来说，帝可以号令天下，有万人之上的地位。

对天地来说，帝是至高无上的存在，其意志能支配万物。

即便花蒂说，其潜台词也有类似之处，因为对草木而言，能否顺利地开花结果，花蒂起着决定作用。

虽则如此，帝这个字的原型是什么，仍然存疑。如于省吾主编《甲骨文字诂林》所说：

> 帝字究竟何所象，仍然待考。

所谓花蒂、柴火堆等说法，个人以为不甚恰当。从内涵和外形两方面来看，更贴切的解释其实应该指向我们头顶的星空。

道理很简单，从观测角度看，日月星辰都在东升西落地旋转不息，但诸天星宿并非乱跑一气，而是有一个共同围绕的中心，这就是北天极、北极星。北极星居中不动，所有的星宿都围绕这个中心旋转，帝的内涵可谓一目了然。

至于帝的字形，则很可能来自北极星和北斗七星（北斗七星还曾被视为北极星），与帝字同源或者说其前身则是上古时期有广泛分布的八角星纹，也就是说，帝字其实是八角星纹的衍化。

追溯八角星纹会发现，公元前 5000 多年的湖南高庙和公元前 3400 年的安徽凌家滩都有八角星纹的存在，说明上古时期的先人们对北极星的发现非常久远。

传说中的夏朝起于公元前 2070 年（据夏商周断代工程），商汤灭夏在公元前 1600 年左右。如果有商一代所说的帝的观念来自

---

[1]　康殷：《文字源流浅说》，荣宝斋，1979 年。

北极星，那么，从逻辑上说，有早于夏代一两千年对北极星的认识，帝的观念在夏代也很可能已经存在。

所以，司马迁在《史记》中将五帝时代及夏商两代的君王一律称为帝，不见得就是错的，至少从观念生成的角度讲是具备条件且合理的。

至于商代由武丁时代起将先王称帝，虽然有甲骨文的佐证，但关于殷商甲骨有两个基本事实要注意：

最初发现在甲骨上刻有文字已经是清朝光绪年间的事，而且这些甲骨被称为龙骨是当作药材用，这就意味着历朝历代已经有很多甲骨早就被人当药吃掉了。

其次，在发现的十余万片甲骨上那些字，被成功识读的其实还不到一半，即便是这些识读出来的字也只有一半是没有争议的——4500余单字，已成功识读约2000字，成功识读并得到公认只有1000余字。

所以，商代从武丁才开始称先王为帝这一点，不见得就是终极结论。

现在传说中的夏朝与具体的考古遗迹相对应还不能确定，夏朝的文字也还没有发现，如果哪天发现了夏朝的文字，那么，我相信其中一定会有这个帝字。

退一步讲，即便作为文字的帝在夏朝尚未成形，帝的观念也应该是有的，毕竟发现星空里有一个不变的中心这一点，此前已经有了一两千年的漫长历史。

那么，帝字源于北极星和北斗七星，何以证明呢？

这涉及本书最关键的一个发现，与前文所说的黄、寅一样，这个问题留待下一章再揭晓。

七、伏羲与食神：神源于生活

上古神话中主人公的人设多与天文相关，如伏羲女娲分别来自太阳和月亮，炎帝黄帝分别源于太阳和北极星（及北斗）。

我们再来看看五方上帝。

《吕氏春秋·十二纪》载：

> 孟春之月……其帝太皞，其神句芒……
>
> 孟夏之月……其帝炎帝，其神祝融……
>
> 中央土……其帝黄帝，其神后土……
>
> 孟秋之月……其帝少皞，其神蓐收……
>
> 孟冬之月……其帝颛顼，其神玄冥……

东方青帝太皞（又作太昊，即伏羲），南方赤帝炎帝，这两个的意象本体都是太阳。

西方白帝少皞（又作少昊），从名字看，少昊与太昊如出一辙，当与太阳有关。

北方玄帝颛顼（zhuān xū）。颛顼这两个字比较生僻，一般认为颛即专，顼有几种不同解释。

西汉刘向《五经通义》载"顼，犹愉也"，东汉应劭《风俗通义》载"项者，信也"，东汉班固《白虎通义》解释得最通顺："颛者，专也。项者，正也。能专正天之道也。"

凭什么颛项偏居北方却能"专正天之道"呢？

其实很简单，诸天星宿围绕旋转的中心在北天极，其对应的地面方位就是正北方。

如此说来，莫非颛项也指北极星？

也对，也不对。因为以太阳为代表的天观念和以北天极为中心的天观念其实从来都是混杂一体的。专正之说出于北天极，以太阳为天的概念同时又掺杂其中——或者更准确地说，颛项本是太阳，由北天极而来的专正概念才是掺杂其中。比如这个颛项，又称高阳氏。

阳，《说文解字》解释为"高、明也"，则高阳二字都是高和光明之意，其高其明，既可以是白天的太阳也可以是晚上的北极星。再进一步看，阳的本字写作易，可见于甲骨文金文，其本义指的正是阳光，其字形模拟的恰是升起的太阳，正是所谓高阳之形。所以，高阳氏的称呼提示我们，颛项的意象本体实为太阳。

易-甲骨文
《甲骨文合集》（CHANT:1139）

易-金文
西周早期易央簋（CHANT:4042）、西周中期易鼎（CHANT:2678）、
西周晚期伊簋（CHANT:4287）

实际上，北方颛顼的"专正天之道"和东方太昊、西方少昊一样，都是天观念的产物——太昊少昊的昊，也都是天，如《尚书》《诗经》《周礼》等有昊天、昊天上帝等概念，这个昊天上帝更是历朝历代只专属于帝王才有资格进行祭祀的神主。

如上所述，五方上帝中东南西北四方都是太阳，那么，这四个太阳有什么区别吗？或者说，为什么四个都是太阳神？

答案其实非常简单，东西南北四方天帝实乃四季之神，这是在天文历法的发展和传承中诞生的通俗故事版本。

东方太昊主春，为青帝，春天为四季之首，故名太昊；太阳从东方升起，面东祭日，"寅宾出日"，伏羲，正有以牺牲祭祀的含义，所以传说中的伏羲祖地本不在东方，结果还是被迁到了东海之滨。

南方炎帝主夏，为赤帝，夏季"赤日炎炎似火烧"，故名炎帝赤帝。

西方少昊主秋，为白帝，春秋相对，东西相对，东为太，西为少，故名少昊。

北方颛顼主冬，为玄帝，冬季寒冷，以为太阳离地最远，故名高阳，何以名颛顼，存疑。

下面我们来试着用天文和历法的思路回溯一下神话的敷衍逻辑。

所谓"食色，性也"，食色二事关乎生存和繁衍，在人力有限与野兽争地盘的时代，吃饭生娃绝对是头等大事（所有动物莫不如此），即便对今天的我们来说也不会例外，因为这就是马斯洛需求层次理论中的底层需求。

民以食为天，填饱肚子这件事的重要性自不必说。繁衍是生命的本能，就今时今日来说，未必是所有人的必选项，相较于食而言，也许这是次一级的需求。但毫无疑问，即便时至今日，完全放弃造人也绝不是社会主流，儿孙满堂，人丁兴旺，这才是历史上民间心理的常态。

于是，庖牺和女娲诞生了，庖牺管吃喝，女娲管繁殖，观念的产生其实非常简单、非常朴素、非常现实、非常功利。

庖牺，就是伏羲。

当上古先民由居无定所的渔猎时代进入开荒种植的定居农业时代，靠天吃饭的农事作业必须得掌握季节时令，于是在对太阳和月亮的观测中形成阳历和阴历两种历法[1]，相应地，与观天制历观象授时息息相关的日月，就和伏羲女娲捆绑到了一起，一个是太阳，一个是月亮。

太阳是天空中无出其右的存在，季节变化与太阳相关，农业生产的丰歉决定了能否吃饱肚子，所以，不论是视觉上的直观经验还是影响甚至决定生活的重要性，太阳的中心地位显而易见，于是，对太阳神的祭拜开始了，伏羲也就成为传承千年的人文初祖。

此外，牺即牺牲，就是献祭用的牲畜；羲字从字形看从羊从戈，有宰杀牺牲之象，可见庖牺的牺和伏羲的羲，都与祭祀有关，而最初祭祀的这个对象，毫无疑问正是太阳，祭祀的目的也无非是风调雨顺丰收满仓等朴素又现实的愿望。

随着农业的发展，农耕作业从工具到技术都不断进步和完善，主管农事的神农炎帝出现了。顾名思义，所谓神农，当然与农业相关，当然是因农而名。事实上，与其叫神农，还不如称为农神更为恰当也更好理解——神农，就是农业之神。太阳对农业的重

---

[1] 这里的描述是行文方便的简单化说法，以渔猎为主要生业不见得就不是定居，历法的产生也不完全是因为农业的需要，但历史的发展确实是按这个顺序发生的。

要性无须赘言，二十四节气指导农时就是明证，所以，神农和伏羲一样，仍然指向的是天空中的太阳。

从伏羲女娲到神农，他们所指代的也许是很漫长的历史时段，但可以肯定的是，期间观天制历的天必然指向太阳，观象授时最重要的对象也必然是太阳，这就是所谓的太阳崇拜。

所谓崇拜，这里只是沿用学界的通行说法，但其中所隐含的古代先民蒙昧无知、原始社会民智未开等意涵，对上古先民观天测地持续不断而卓绝的探索来说实在是太过傲慢和自以为是了。

神话中的夸父逐日立杆测影，隐没在《山海经》里的观山测日（东西各七座日月出入之山），约4700年前山西襄汾陶寺遗址的太极观象台（以立柱观测太阳升起的方位，是观山测日的升级）……民间传说、文献记载和考古发掘，都充分证明了华夏先民早在文明之初就开始的以太阳为中心的天文探索。

对生活在北半球的华夏先民来说，太阳无疑是偏居南方的，而且地理上也是南北冷暖有别，所以在五方上帝中神农炎帝居于南方，天南地北的成语，其实也是这种观念的产物——这里的天，就是太阳。

太阳当然不会是唯一的观测对象，随着天文观测的不断积累和进步，古人逐渐发现了满天星宿的运动规律，原来包括太阳在内的所有宇宙星体的运动都有一个中心，都围绕着这个中心在周而复始地旋转，于是，北天极和北极星被发现了。

对北天极的认识，不只是一个简单的科学领域技术性的发现，在讲究天人合一，天文历法与祭祀、宗教、政治等上层建筑密切相关的时代，这种发现堪称震撼，并引发观念和现实的震荡，宗教改革、政治嬗变都将随之而起，或者说，世俗权力的运行又有了新的话术，于是，炎黄大战登场。

北天极为诸天星宿的中心，这样的空天观引申出的政治理念，就是天下万国之中应该有一个"中国"。

再后来又发现，北极星并非万世不变的中心，而且所谓北极星本身也只是极为接近北天极而已——真正的北天极这个位置上其实什么都没有，再加上太阳对历法的决定性作用，以太阳为代表的天观念不是被颠覆而是得到补充，于是，炎黄大战虽然黄帝最终取胜，但炎帝所代表的太阳自始至终都不曾也不可能被取代。

所谓民以食为天，这是从古至今一以贯之的信念，农业时代如此，未来也不可能改变。

所以，作为太阳的后裔，伏羲尊为人文初祖的地位不会被撼动也就能理解了。

所以，在三皇五帝的诸说世系中，炎帝和黄帝曾在三皇或五帝之中摇摆不定，而伏羲则毫不含糊地列于三皇。

至于三皇里的燧皇燧人氏，大概也和伏羲一样与饮食有关。

正是有了对火的掌握和使用，人类从此不再如野兽一般茹毛饮血，熟食的香味从此成了我们难以抵御的诱惑，只不过燧人氏所代表的这个历史时段恐怕又要上溯到更加荒古的时代了。

另外，分别以太阳和月亮为参照产生了阳历（太阳历）和阴历两种历法，但多数人可能都有一种错觉，以为阳历来自西方，与农事生产关系更密切的是农历，而农历就是阴历。其实这是完全错误的，中国所谓农历实为阴阳合历，由太阳产生的太阳历和由月亮产生的阴历也许是同期产生的，在中国同样有久远的历史，而用以分别和判断季节农时的正是阳历而非阴历，如2017年入选联合国非物质文化遗产的二十四节气，就是阳历的产物，所以你会发现，这些节气每年都按阳历的时间表如期而至，相差不过一两天，而阴历的日期就完全与二十四节气对应不上。

八、再说圣人无父：上古帝王两大派系

如前文所述，上古帝王都是超凡入圣的神人，虽有名义上的父亲却全是无父而生。其次，从天文的角度看，三皇五帝这些人的意象本体都可以追溯到太阳、月亮、北极星等天文学的观测对象。

如果将这两种现象放在一起看，关于出生的神异故事与其天文上的意象本体基本可以互证，也能从中发现神话传说中这些上古帝王世系传承的内在逻辑。

太昊伏羲是太阳，神农炎帝也是太阳，炎帝是伏羲的延续，这一点从其出生可见。

炎帝是其母女登感应神龙而生，相关记载如西晋皇甫谧《帝王世纪》"有神龙首，感女登于尚羊"，唐司马贞《三皇本纪》"感神龙而生"（相关出生神话详见文末附表）。

炎帝为神龙之后，神龙，正是伏羲神话的意象。

伏羲以龙纪官，也就是伏羲时代的职官都以龙命名，如飞龙、潜龙、居龙、降龙、土龙等。

> 太昊氏以龙纪，故为龙师而龙名。
>
> ——《左传·昭公十七年》

太昊伏羲氏，风姓之祖也，有龙瑞，故以龙命官。

——《竹书纪年》

伏羲有龙瑞，以龙纪官，号曰龙师。

——唐司马贞《三皇本纪》

太昊伏羲氏……因以龙纪官，百师服，皆以龙名。

——南宋罗泌《路史》

太昊时有龙马负图瑞出于河，因而名官，始以龙纪，号曰龙师。命朱襄为飞龙氏，造书契；昊英为潜龙氏，造甲历；大庭为居龙氏，治居庐；浑沌为降龙氏，驱民害；阴康为土龙氏，治田里；栗陆为北龙氏，繁殖草木，疏导源泉。

——北宋刘恕《通鉴外纪》

炎帝是感应神龙而生，伏羲是龙师，二人又都是太阳，内在的文化一脉相承。

炎帝之后出现黄帝并发生炎黄大战，因为从黄帝开始对宇宙天地的认识由太阳转向了以北天极为中心，相应的，黄帝的出生神话自然就与北极相关。

黄帝的出生故事，见于《竹书纪年》《帝王世纪》《史记正义》等，说法一致，都是其母附宝"见大电绕北斗枢星"而有孕。

黄帝轩辕氏，母曰附宝，见大电绕北斗枢星，光照郊野，感而孕。二十五月而生帝于寿丘。

——《竹书纪年》

黄帝，少典之子，姬姓也。母曰附宝，见大电光绕北斗枢星照野，感附宝而生黄帝于寿丘。

——西晋皇甫谧《帝王世纪》

> 黄帝名轩辕，北斗神也，以雷精起，胸文曰"黄帝子"。
> 修德立义，天下大治。
>
> 黄帝名轩，北斗黄神之精，母地祇之女附宝，之郊野，大
> 电绕斗枢星，耀感附宝生轩，胸文曰"黄帝子"。
>
> ——汉代纬书《河图始开图》[1]

北斗枢星，北斗就是我们熟悉的北斗七星，其第一颗名为天枢。

所谓北斗七星，说的其实是北天极，在诸天星宿围绕旋转的中心精确到一个点之前，北斗旋转一周的整个区域都曾被视为这个中心，也就是说，北斗本身就曾经被视为北极星。

天文学上，分别以太阳和北极为参照的，就是黄道坐标系和赤道坐标系这两大系统，西方天文学以黄道坐标系为主，中国古代的天文学则是赤道坐标系，体现在神话里，就是炎黄大战中黄帝是最后的胜利者。

所以，如果说中国古代有单一的太阳崇拜，那也只是伏羲到炎帝这个历史时段，黄帝之后就已经转向了北极星——当然，太阳的地位不言自明，北天极的发现并不意味着对太阳的替代，于是，二者相争就有了炎黄大战，二者相融又成了炎黄子孙的共同祖先。

黄帝之后的上古帝王，其出生故事大体也就可以分成两派，要么是太阳，要么是北天极（北斗）。

五帝之一颛顼，其母名为女枢，见瑶光之星而有孕，如南朝梁沈约《宋书》载：

---

[1]　日本安居香山、中村璋八辑：《纬书集成》，河北人民出版社，1994年。

> 母曰女枢，见瑶光之星，贯月如虹，感己于幽房之宫。

瑶光，是北斗七星的第七颗。

唐尧，其出生故事是"与赤龙合昏，生赤帝伊祁"，赤龙、赤帝，这是将伏羲和炎帝的故事糅到了一起，尧的意象本体，自然也是太阳。

虞舜，《竹书纪年》称其是"握登感枢星而生重华"，握登是舜的母亲，重华即是舜，枢星，应该就是黄帝出生神话里的北斗枢星。

帝舜之后是夏禹，《竹书纪年》说：

> 母曰修己，出行见流星贯昴，梦接意感，既而吞神珠。修己背剖而生禹于石纽。

流星贯昴，昴是二十八宿里的昴宿，属西方白虎七宿。咦，貌似禹不是太阳也不是北极啊？确实如此，不过，禹的出生却和舜是有内在联系的。

舜是其母"感枢星而生"，东汉郑玄说"舜母感枢星之精而生舜重华"，枢星之精是啥呢？汉代纬书《春秋运斗枢》给出了答案：

> 枢星精为虎。

枢星 → 虎 → 白虎七宿 → 昴宿，就这样，貌似与太阳和北天极无关的大禹仍然万变不离其宗，只不过和尧舜直接生于太阳和北斗不一样的是，他成了北斗的孙子辈。

如上所述，上古帝王的出生神话多出自太阳和北极，当然也有例外，比如五帝中的少昊。

有大星如虹，下流华渚，女节梦接意感，生少昊。

——西晋皇甫谧《帝王世纪》

母日女节，见星如虹，下流华渚，既而梦接意感，生少昊。

——南朝梁沈约《宋书》

大星如虹，见星如虹，这个星究竟是指哪颗星并不明确。从少昊为西方白帝来看，有可能是指金星。太白金星清晨见于东方称为启明，黄昏见于西方称为长庚，如《诗经·小雅·大东》："东有启明，西有长庚。"

金星是最亮的行星，其亮度达-3.3 至-4.4 等（数值越小越亮，6 等为人眼分辨极限），当得起大星之名。

如果从东西相对、阴阳相对的角度来看，东方为太阳，西方应为月亮，所谓大星，如盘之月或许更加名副其实。

要说明的是，语焉不详的少昊一般认为是黄帝之子，见于《世本》（作者不详，西汉刘向整理后定稿）、《帝王世纪》等，但也有反过来说黄帝是少昊之子的，如《孔子家语》："黄帝者，少昊之子，曰轩辕。"但不管谁是谁的爹，其实都只是名义上的，因为他们的出生都是充满灵异色彩的感生神话，都是无父而生。

附：上古帝王出生神话

人物	意象	出处	记载
伏羲	太阳	晋代皇甫谧《帝王世纪》	有巨人迹出于雷泽，华胥以足履之，有娠
		晋代王嘉《拾遗记》	有青虹绕神母，久而方灭，即觉有娠
		唐司马贞《三皇本纪》	履大人迹于雷泽
炎帝	太阳	晋代皇甫谧《帝王世纪》	有神龙首，感女登于尚羊
		唐代司马贞《三皇本纪》	感神龙而生
		南宋罗泌《路史·后纪三·禅通纪》	感神于常羊
黄帝	北斗	《竹书纪年》	母曰附宝，见大电绕北斗枢星，光照郊野，感而孕
		晋代皇甫谧《帝王世纪》	见大电光绕北斗枢星照野
		汉代纬书《诗纬·含神雾》	大电光绕北斗枢星照郊野，感附宝而生黄帝
		唐代张守节《史记正义》	见大电绕北斗枢星，感而怀孕
少昊	—	晋代皇甫谧《帝王世纪》	有大星如虹，下流华渚，女节梦接意感，生少昊
		南朝梁沈约《宋书》	母曰女节，见星如虹，下流华渚，既而梦接意感，生少昊

（续表）

人物	意象	出处	记载
颛顼	北斗	汉代纬书《河图》	瑶光之星，如虹贯月，感女枢于幽房之宫，生黑帝颛顼也
		晋代皇甫谧《帝王世纪》	瑶光之星，贯月如虹，感女枢幽房之宫，生颛顼于若水
		南朝梁沈约《宋书》	母曰女枢，见瑶光之星，贯月如虹，感己于幽房之宫
尧	太阳	汉代纬书《诗纬·含神雾》	与赤龙合昏，生赤帝伊祁
舜	北斗	《竹书纪年》	握登感枢星而生重华
		东汉郑玄注《尚书纬·帝命验》	感枢星之精而生舜重华
		晋代皇甫谧《帝王世纪》	见大虹，意感而生舜
禹	北斗	《竹书纪年》	母曰修己，出行见流星贯昴，梦接意感，既而吞神珠
		东汉王充《论衡·奇怪篇》	吞薏苡而生禹
		晋代皇甫谧《帝王世纪》	见流星贯昴，又吞神珠，意感而生禹

第四章　寻找"上帝"

舜让于德，弗嗣。

正月上日，受终于文祖。

在璇玑玉衡，以齐七政。

肆类于上帝，禋于六宗，

望于山川，遍于群神。

——《尚书·舜典》

一、天命：中国上帝消亡史

上帝不是耶和华吗？

是，但不全是——在中文语境中，甚至可以说根本就不是。

中国的上帝并非随基督东渡而来，上帝不仅是纯正的中华文化的原生概念，而且年代极为悠久。不论儒家还是道家，都有上帝。

现在我们所说的上帝一般都默认是指基督教的上帝，是西方宗教的概念，其实那是明朝末年时西方传教士利玛窦来到中国且得以进入宫廷，他为了传播天主教而将耶和华（YHWH）之名翻译为天主、上帝、天帝。之所以要这么嫁接，是因为上帝的概念为中国人所熟知，而且中国的上帝与全知全能的天主有相通之处。

与此类似，圣母（指皇太后、有功德的妇女或女神女巫等）、圣经（儒家经典）等其实也都是原汁原味的中国原生概念。吊诡的是，仅仅四百多年后的今天，这些俨然已经成了基督教的专用名词，鸠占鹊巢，几乎不留痕迹，是基督神力广大还是我们太健忘，是改朝换代夷灭思想还是政治运动釜底抽薪，实在是叫人不胜唏嘘。

再比如公、侯、伯、子、男的爵位等级，可能很多人会误以为是译自欧洲，实际上同样是中国原生的概念，至迟在周朝已经有这样的五等爵位。所谓西方的五等爵位，真的就只是借用中国概念翻译而已，因为他们的爵位制度实际上五花八门，既有类似中国的五等爵位，也有十五等、四等、三等等不同规制。

（一）

按《尚书》所说，虞舜的时候中国古代先民已经拜服于上帝：

> 舜让于德，弗嗣。正月上日，受终于文祖。在璇玑玉衡，以齐七政。肆类于上帝，禋于六宗，望于山川，遍于群神。
>
> ——《尚书·虞书·舜典》

七政，一般认为指日月及金木水火土五星。肆类，指祭天之礼，这个祭天的对象，就是上帝。

同样是《尚书》的记载，商朝时也有上帝。

> 惟上帝不常，作善降之百祥，作不善降之百殃。
>
> ——《商书·伊训》

显而易见，这里的上帝是有自我意志和道德倾向的人格化形象，可以根据人间的善恶降百祥或百殃，也就是或奖赏或惩罚。

虽然《尚书》的真伪及成书年代很有疑问，所以虞舜时是否有上帝不好说，但商朝时有上帝概念应该是没有问题的，因为《诗经》里也有：

> 帝命不违，至于汤齐。
>
> 汤降不迟，圣敬日跻。
>
> 昭假迟迟，上帝是祗，

> 帝命式于九围。

> ——《商颂·长发》

事实上，在儒家的五经当中，上帝就是一个常见概念，有统计显示，上帝一词在《尚书》出现 32 次，《诗经》出现 24 次，《礼记》出现 20 次，《春秋》和《易经》较少，分别是 8 次、2 次。

此外，殷商时期的甲骨卜辞中也有上帝，如《甲骨文合集》中的"上帝……降……旱""唯五鼓……上帝若王……有佑"等。

如前文所述，商代不仅有上帝，而且武丁之后，过世的商王很可能也晋级称帝了。再后来，九五之尊也称帝，只不过作为天子的这个帝绝不能与上帝平起平坐，只能称为下帝。

（二）

在西方神话里，上帝创生一切并能够给信奉的子民以救赎和赐福，而中国的上帝其实只属于特定阶层，虽然不能说与普通百姓无关，但黎民苍生是没有资格与上帝建立联系的。

《周礼·春官》载，对上帝、日月星辰以及风雨山川等天地万物要以不同等级规格的仪式进行祭祀，祭祀上帝的仪式叫作禋祀。

> 以吉礼事邦国之鬼神示，以禋祀祀昊天上帝，以实柴祀日月星辰，以槱燎祀司中、司命、飌师、雨师，以血祭祭社稷、五祀、五岳，以狸沈祭山林川泽，以疈辜祭四方百物。

这种祭祀可不是谁都有资格举行的，如西汉刘向《说苑》所载：

> 天子祠上帝，公侯祠百神，自卿以下不过其族。

上帝只能由天子进行祭祀，大小诸侯及卿、大夫、士等都不能僭越，普通百姓就更不用说了，最多也就拜拜自己家的列祖列宗。

所谓天子，就是天之子、上帝之子，换句话说，上帝就是天，如东汉郑玄所说：

> 上帝者，天之别名也。

因为上帝为天子所垄断，天子代表的则是世俗权力，而中国历史上的天子（天子之称出于周代，本文指夏商周三代的君主）或秦以后的皇帝基本都是父死子继或是兄终弟及，所以，天、上帝、天子、天子的祖宗等就成了相近乃至可以同义替代的概念。即便分开说，其内涵也多有混合。道理很简单，天子替天牧民，他就是天和上帝在人间的代言人。

天命所归，君权天授，往往也就成了王权合法性的终极来源——当然，这样的政治话术需要社会文化和大众信仰的支撑。

如商汤伐夏桀，其理由就是"有夏多罪，天命殛之"，不是我要灭夏，是天要灭夏，是上帝的旨意；也不是我想要灭夏，是因为上帝选中了我来干这件事，上帝选了我，我不敢不从啊。

> （汤）王曰："格尔众庶，悉听朕言，非台小子，敢行称乱！有夏多罪，天命殛之。今尔有众，汝曰：'我后[1]不恤我众，舍我穑事而割正夏？'予惟闻汝众言，夏氏有罪，予畏上帝，不敢不正……"[2]

---

[1] 夏代天子称后，这里的后指夏桀。

[2] 《尚书·汤誓》。

后来，小邦周又灭了大邑商，周朝的合法性又从何而来呢？

与商汤灭夏一样，周灭商其实也是下犯上臣弑君的暴力革命，当然也需要找到道德制高点和一个冠冕堂皇的权力合法性来源，所以，和当初的商一样，周人也说不是我小邦周要灭商，实在是商纣王作恶太多，是天要灭商，我们要是不顺应天命灭了他，就有违天命，那样的话我们也会和恶政肆虐的商纣一样罪责难逃。

《尚书·周书·泰誓上》载：

> 商罪贯盈，天命诛之。予弗顺天，厥罪惟钧。予小子夙夜祗惧，受命文考，类于上帝，宜于冢土，以尔有众，厎天之罚。天矜于民，民之所欲，天必从之。

另一方面，周邦虽小却灭了强大的大邑商，为什么能成功呢？因为有上帝的眷顾——上帝看不下去商纣无道，所以选中了我们偏处西边岐山之下的小邦周；上帝觉得我们地盘太小应该大有天地大有作为，所以我们成功了。如《诗经》里有一首《文王之什·皇矣》就是说这个理的：

> 皇矣上帝，临下有赫。
> 监观四方，求民之莫。
> 维此二国（指夏商），其政不获。
> 维彼四国，爰究爰度。
> 上帝耆之，憎其式廓。
> 乃眷西顾，此维与宅。

（三）

因为政治与宗教的原因，或说因为政治的需要，上帝、天、天子等捆绑一体，天子和天子的祖宗们甚至也会被神化后上升为上帝或是上帝的化身。

如《史记·封禅书》所载：

> 周公既相成王，郊祀后稷以配天，宗祀文王于明堂以配上帝。

后稷配天，文王配上帝，前者是姬周王室的祖先，后者是开启西周基业的先王，故去的他们在祭礼中升于九霄之上，祭祖就是祭天，祭先王就是祭上帝，就像姜太公的封神一样，他们俨然成了天和上帝的化身和代言人，甚至就是天和上帝本身。

于是，人间的天子通过血脉传承的先祖先王与天、上帝建立了紧密关系，天子也就成了天和上帝在人间的继承人。

这么一来，儒家所谓上帝貌似就是专为皇权服务的，但事实上，那不过是天子皇帝们的一厢情愿罢了，或者说那是被皇权驯化和异化后的儒家而已。儒家的上帝，其实是真理的代名词。如《论语·泰伯》记孔子所说：

> 危邦不入，乱邦不居，天下有道则见，无道则隐。

有道的天子当然是得天命得上帝眷顾的，但世间也会有无道的天子，遇到这种无道之君，就要退隐江湖。这句话的潜台词就是，所谓天命并不会因为天子之名而自然显现，所谓上帝其实也并非天子所能自然垄断。

当然，孔子说得比较含蓄，孟子说得就很犀利了。

> 孟子告齐宣王曰："君之视臣如手足，则臣视君如腹心；君之视臣如犬马，则臣视君如国人；君之视臣如土芥，则臣

视君如寇仇。"

你以为有天命了不起啊，你以为有上帝罩着就为所欲为啊，不干人事的君王，就如寇仇一般，无异于剪径的强盗，等同于不共戴天的仇敌。对于这种寇仇一般的君王，难道不应该拔刀相向得而诛之吗？这才是替天行道呢。从这种逻辑来看，天命与上帝，绝不能为皇权所垄断。

不仅如此，在孟子看来，天子并非万民之上的上帝一般的存在："民为贵，社稷次之，君为轻。"得登大宝就不证自明了？就不容置疑了？就成了真理的化身了？当然不行。

这种观点自然难以符合圣意君心，当年朱元璋得了天下，有时间补补文化课，结果读《孟子》就越读越火大，甚至一度下令取消孟子作为亚圣配享孔庙的资格。

到荀子的时候，他所说的天和上帝已经完全与所谓天子没关系：

> 天行有常，不为尧存，不为桀亡，应之以治则吉，应之以乱则凶。

荀子所说的天行有常，和老子所说的道基本是一回事，这个上帝是没有情感色彩的，抽离于万物之外，人只能顺应而不能求得格外的恩宠，"天地不仁，以万物为刍狗"，"天道无亲，常与善人"，天是天，上帝是上帝，天子与天和上帝之间并没有什么特殊关系。

到宋朝的时候，理学兴起，程颐和朱熹把天和上帝解释为元气和理，此时儒家的上帝，可以说已经完全是道家的道了。

（四）

中国的上帝，具体而言，指的是天极神，居于北极星或就是北极星的人格化。如《史记·五帝本纪》郑玄注：

> 昊天上帝谓天皇大帝，北辰之星。

昊天上帝再加上东南西北中五方上帝（东方青帝、南方赤帝、西方白帝、北方黑帝、中间是黄帝），郑玄提出有六个上帝。

当年刘邦在芒砀山斩蛇起义，就号称他是赤帝之子，所斩的蛇是白帝之子，可见五方上帝的说法那时已经深入人心。不过，等刘邦灭了项羽，他又不提当年斩蛇时说的赤帝之子了。

《史记·封禅书》载：

> 二年，东击项籍而还入关，问："故秦时上帝祠何帝也？"对曰："四帝，有白、青、黄、赤帝之祠。"高祖曰："吾闻天有五帝，而有四，何也？"莫知其说。于是高祖曰："吾知之矣，乃待我而具五也。"乃立黑帝祠，命曰北畤。

瞧瞧，传了那么多年的五帝原来就等着他来填空呢，这不正是大汉威武，高祖霸气吗？

在刘邦这里，当赤帝还是当黑帝，好像没上帝啥事，全看自己心情。臣子们的马屁拍得真可谓心领神会颇合上意，有人以此为证，说直到汉初才有了五帝系统，谀辞滚滚，显然是不能算数的。

孔子说"畏天命""获罪于天，无所祷也"，他所在的春秋时期不断坐大的诸侯好像已经无所畏，到两百多年后的刘邦就更看不出有何可畏了。

冯友兰先生在《中国哲学史》中对天的定义做过梳理：

在中国文字中，所谓天有五义：

曰物质之天，即与地相对之天。

曰主宰之天，即所谓皇天上帝，有人格的天、帝。

曰运命之天，乃指人生中吾人所无奈何者，如孟子所谓"若夫成功则天也"之天是也。

曰自然之天，乃指自然之运行，如《荀子·天论篇》所说之天是也。

曰义理之天，乃谓宇宙之最高原理，如《中庸》所说"天命之谓性"之天是也。

《诗》《书》《左传》《国语》中所谓之天，除指物质之天外，似皆指主宰之天。《论语》中孔子所说之天，亦皆主宰之天也。

有所主宰所以有所畏，而被皇权左右的上帝已成任其摆布的玩偶，倘若真有上帝，恐怕反倒应该是上帝有所畏吧。

到了近代，所谓敬畏之心就了不可见更加难觅踪迹。

当然了，百姓无所畏本不足怪，因为这上帝之说历来都是皇家专利，与草民们原本也没什么关系。

对于君权天授的皇家一脉来说，上帝给予其合法性，同时因儒生文官集团对天命的解释而受到一定的约束，虽然天子门生的身份注定了多数儒生是不可能逆龙鳞的，但架不住千年积习的舆论汹汹以及总还有一些气节犹存的儒生叨逼叨，其对王权的约束，定量分析的效果也许成疑，但肯定不是皇帝们可以完全视而不见为所欲为的。朱元璋对孟子很不爽，但最终还是把孟子的牌位请回了孔庙。

当然了，儒家所期望的最佳状态是内圣外王，治国平天下的前提是修身齐家，施仁政，行王道，以德治而配天命，遗憾的是，千年历史已证明这是不可能实现的理想。

至于所谓天命，某种意义上不过就是追认既成事实的必然性，就像大明王朝建立以后，很多人不承认前面的元朝，而朱元璋却极力认可："自宋祚倾移，元以北狄入主中国，四海内外罔不臣服。此岂人力，实乃天授。"

道理很简单，元朝曾经四海一统是事实，朱家天下现在也是事实，在尽人皆知的事实面前，承不承认前朝的地位，纯粹是书呆子似的口水仗。天下入我囊中，这样的事实，难道不就是天命吗？

对于不承认元朝的那些人来说，往上追溯自然就到了宋，但不论南宋还是北宋，都只能偏安一隅，根本无力恢复汉唐疆域，以朝贡册封的方式君临天下、华夷一统也成了不可能完成的幻想。

在我们的认知当中，宋当然是华夏的传承和代表，但契丹人建立的大辽也同样自称华夏正统。也就是说，如果宋是中国，那么辽也自称中国，相当于那时的亚洲东方有两个中国。事实上，还不仅是自称的问题，即便是屈指可数的与北宋建立朝贡关系的周边政权高丽，在北宋后期也改奉大辽为正朔。你说谁才是华夏？谁才是真的中国？

因为华夏，所以正统；因为中国，所以四夷来朝。这样的自我感觉良好，在历史的背景下全是笑话。

朱元璋承认元朝是务实的选择，天命的自我追认，说到底也不过就是当时政治信仰与话术的延续。如果用我们的现代语言来说，那是历史的必然，那是人民的选择。这种历史与人民的必然选择，古代就称之为天命。

只是那个可怜的上帝，已经从面目模糊到彻底地虚空化了。

也许，天变不足畏，祖宗不足法，因为人定胜天。

二、太一：中国古代的上帝

关于宇宙起源，为大众熟知而最有影响的是大爆炸理论，宇宙起源于 138 亿年前的一次大爆炸，彼时的宇宙是一个没有任何维度的点。

与此相对，还有一种宇宙恒稳态理论，认为宇宙始终如一，没有开始也没有终点，无所谓过去现在与将来，宇宙在任何时期检验都是一样的。

除此以外，还有很多不同的理论，有的似乎更像是科幻小说，如虫洞、平行宇宙等，寻找"上帝粒子"希格斯玻色子的物理学家们甚至有更为惊骇的理论 ——"宇宙是不存在的"。

不管哪种理论，虽然有科学的名义为其背书，但一定意义上，几千年来人类的认识未必真的进步了多少。

那么，中国的古人们是怎么思考的呢？

1993 年 10 月，湖北荆门，沙洋县纪山镇郭店村的一号楚墓 M1 得到抢救性清理发掘。墓主头东足西，为战国中期之人（有猜测其为慎到、陈良、环渊甚至屈原），头箱和边箱里有大量随葬品，其中有竹简八百余枚（有字简 730 枚），经整理得十六篇，除《老子》《缁衣》等有传本外，多为早已亡佚的先秦文献，其中之一为《太一生水》。

> 太一生水。水反辅太一，是以成天。
>
> 天反辅太一，是以成地。
>
> 天地复相辅也，是以成神明。
>
> 神明复相辅也，是以成阴阳。
>
> 阴阳复相辅也，是以成四时。
>
> 四时复相辅也，是以成沧热。
>
> 沧热复相辅也，是以成湿燥。
>
> 湿燥复相辅也，成岁而止。
>
> 故岁者，湿燥之所生也；湿燥者，沧热之所生也；沧热者，四时之所生也；四时者，阴阳之所生也；阴阳者，神明之所生也；神明者，天地之所生也；天地者，太一之所生也。

《太一生水》论述了宇宙创生与万物起源的模式：太一 → 水 → 天地 → 神明 → 阴阳 → 四时 → 沧热 → 湿燥 → 岁。

太一，是宇宙创生的源头。

一般认为，《太一生水》属于道家思想。那么，作为道家的核心典籍，我们熟知的《道德经》又是怎么说的呢？

> 有物混成，先天地生。寂兮寥兮，独立而不改，周行而不殆，可以为天下母。吾不知其名，强字之曰道，强为之名曰大。大曰逝，逝曰远，远曰反。（第二十五章）

先天地生的这个物无形无象也无名，老子称其为道、大。

> 道生一，一生二，二生三，三生万物。（第四十二章）

道之所生，为一。虽然一由道所生，但某种意义上道与一同体，无形无名为道，有形有名则为一。

> 视之不见名曰夷，听之不闻名曰希，搏之不得名曰微。此
> 三者不可致诘，故混而为一。其上不皦，其下不昧，绳绳不
> 可名，复归于无物，是谓无状之状，无物之象。（第十四章）

道本身不可见不可闻不可得，不可名甚至无物无象，而道的
这种特性可称之为一（故混而为一）。

《道德经》里的大、一或是道的别称，大一和太一又有什么关
系呢？

《康熙字典》对太的解释：

> 太……《说文解字》滑也，一曰大也，通也。按经史太
> 字俱作大。如大极、大初、大素……又作泰，如泰卦、泰坛、
> 泰誓……

太，大也。也就是说，大、太、泰其实是同一个字，大一即
太一。

虽然《道德经》里没有大一连用，但《庄子》是有的，既有
太一，也有大一：

> 建之以常无有，主之以太一。

> 惠施……曰："至大无外，谓之大一；至小无内，谓之
> 小一。"

《淮南子·诠言训》也称太一：

> 洞同天地，浑沌为朴，未造而成物，谓之太一。

有大一，有太一，还有称为恒一的。

马王堆汉墓帛书《道原》载：

> 恒无之初，迵（洞）同大虚。虚同为一，恒一而止。

在《周易》里面，这个创生天地的源头称为太极。

> 易有太极，是生两仪，两仪生四象，四象生八卦。

太极即太一，如唐代孔颖达在《周易正义》中的解释：

> 太极谓天地未分之前，元气混而为一，即是太初、太一也。故老子云道生一，即此太极是也。

再如汉代纬书《易纬·乾凿度》所载：

> 孔子曰：易始于太极，太极分而为二，故生天地；天地有春秋冬夏之节，故生四时；四时各有阴阳刚柔之分，故生八卦；八卦成列，天地之道立，雷风水火山泽之象定矣。

如上所述，马王堆汉墓帛书《道原》称为恒一。马王堆帛书《周易·系辞》则将太极称为大恒：

> 是故易有大恒，是生两仪，两仪生四马，四马生八卦，八卦生吉凶，吉凶生六业。

有意思的是，我们熟知的两仪生四象，这里是两仪生四马，四象就是四马，同义。

综上，道，是宇宙创生之源，又称为太一、大一、恒一、大恒、太极等，都是化生天地万物的那个终极存在。

儒家重礼乐，自周公制礼作乐，开启了中国三千多年的礼乐文明，这礼乐的创制也得归因到太一。

如《礼记·礼运》，礼出于大一。

> 是故夫礼，必本于大一，分而为天地，转而为阴阳，变而为四时，列而为鬼神。

如《吕氏春秋·大乐》，乐出于太一。

> 音乐之所由来者远矣，生于度量，本于太一。太一出两仪，两仪出阴阳。阴阳变化，一上一下，合而成章。

当然，不仅乐出于太一，实际上天地万物都出于太一，如《吕氏春秋》所说：

> 万物所出，造于太一，化于阴阳……道也者，视之不见，听之不闻，不可为状。有知不见之见、不闻之闻、无状之状者，则几于知之矣。道也者，至精也，不可为形，不可为名，强为之，谓之太一。

礼乐出于太一，遵于礼乐才能合于天地之道，所以，礼崩乐坏自然就是逆天而行的末法时代了。

做个不甚恰当的比拟，古人所说的太一、大一、恒一、大恒、太极、道等概念，大概就是现代大爆炸理论里的那个奇点吧。

除了以上这些形而上的概念以外，太一又是非常具体的。

太一是天极，即北极星，也是人格化的天神上帝。如西汉《史记·封禅书》载：

> 天神贵者太一，太一佐曰五帝，古者天子以春秋祭太一东南郊。

五帝，是东方青帝、南方赤帝、西方白帝、北方黑帝，中央则是黄帝。在传说中，他们分别是伏羲、炎帝、少昊、颛顼、黄帝。

五帝之上，是太一，即太一是五帝的主宰。另一方面，五帝相合，也是太一，即五帝实为太一的化身。

北极星是唯一居中不动的星[1]，太一神是至上唯一的上帝，其核心意象在于唯一、不变，在这个"生生之谓易"一切都在变动不居的天地之间，这不动不变的唯一存在，就是宇宙的根，就是天地的魂。

屈原有一首《九歌·东皇太一》，描述了祭祀最高的神太一上帝的仪式和场景：

> 吉日兮辰良，穆将愉兮上皇。
> 抚长剑兮玉珥，璆锵鸣兮琳琅。
>
> 瑶席兮玉瑱，盍将把兮琼芳。
> 蕙肴蒸兮兰藉，奠桂酒兮椒浆。
>
> 扬枹兮拊鼓，疏缓节兮安歌，
> 陈竽瑟兮浩倡。
>
> 灵偃蹇兮姣服，芳菲菲兮满堂。
> 五音纷兮繁会，君欣欣兮乐康。

比较奇怪的是，太一既然是唯一的至上神，是最高的上帝，又为什么是东皇呢？

有解释说那是因为太一神的祠坛设在楚国东边，所以称为东皇。如东汉王逸的注解：

---

[1] 准确说应该是北天极居中不动，因为不同时期的北极星由不同的星体担任，而所谓北极星，多数时候也只是非常接近北天极而并非正好位于北天极。

> 太一，星名，天之尊神，祠在楚东，以配东帝，故云
> 东皇。

太一既然是至上神，"以配东帝"显然是说不通的，因为东帝是青帝，是五帝之一。

太一在五帝之上，其位置在北极，在紫微垣，但是，想想前面说的那些大一、恒一、大恒等概念，太一本身是无形无象的，所以，所谓五帝，正是由太一这个最高的上帝所化生——五帝和太一，既有主从关系，又是混合一体的。

天极神、太一神、北极星，居中不动，北斗七星围绕着它旋转，北斗就是太一的座驾，它乘坐北斗而巡游四方，北斗的斗柄指向东方时天下皆春，这时他是东方青帝，北斗指南而天下皆夏，这时他就是南方赤帝，指西而秋季为西方白帝，指北而冬季为北方黑帝。如《史记·天官书》所载：

> 中宫天极星，其一明者，太一常居也。

> 斗为帝车，运于中央，临制四乡。分阴阳，建四时，均五
> 行，移节度，定诸纪，皆系于斗。

这个巡游的过程，见于《周易》：

> 帝出乎震，齐乎巽，相见乎离，致役乎坤，说言乎兑，战
> 乎乾，劳乎坎，成言乎艮。万物出乎震，震东方也……

帝出乎震，万物出乎震，震为东，为春，东方是日出之地，春天是一年之始，这就是太一为什么被屈原称为东皇。皇，实即太阳。

关于屈原的《楚辞》，有一则颇为有趣的逸闻。

闻一多先生当年在西南联大开课讲《楚辞》，他总喜欢在开讲之前击节而歌：

> 痛饮酒，熟读《离骚》，方为真名士。

屈原是楚人，所以，这句话一定要用湖北话念才有味道。

真名士未见得只要喝喝酒熟读《离骚》就行，但闻一多先生的话是有出处的。《世说新语》载：

> 名士不必须奇才，但使常得无事，痛饮酒，熟读《离骚》，便可称名士。

这话的意思是，所谓名士，多半不需奇才，多半也并无奇才，能喝能白话，也就成了一枚网红。

三、观天：璇玑拜上帝

所谓上帝，又称昊天上帝、皇天上帝等，在不同语境中与天、天帝、北极星、天极神等同义。在古代中国，传说中的尧舜时代可能就已经有了上帝之说，《尚书·舜典》载：

> 舜让于德，弗嗣。正月上日，受终于文祖。在璇玑玉衡，以齐七政。肆类于上帝，禋于六宗，望于山川，遍于群神。

这段话大意是说，尧舜禅让于正月初一（上日即朔日，朔为初一，望为十五），然后舜祭祀上帝与六宗，宣告正式继位。

大概是这么个意思，若是抠字眼，文祖是什么，六宗是什么，都比较复杂，历来有多种不同说法，有兴趣的可以参看《尚书正义》等注释书。

舜继位这件事在《史记》里也有，完全继承了《尚书》的说法：

> 于是帝尧老，命舜摄行天子之政，以观天命。舜乃在璇玑玉衡，以齐七政。遂类于上帝，禋于六宗，望于山川，辩于群神。

（一）

"在璇玑玉衡，以齐七政。"

在，即察，观察、察看、观测之意。

七政，有三种解释。

一说日月与金木水火土五星（《尚书正义》），又称七曜；二说北斗七星（《史记》）；三说春夏秋冬四时与天文、地理和人道（《尚书大传》）。

按《尚书正义》的解释，大意是说尧禅位给舜，舜不确认自己受禅是否合乎天命，所以仰观天文，观测日月五星有没有异样，若有异样出现就表示自己不能继位。

璇玑，也很麻烦，有多种解释，历来争议颇多。

一般认为指向我们头顶的星空，即北极星及北斗。另有一说指浑天仪，是用来观测星象的天文仪器——现在知道的浑天仪是汉武帝时代落下闳发明的，后来东汉贾逵改进为黄道铜仪，张衡又创制水运浑象仪，但《晋书》《隋书》《太平御览》等也有说颛顼或尧舜时代已经有了浑天仪。

颛顼造浑仪。

——《隋书》

唐尧即位，羲和立浑仪。

——《晋书》

有说璇玑是星象，如西汉司马迁《史记·天官书》中指北斗：

北斗七星，所谓璇玑玉衡以齐七政。

再如《晋书·天文志》，更具体地将北斗的斗魁和斗杓（即斗勺、斗柄）分别视为璇玑和玉衡：

> 北斗七星在太微北……魁四星为璇玑，杓三星为玉衡。

也有说璇玑指北极星的，如西汉刘向、伏胜等持此说，《周髀算经》中则将北辰称作璇玑，北辰即北极星。

> 璇玑谓北辰，勺陈枢星也。
>
> ——西汉刘向《说苑》

> 璇者还也，玑者几也、微也，其变几微而行动者大，谓之璇玑，是故璇玑谓之北极。
>
> ——西汉伏胜《尚书大传》

说璇玑是天文仪器的，西汉孔安国，东汉马融、郑玄，唐代孔颖达等历史上有名的经学家均持此说：

> 璇，美玉。玑、衡，王者正天文之器，可运转者。
>
> ——西汉孔安国《尚书孔氏传》

> 上天之体不可得知，测天之事见于经者，惟有玑衡一事。玑衡者，即今之浑仪也。
>
> ——东汉马融所言，见载于《宋史》

> 浑天仪可旋转，故曰玑。衡，其横箫，所以视星宿也。以璇为玑，以玉为衡，盖贵天象也。
>
> ——东汉马融所言，见载于《尚书正义》

> 动运为玑，持正为衡，皆以玉为之，视其行度。
>
> ——东汉郑玄所言，见载于《宋书》

　　玑衡者，玑为转运，衡为横箫，运玑使动于下，以衡望之。是王者正天文之器。汉世以来谓之浑天仪者是也。

——唐孔颖达等《尚书正义》

　　以上诸家大意是说，作为天文仪器，所谓璇玑玉衡，由玑和衡两部分组成，其中的玑可以旋转。

　　这样的玑衡组合有多大呢？孔颖达在《尚书正义》中解释说：

　　蔡邕（东汉）云："玉衡长八尺，孔径一寸，下端望之以视星辰。盖悬玑以象天而衡望之，转玑窥衡以知星宿。"……后汉张衡作《灵宪》以说其状……江南宋元嘉年皮延宗又作是《浑天论》，太史丞钱乐铸铜作浑天仪，传于齐梁，周平、江陵迁其器于长安，今在太史书矣。衡长八尺，玑径八尺，圆周二丈五尺强，转而望之，有其法也。

　　玑是直径八尺的圆形，衡是长八尺的柱状且中间有直径一寸的细孔。

　　汉代的一尺相当于 23.1 厘米，玑的直径和衡的长度都是八尺，合 1.85 米，衡还有直径一寸的孔，合 2.31 厘米。

　　如果玑和衡都是玉质的，这个尺寸未免太庞大了，尤其是那个衡，中空的圆柱体，长 1.85 米，孔径 2.31 厘米，要是用玉来做，这工艺难度可真是难以想象。

　　如果真有这样的玉衡，那么不太可能是一体成型而应是多节连接的结构。当然，这也只是想象而已，如此这般的实物并未得见。

　　另外，《康熙字典》解释玑也是观天仪器，并有具体尺寸：

　　玑，正天文之器，玑为转运，衡为横箫，运玑使动。玑径八尺，圆周二尺五寸而强。衡长八尺，孔径一寸，下端望之，以占星辰吉凶之象。

计算一下可知，直径八尺，周长应为 2.514 丈，《尚书正义》中记为"二丈五尺强"是对的，《康熙字典》的"圆周二尺五寸而强"应有误。

总之，按天文仪器之说，璇玑就是浑天仪或其前身，再或者是其部件。

细想起来，天文仪器之说自有其合理性，即便不是像落下闳、张衡他们那样的浑天仪——大概率更为原始而没那么精细——也是与之功能类似的观天测日的仪器，说是浑天仪的前身，也未尝不可。

其实想想也是，观天制历、观象授时，中国古代有着观测星象的悠久历史和传统，白天观测太阳有立杆测影圭表测日，夜晚观测满天繁星，如果除了仰头目视以外别无工具辅助，那反倒是难以想象的不合常理。

曾获诺贝尔奖的理论物理学家李政道先生也赞同天文仪器之说，认为上古时期的古人已经能够用璇玑这种仪器将正极（北极星）的角位精确到 0.012 度 [1]。

李政道先生还推测，地轴所指向的北极星因地轴偏移有一个 25000 年的旋转周期（即不同时期的北极星不是同一颗星，其周期应为约 25800 年），而商朝时期正北极的位置并没有星，再往前到公元前 2700 年则有一颗右枢星（现代称天龙座 α 星）正好在北极的位置，也许那就是中国文化的起始年代。

---

[1]　李政道：《物理学的挑战》，《科学》，2000 年第 3 期。

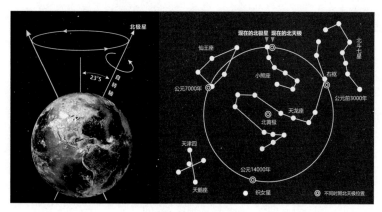

北极星周期位置图

当然，也有完全相反的意见，如被称为"新中国考古学奠基人"的夏鼐就否定天文仪器之说，认为只是饰物：

　　它的用途，当和璜、玦一类相似，作为装饰物，可能也带有宗教或辟邪的作用。[1]

　　究竟是饰物还是观天工具呢？窃以为即便不能确定，用于观测天象的可能性也是极大的。

（二）

　　璇玑到底是什么，莫衷一是，但从璇玑玉衡这几个字来看，如果有实物，那多半是用玉所造。

　　那么，这璇玑的实物长啥样呢？

　　清末吴大澂所撰《古玉图考》中有璇玑图及其描述和说明。

[1]　夏鼐：《所谓玉璇玑不会是天文仪器》，《考古学报》，1984 年第 4 期。

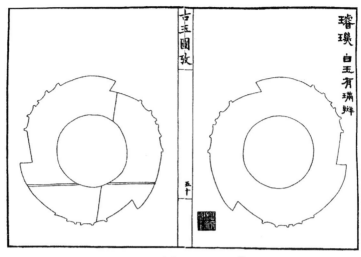

《古玉图考》"璇玑"图[1]

吴大澂完全引用了《尚书正义》中的相关解释，但对于浑天仪一说，他也不确定。

> 是玉外郭有机牙三节，每节有小机括六，若可钤物使之运转者，疑是浑天仪中所用之机轮。今失其传，不知何所设施，虽非虞夏之物，审其制作，去古不远也。

如吴大澂所说，璇玑一般在外围轮廓上有三节突出的牙轮（也有四个的），互相之间等距，倾斜角度相同，但他认为璇玑"非虞夏之物"（虞即虞舜，夏为夏禹），而考古发现证明，玉质的璇玑实物确实在几千年以前就存在了。

大汶口文化其年代距今约 6500—4500 年，龙山文化距今约 4500—4000 年。1977 年，在山东胶县三里河出土的玉璇玑为大汶

---

[1] 璇又写作琁、璿，同音同义，璇玑一词在古籍中写法不一，本文全作璇玑。

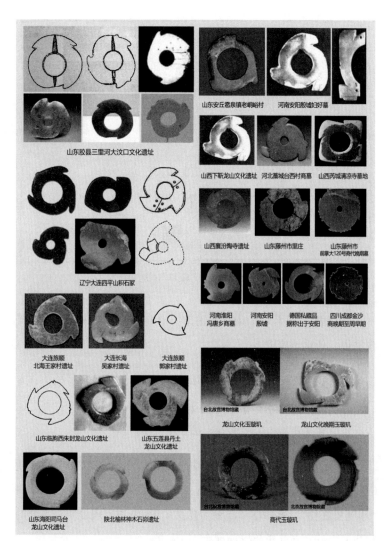

各式各样的璇玑图

口文化晚期，至少应为 4500 年前，即公元前 2500 年左右。

当然了，《尚书》里舜继位时所说的璇玑是否就是出土的这种玉璇玑，仍是悬而未决的问题。如果照《尚书正义》中所说的玑直径八尺、衡长度八尺来看，这些玉璇玑应该不是观天用的那个璇玑，或是其部件也未可知。

至于各处遗址出土的大量玉璇玑功用何在，也是众说纷纭未有定论。除了观星用的天文仪器之说以外，还有说是兵器的，说是渔农用来作为割切刀具的，说祭祀用作礼器的，也有说是古人太阳崇拜的象征物，当然还有可能就像夏鼐说的，其实都想太多了，不过就是一件首饰罢了。

（三）

舜受禅于尧，禹受禅于舜，禅让制是上古政治和谐的完美例证，也是儒家所推崇的理想状态。

除了禅让说以外，《竹书纪年》等还有舜囚尧的说法。

禅让还是政变暂不争论，但不可否认的是，史书中的舜继位，显然就意味着所谓的改朝换代。

如《左传》所说，"国之大事，在祀与戎"，舜继位后祭天地、祝祷于上帝，这就是祀。

除此以外，每逢改朝换代，还有一件重要的事情。

《礼记》载：

> 改正朔，易服色，殊徽号，异器械，别衣服，此其所得与民变革者也。

改正朔，就是中国历史上历朝历代登极之后都必须要做的一件事。正朔，就是一年的第一天，即正月初一，正是正月，朔是初一。

所谓改正朔，也就是帝王登基后颁行新的历法，"言王者得政，示从我始，改故用新"[1]，如《史记·历书》所说："王者易姓受命，必慎始初，改正朔，易服色，推本天元，顺承厥意。"

东汉末年天下大乱，然后三国鼎立，所以就有了"今天下鼎立，正朔有三"[2]。

古代社会如此，到民国成立的时候同样要改正朔。1912 年 1 月 1 日，临时大总统孙中山通电各省："中华民国改用阳历，以黄帝纪元 4609 年 11 月 13 日为中华民国元年元旦。"

民国改历是时代发展的需要，但同时也延续了改正朔的传统，新历颁行，大清正朔也就不存在了。

所以，从这个逻辑出发，舜继位于尧，完成权力交接后，他需要做的事自然少不了颁行新历这一宣示权力的象征行为，那么，"在璇玑玉衡，以齐七政"，所指的或许就是观测星象以修订历法。

颁行新历以改正朔，祭祀天地宣告四方，做完这套程序，舜就是名正言顺的天下之主。

如此说来，所谓璇玑玉衡自然就应该是观测星象制定历法所使用的天文仪器了。

---

[1] 唐孔颖达等《礼记正义》。

[2] 三国蜀雍闿《答李严》。

四、天极：从太极到无极

太极一词最早见于《周易》和《庄子》：

> 易有太极，是生两仪。两仪生四象，四象生八卦。
>
> ——《周易·系辞》

> 夫道……在太极之先而不为高，在六极之下而不为深，先天地生而不为久，长于上古而不为老。
>
> ——《庄子·大宗师》

太极是什么意思？

这是一个讨论了两千多年未有定论的问题，或者说很难给出一个标准的定义。

在各种形而上的甚至云山雾罩让人迷糊的哲学化论述之外，我们不妨退后一步，看看太极一词的本义及语义来源。

有一点可以肯定，任何高深玄奥的概念或理论，既然用语言文字进行表述，那么，不论怎么引申演绎，势必都会受到语言和文字本身的影响和制约；而文字的背后，也许就潜藏着一切奥义得以发挥的基点，甚至还非常简单，直白而浅显。

　　同样的道理，语言文字也许并不能完美无漏地表达出想要表达的意思，如《周易·系辞》所说："书不尽言，言不尽意。"

　　虽然指向月亮的手指并非月亮，但是，只要沿着手指的方向望去，月亮就一定在那里。

（一）

　　太极的太，很好理解，即大、泰。

　　大、太、泰，三个字同义。

　　西周时期已经有了由大字引申出表示程度很深甚至过度的太字的含义，但其时尚未使用专门的太字，仍写作大。战国至秦汉时期，已经有了大字多一点的太，但直到东汉中期以前，太字仍大都写作大或用泰字假借，而太与大二字完全分化使用，不会早于魏晋时期。

　　在《马王堆帛书》《银雀山汉简》等汉代简牍帛书及印章里，所有太字都写为大，如太师、太守、太仆、太史、太傅、太尉、太尹、太官、太宰、太医、太仓、太上、太常、太清、太阴、太阳、太父母、太子、太公、太后等，当然也包括本文所讨论的太极、太一。

　　"大"代"太"，与此类似，"常"写作"恒"，如帛书《老子》中的"道可道，非常道；名可名，非常名"，写作"道可道，非恒道；名可名，非恒名"。恒，永久不变之意，与常同义。

　　此外，帛书《周易》称"易有太极"为"易有大恒"，大恒即太极。由上面的恒道、恒名可知，大恒指的是永久不变的东西，换言之，所谓太极也就是这个不因时间流逝或空间转移而变化的东西。

　　到东汉晚期，在砖铭、墓志铭、碑铭等上面可见太字开始多起来，魏墓志铭中的太尉、太守、太师等就都写为太而不再是大，如段玉裁《说文解字》"泰"注："如大宰俗作太宰，大子俗作太子，周大王俗作太王是也。"不过，直到两晋仍然还有大、太通用的情况。

简而言之，《周易》和《庄子》里说的太极，就是大极（两书所指内涵不尽相同，但不影响本文立论）。

（二）

极又是什么意思呢？

我们来看古人的用法，有三极、四极、六极、八极等不同说法。

《周易·系辞》：

> 六爻之动，三极之道也。

三极，指三才，即天地人。

《尔雅·释地》：

> 东至于泰远，西至于邠国，南至于濮铅，北至于祝栗，谓之四极。

四极，是东南西北四个方向的某处地理位置。

《庄子·天运》：

> 天有六极、五常。

六极是前后左右上下。

《淮南子·本经训》：

> 纪纲八极，经纬六合。

八极是四正四隅，即八方。

在上述例子中，除了《周易》的三极以外，四极、六极、八极都是地理意义上的，可理解为极点、极远之处。

在平面的范畴里，是极远。

在立体的概念里，是极高或极深。

如南唐徐锴解释说：

> 极者，屋脊之栋也，今人谓高及甚为极，义出于此。

极是支撑房子的最高的那根梁柱。

又如《尔雅·释天》：

> 月在甲曰毕，在乙曰橘，在丙曰修，在丁曰圉，在戊曰厉，在己曰则，在庚曰窒，在辛曰塞，在壬曰终，在癸曰极。

甲乙丙丁到壬癸，这是十天干，癸是十天干最后一位，月在壬为终，月在癸就称之为极，这里的极，也是极点的意思，终之后为极，终极。

（三）

在甲骨文金文里，暂未发现"极"字。

在西周早期到战国晚期的青铜器和竹简上，有释读为"极"的"亟"字（极的繁体为極）。

如西周早期的班簋（又称毛伯彝）上有铭文：

> 隹（唯）八月初吉才（在）宗周甲戌，王令毛白（伯）更虢城公服，粵（屏）王立（位），乍（作）四方亟（極），秉

緐、蜀、巢令，易（赐）铃鋚（勒）。

大意是说，八月初的甲戌日，周天子任命毛伯为虢城公，拱卫西周都城的四方诸侯受其调遣，相当于国防部长兼军委主席，并特别提到要他负责监督緐、蜀、巢三个方国。"赐铃勒"，也就是周天子赐予调兵遣将的符节，即兵符。

这里的"作四方极"，极是四方诸侯军政首脑、军事统帅的意思，是最高领导，是领导核心。

最高与核心，就是极。这里的极与上述四极六极八极的极，其内涵的演绎是同样的逻辑。

古代的极或写作亟，亟的甲骨文又是怎么写的呢？

亟-甲骨文

《甲骨文合集》（CHANT:0024）

显然，亟的甲骨文字形是上下各一横，为二，中间一个人。

亟字从人从二。"二，天地也。"[1]

亟字意为急迫、敏疾、敏捷迅速，但从甲骨文的写法来看，其本义应当是指人所能及的天之高地之深，也就是说，天的最高点和地的最深处，就是亟（极）。

显而易见，亟的本义（天地之极）与上述西周班簋铭文中的亟（最高与核心）一脉相承。

亟字后来的意思为什么变成敏疾了呢？

看其金文与篆书写法可知，后来的亟在原来甲骨文的基础上

---

[1] 《说文解字》。

多了口字形（以及又字形）。

亟-金文
《金文编》

亟-小篆
《说文解字》

口为嘴说，又为手持，嘴说的是传达上谕，手持的是圣批懿旨。不言而喻，来自最高领导的吩咐和指示，能不急吗？

由此可见，所谓敏疾，其实是亟的引申义，但后来这个引申义完全覆盖了其本义，而其本义实际更接近于后来的极字。

所以，《说文解字》里解释亟字："敏疾也。从人从口，从又从二。二，天地也。"这个解释准确但不充分，说的只是引申义而没有说明本义及其演变。

（四）

极，是最高，是最远，是核心，是极点。

太，是大，表示程度极深。

太极即大极，就是极中之极，是终极。

且慢，大除了表示程度深浅以外，还可以是名词。

《道德经》说：

> 有物混成，先天地生。寂兮寥兮，独立不改，周行而不殆，可以为天下母。吾不知其名，强字之曰道，强为之名曰大。

字之曰道，名之曰大，大，原来还是道的别名。

道，即是先天地生的混成之物，是天下之母。

唐代孔颖达注解《周易》说：

> 太极谓天地未分之前，元气混而为一，即是太初、太
> 一也。

孔颖达说的太极、元气、太初、太一，和老子说的道、大，
是一回事。

《庄子·天下》说：

> 建之以常无有，主之以太一。

> 至大无外，谓之大一。

瞧，儒道两家都讲太一、大一。

太极，也就是太一、大一。

当然，老子五千言，讲不完一个道字。太极、太一、大一，
其内涵与外延也极其丰富乃至繁复。

但是，正如甲骨文的亟所揭示的，天地中间一个人，就是亟；
天之高地之深，就是亟。

如果道的载体就是天地宇宙，那么，宇宙之极又在哪里呢？

回到形而下的语境，仰望苍穹，日升月落，在那星河灿烂之
中，显然，所谓太极，其直接意涵就是 —— 北极星。诸天星宿周
流旋转，居中不动的可不就是这个北极星吗？

如东汉马融所说：

> 易有太极，谓北辰也。

北辰，即北极星。

古代的上帝、太一神、天极、天极神等，其意象本体或初始

来源即是这个北极星。

当然，更准确地说，应该是北天极，因为北天极的位置，多数时候并没有一颗亮星可以作为北极星——所谓北极星，只是诸天星宿中最接近北天极而已。

今天的我们对这个所谓北极星多半是熟视无睹甚至漠不关心，但想想看，数千年前随着日出日落而劳作生息的先民忽然发现诸天星宿居然有一个围绕着旋转的不变的中心，那会是一种怎样的震撼和惊喜；将这种天上的秩序复制到人间，又将带来一场多么深刻的政治变革和观念洗礼。

（五）

如前所述，古人说的四极、六极、八极等，其实都是地理方位概念，分别指东南西北四方、前后左右上下六方以及四正四隅的八方。

方位又从何而来呢？

现在的定义是地球自转方向为自西向东，古人未必知道地球自转，但日出为东的定义与根据地球自转所做的定义是等效的。

不过，仅仅是日出为东未免过于模糊，更准确的方位确定，来自立杆测影。

立杆测影，是古人观测太阳制定历法的重要手段，正方位是其应用之一，《周髀算经》《淮南子》等都记载有通过立杆测影确定东南西北四正位的方法[1]。

山西襄汾陶寺遗址还出土过用于立杆测影的漆杆。所谓杆，当然是木质的。

---

[1] 请参看本书第一章之《夸父逐日：观天测影知时节》。

所以，从亟到极（極），之所以后来增加了木字旁，或许就根源于这个观测太阳所用的杆——当然，简易至极的这根杆并非只能用来观测太阳，在发现北天极并用为星象观测基点的实践中，同样大有用处。

（六）

太极的原始意象就是北极星，大概是因为在观测日月星辰的历史积累中，古人逐渐发现，苍穹里的繁星无不运动不息，而诸星之中唯有北极星始终稳居北方之天，所有星宿都在围绕着它旋转。

于是，天穹如盖的宇宙观自然形成，这就是所谓天圆地方的盖天说，而这天盖的中心，就是北极星。

后来所说的"极者，屋脊之栋"，与天盖上守中不动的北极星不正是一个意思吗？

北极居中不动，那么，如果此时的古人画出太极图来，一定会有一个中心点，如湖北出土的石家河文化（公元前2600—前2000年）陶纺轮上类似太极图的图案。

日常观测中北极星居中不动，事实上，北极星并非亘古不变。

地球的地轴北端所指向的天空位置会周期性游走，其循环周期为约25800年，也就是说，所谓的北极星在不同时期会因为地球地轴的偏移而发生变化，由不同的星体担任北极星。

所以，如果最初的太极来自北极星，那么，当古人发现北极星也会变化的时候，随之而生的就会是另一个概念——无极。

相应的，太极图的中心点也就不存在了。

所以，太极的原初之义，就是北极星，或说其是太极的意象来源。

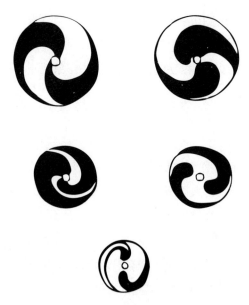

湖北石家河文化陶纺轮图案

太极的概念形成以后，易、阴阳、道、元气、理、规律、宇宙本体等各种理念开始层累叠加，最后成了一个玄之又玄的概念。

现在，形容一个人手腕高明是打太极，踢皮球说车轱辘话也是打太极，可太极的本义，其实有一个叫北极星的非常明确的中心，即便后来发现北极星会游走，可这个游走的圈也有一个叫北黄极的中心，尽管那里并没有一颗比较显眼的星星。更重要的是，北极星再怎么游走，其轨迹可以观测并且可以提前推算出来。相比那些擅长打太极的人来说，天道无欺，这个太极委实要靠谱得多。

（七）

北极星（北天极）会发生变化，对这一现象的发现与记载，中国有据可查的最早记录是东晋的虞喜[1]（公元 281—356 年），岁差这一名称也是由他命名并沿用至今。

如果太极的意象来源于北极星，继而北极星游走的现象又形成无极的概念，那么，问题是无极一词早在《道德经》《庄子》《列子》等先秦古籍里都有。

如老子说的："知其白，守其黑，为天下式。为天下式，常德不忒，复归于无极。"

难道那时的古人已经发现了岁差现象吗？

岁差现象在世界范围内有记录的最早发现者是古希腊天文学家喜帕恰斯（Hipparchus，又译依巴谷），其年代是公元前二世纪。

如果老庄所说的无极根源于北极星并不固定这一天文现象，那么，其生活所在的春秋战国时代（公元前 770—前 221 年）略早于古希腊的喜帕恰斯，似乎也并不是不可能的。

真若如此，这是中华文化遭遇断代失传的又一个例子。这种猜测能否得到验证，大概也只能期待更多的考古发现吧。

当然也不可否认，上升到思辨的层面，从有极（太极）到无极，纯粹由推理得出也是完全可能的。

---

[1] 虞喜是最接近现代认知的宇宙模型"宣夜说"的继承者。

五、找北：天地之间本无向

你能找得着北吗？

北，就是北方的北，北极的北。

可能这是个有点冒犯有点藐视智商的问题。

你也许会说，白天看太阳啊，晚上找北斗七星哪。

或者精确点，用指南针，用罗盘。

当然对我们现代人来说，最简单的办法就是用手机，里面有指南针软件，有地图，有 GPS，中国的北斗导航也已经实现全球覆盖，真太简单了！

但是，这个问题其实比你想的要复杂得多。

（一）

地球是圆的，所以，一直向东走，前方就永远都是东方，直到回到起点。

东西方向是一个圈。

南北就不同了，一直往北走，走到北极后再往前，就开始往南走了。

尤其是在北极点上，是名副其实地找不着北，四周都只有一个方向，处处都是南，随便迈出一步都是在往南走。不过，我们现在要说的不是这个找不着北。

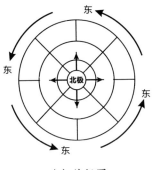

北极俯视图

（二）

北极点，在地球的北极存在这样一个点吗？

确实有。

因为地球是圆的（准确说是两极稍扁赤道略鼓的椭球体），而且在不停地自转，所以会有一个自转轴，又称地轴，其两端就是北极和南极。也就是说，地球自转的方向是东和西，自转轴所指的方向是北和南。

地球在自转以及公转，对今人来说只是常识，那么，古人们是否知道大地并非静止不动的呢？

前面关于天倾西北的文章里已经提过，汉代的《尚书纬·考灵曜》就是知道的：

> 地恒动而人不知，譬如闭舟而行，不觉舟之运也。

同时期的《春秋纬·元命苞》则说到天地的运动方向：

> 天左旋，地右动。

有个成语叫天旋地转，正是对天地运动状态的精简概括。不过这种运动看起来可能更像是我们说的公转。

成书时间存疑，或在战国时期的《列子·天瑞》也有类似的说法：

> 运转亡已，天地密移，畴觉之哉！故物损于彼者盈于此，成于此者亏于彼。

列子名寇，为战国时期郑国人。

天左旋地右动的说法也很可能早在战国时期就有了，如《尸子》所载：

> 天左舒而起牵牛，地右辟而起毕、昴。

牵牛与毕、昴都是星宿名，其中牵牛星属北方玄武七宿，毕、昴二星属西方白虎七宿。

尸子名佼，也是战国时人，鲁国人或楚国人或晋国人，说法不一，东汉班固说他是商鞅的师父。

宇宙即时空的观点，尸子就说过"天地四方曰宇，往古来今曰宙"[1]。

（三）

有动，应该还有不动吧？

---

[1] 比尸子更早的文子也说过："往古来今谓之宙，四方上下谓之宇。"（《文子·自然》）文子，春秋时人，史称"老子弟子，与孔子同时"，唐后被尊为通玄真人，其书《文子》又称《通玄真经》。

　　既然天地都在动，那什么又会不动呢？

　　地球自转轴所指向的北极星貌似就不动，所以，我们可以用北极星来找北。

　　北斗七星属北方玄武七宿，会绕着北极星旋转，但斗口那两颗星的连线（名为天枢、天璇）始终指向北极星，所以我们可以用这两颗星辅助定位以寻找北极星——其连线延长五倍的位置就是北极星。

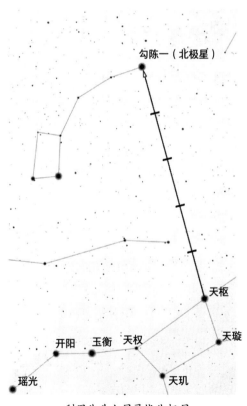

利用北斗七星寻找北极星

但是，不变是相对的，如果把时间线拉长就会发现，地轴所指的北极星仍然会变。

所谓北极星，只是最接近北天极的星。

所谓北天极，就是地轴的北端所指向的天空。而地轴的指向，会摇摆。

地轴摇摆会在天空画出一个圈，即北天极会在天空游走，其周期是 25800 年左右，天文上这种现象叫岁差。

比如现在的北极星是小熊座 α 星（勾陈一），而 5000 年前，地轴所指向的北极星是天龙座 α 星（右枢）。

事实上，小熊座 α 星在北宋初年时与地轴的角距还有 6 度，此后越来越靠近，但还得再过几十年，到公元 2100 年左右它才会成为名副其实的北极星，那时与地轴的角距缩小到只有约 28 角分。虽然 28 角分的角距已经微乎其微，算是非常接近北天极了，但终究还是有距离的。

再过 2000 年，那时的北极星将由仙王座 γ 星取代；然后再过 10000 年，那时的北极星会变成天琴座的 α 星，也就是织女星。

今天我们看到的小熊座 α 星再次成为北极星，就得在 2 万多年以后了。

所以，就算找到了北极星，其实用它定位的北方与地轴真正所在的北极还是有些微差距的。

如果你是处女座的话，这点差距能忍吗？

这还没完，你以为北天极只是画个圈吗？

不，地轴所指的这个北天极所走的路径并不是一个光滑的圈，醉汉打太极，是摇摇晃晃地在往前走，形成一个波浪形的路径。

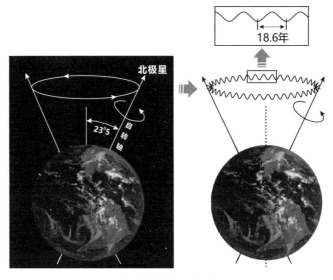

北天极的移动路径

　　这种现象称为章动，其振荡周期是 18.6 年。

　　还有更让人抓狂的，地球的自转轴本身也是会变的。

　　也就是说，地轴所指的北极点和南极点这两个位置会在地球表面发生漂移，所谓真正的北，始终都在变化之中。

　　这种现象被称为极移。

　　当然，相对于上述北极星的变化以万年计，章动周期也有近20 年，极移的周期很短，短则一天，长则一年。

　　地球的运动有点复杂，但不管怎么说，北极星还是用来找北非常方便的参照物，虽有误差，可毕竟不是发射导弹，日常生活也用不着那么精准。

　　不过，话说现在找北极星恐怕也并不容易，晴朗的星空越来越少，明晃晃的不夜天更让所有的星星都已经黯然失色。

（四）

除了北极星，号称四大发明之一的指南针也是用来找北的神器。说到指南针，咱得先说下指南车。传说黄帝时代就已经发明了指南车。

西晋崔豹的《古今注》载有黄帝与周公的故事：

> 大驾指南车，起黄帝与蚩尤战于涿鹿之野。蚩尤作大雾，兵士皆迷，于是作指南车，以示四方，遂擒蚩尤，而即帝位。故后常建焉。

> 旧说周公所作也。周公治致太平，越裳氏重译来贡白雉一、黑雉二，象牙一，使者迷其归路，周公锡以文锦二匹，轩车五乘，皆为司南之制，使越裳氏载之以南。

北宋《太平御览》也有类似说法：

> 《志林》曰：黄帝与蚩尤战于涿鹿之野，蚩尤作大雾，弥三日，军人皆惑。黄帝乃令风后法斗机，作指南车以别四方，遂擒蚩尤。

另外还有说是九天玄女发明了指南车，更是邈不可考，尤其是黄帝、玄女等多有神话相伴，很难讲。

西汉刘歆的《西京杂记》有载：

> 汉朝舆驾祠甘泉汾阴，备千乘万骑，太仆执辔，大将军陪乘，名为大驾。司马车，驾四，中道。

《晋书·舆服志》有载：

> 司南车，一名指南车，驾四马……车虽回运，而手常南

指。大驾出行，为先启之乘。

对照《晋书》所说的大驾出行用司南车为先导，而晋承汉制，所以《西京杂记》的司马车很可能就是司南车。

可惜的是，"汉末丧乱，其法中绝"。

西汉以后，历代都有研制指南车，如东汉张衡、三国马钧、南齐祖冲之等。

不过，指南车的内部构造和原理是什么，始终没能留下具体的文字记载，直到《宋史》才有了比较详细的内部构造说明。

之所以这样，或许与指南车并不只是简单的指向工具有关。

因为在皇帝出行的仪仗队里，指南车曾经是必备之物，而且极为排场，驾车之人超过一支足球队，如《金史》载由十二人驾驶，而《宋史》则说原来是十八人，后来更增加到三十人。

> 一辕，凤首，驾四马。驾士旧十八人，太宗雍熙四年，增为三十人。

由此可见，指南车实用性的考虑肯定远远不如皇权威仪的宣示更为重要。

如《南齐书·祖冲之传》所记载的：

> 初，宋武平关中，得姚兴指南车，有外形而无机巧，每行，使人于内转之。升明中，太祖辅政，使冲之追修古法。冲之改造铜机，圆转不穷，而司方如一，马钧以来未有也。

姚兴是后秦的文桓帝，被东晋刘裕所灭而建国南朝刘宋，后秦姚兴的指南车也被缴获，但可惜只剩下外壳，里面的机件都被毁掉了。

君临天下，面南背北，圣人南面而听天下，指南，这是受命于天的王权象征。所以，每次出行还得用指南车充门面啊，怎么办呢？

不能自动就手动呗。里面藏个人，不管车左转还是右转，都保证让指示方向的木人始终指着南方，如《宋史》所载："上有仙人，车虽转而手常南指。"

（五）

黄帝时代的指南车流于神话，汉代以后历代指南车的原理结构均不得传，南北朝时的指南车显然已经是王权的象征。

《宋史》里记载了指南车的结构和技术规范（先后由燕肃和吴德仁所造），可知是纯机械装置，并没有使用磁石。李约瑟博士认为，指南车是人类历史上第一架有共协稳定的机械。

既然是纯机械装置，那么，其方向的指示只能依靠事先测定，通过齿轮传动可以保证指向不变，但并不能在车辆的行进中像指南针一样随时测定方向。

所以，真正辨方找北的神器还得是靠使用磁石的指南针。利用地球的磁场效应而辨别方向，在发展成为指南针之前，叫司南。

《韩非子·有度》载：

> 故先王立司南，以端朝夕。故明主使其群臣不游意于法之外，不为惠于法之内。

《鬼谷子·谋篇》载：

> 郑人之取玉也，载司南之车，为其不惑也。夫度材量能揣情者，亦事之司南也。

韩非、鬼谷子都生活在战国时期，但《鬼谷子》一书后人怀疑是六朝时的伪作。

这些记载中的司南是不是用磁石制作的指南工具仍有争议，也有人说其中的司南其实是官职，或者只是上面说到的机械装置指南车。

东汉王充的《论衡·是应篇》载：

> 司南之杓，投之于地，其柢指南。

这里倒明确说了是用来指南。

不过，疑古派也说了，此司南乃北斗七星也。

尤其是曾有多人试图用天然磁石复原这种传说中的司南，要么未能成功，要么开外挂使用了现代技术，要么误差很大，言下之意就是，用天然磁石磨成勺子来辨别方向，其实做不到。

确定用磁石指南，已经是宋朝了。

北宋沈括的《梦溪笔谈》有载：

> 方家以磁石磨针锋，则能指南。

磁场效应指示的方向准不准呢，沈括说："然常微偏东，不全南也。"

现代科学告诉我们，地球磁场的南北极并不与地理的南北极（自转轴指示方向）重合，甚至地磁南北极根本不在对称的南北两端，而且，地磁南北极也有极移现象，会漂移游走（在不同的时间，地磁南北极所处的位置也不同，如下表所示）。

看到了吗，因为磁偏角的存在，如果你想找真正的北，指南针可能比北极星还不靠谱呢。

时间	地磁北极位置
2001 年	北纬 81.3°，西经 110.8°
2004 年	北纬 82.3°，西经 113.4°
2005 年	北纬 82.7°，西经 114.4°
2007 年	北纬 83.95°，西经 120.72°
2015 年	北纬 86.29°，西经 160.06°

时间	地磁南极位置
1998 年	南纬 64.6°，东经 138.5°
2004 年	南纬 63.5°，东经 138.0°
2005 年	南纬 64.53°，东经 137.86°
2007 年	南纬 64.497°，东经 137.684°
2015 年	南纬 64.28°，东经 136.59°

六、北斗：寻找北极星

真正的北不好找，但日常生活也用不着这样精确的定位。生活经验告诉我们，辨别方向最简单的办法，就是白天看太阳，晚上看星星。

北极星所在，就是北方。

利用北斗七星寻找北极星

如图所示，北斗七星斗勺上的两颗星连线，将其延长五倍所到的位置就是北极星 [1]。

我们现代的经验放到古代还能成立吗？如果穿越回五千年或一万年前，暮色四合时仰望星空，看到的会是和今天一样的同一片星空吗？

或者说，五千年前或一万年前，北极星还能通过北斗七星连线的方式找到吗？

（一）

准确地说，所谓北极星并不是某颗星的名字。

好比美国总统，特朗普之后是拜登，上一任是奥巴马，再往前是小布什、克林顿，"二战"期间是罗斯福。

北极星就像总统这个称呼一样，只是职务名称，不同时间由不同的人出任。

所谓北极星，是因为地球自转和公转造成了视觉上的诸天星宿始终在转动，但地球的自转轴基本上始终指向同一个方向，于是地球自转轴的北端所指向的位置就一直都在同一个地方，这个地方的星星就被称为北极星。当然，所谓这个自转轴的指向始终不变，其实也只是相对而言，在更大的时间维度里，同样会变，也就是说，地轴北端所指向的星空位置会发生周期性偏移（周期为约 25800 年）。

所以，不同时期的北极星会由不同的星星担任。

而且，有些时候地轴所指的位置根本就没有可见的星星 —— 大多数时候都如此。

事实上，现在看到的北极星是勾陈一（即小熊座 α 星），但这

---

[1] 北极星是靠近北天极的亮星，但北极星并非正好位于北天极。

颗星与北天极的位置还有 40′ 的角度差，即使到 2100 年，现在这颗北极星最靠近北天极的时候，也还有 28′ 的角度差。

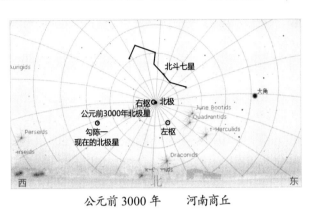

公元前 3000 年　　河南商丘

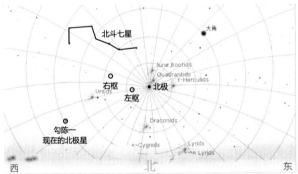

公元前 6000 年　　河南商丘

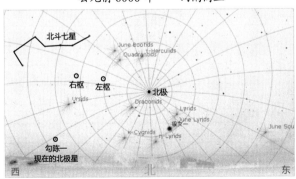

公元前 9000 年　　河南商丘

　　显而易见，几千年以前的北极星肯定不是现在的这颗北极星。

　　如图所示，公元前 3000 年，最靠近北天极的是右枢（即天龙座 α 星），即那时的北极星是右枢，而今天的北极星勾陈一与北天极离得比较远。

　　再往前到公元前 6000 年，右枢比左枢距离北天极更远一些，而此时的左枢与北天极也并不算接近，充当北极星很勉强。事实上，公元前 6000 年最接近北天极的是 HIP 73909，但这颗星亮度很低，其星等仅 5.2，肉眼观测并不容易（星等数字越小就越亮，越大则越暗，6 等星是人眼观测的极限）。

　　再往前到公元前 9000 年，右枢左枢都远离北天极，现在的北极星勾陈一就离得更远了。此时的北极星，即距离北天极最近的，是武仙座 52。

　　不同时期的北极星如下表（20000 年间北极星）：

年代	北极星	亮度	位置（最靠近北极时）
前 10700—前 9400	天棓五 / 武仙座 ι	3.80	+87° 18′ 18″
前 9400—前 8200	七公增十六 / 武仙座 52	4.82	+89° 01′ 19″
前 8200—前 7200	七公二 / 武仙座 τ	3.89	+89° 10′ 15″
前 7200—前 6400	武仙座 ν	4.41	+88° 12′ 20″
前 6400—前 5000	HIP73909	5.20	+89° 33′ 36″
前 5000—前 3800	左枢 / 天龙座 ι	3.29	+85° 27′ 12″
前 3800—前 1600	右枢 / 天龙座 α	3.65	+89° 53′ 13″
前 1600—前 900	少尉 / 天龙座 κ	3.88	+85° 15′ 10″
前 900—前 500	北极四 / 小熊座 4	4.82	+85° 12′ 17″
前 500—1200	北极五 / HIP62572A	5.30	+89° 27′ 25″
1200—2500	勾陈一 / 小熊座 α	1.95	+89° 32′ 26″
2500—3300	勾陈四 / 小熊座 ζ	4.32	+88° 38′ 56″

（续表）

年代	北极星	亮度	位置（最靠近北极时）
3300—4400	少卫增八 / 仙王座 γ	3.22	+88° 03′ 14″
4400—5500	紫微左垣七 / 仙王座 π	4.41	+89° 01′ 22″
5500—6300	天钩八和上卫增一连线中点	3.25/3.20	+90°
6300—7000	天钩六 / 仙王座 ξ	4.29	+88° 51′ 31″
7000—8500	天钩五 / 仙王座 α	2.45	+87° 54′ 13″
8500—9900	螣蛇增一 / HIP102431	4.50	+87° 19′ 06″
9900—11000	天津四 / 天鹅座 α	1.25	+87° 23′ 29″

（二）

子曰："为政以德，譬如北辰，居其所而众星共之。"（《论语·为政》）众星共之即众星拱之。

北辰是什么？

《尔雅·释天》说："北极谓之北辰。"

一般认为北极星居中不动，所有星宿都围绕着北极星旋转。但如上所述，真正居中不动的其实是北天极，而北天极的位置正好有一颗可观测的星体，这种机会并不多，所以，真正的北天极与北极星多数时候并非完全重合。

也就是说，担当北极星的那颗星，不论曾经的北极星还是未来的北极星，大多数时候其实也在绕着北天极旋转，其与北天极的距离越远，旋转半径就越大。

比如现在的北极星是勾陈一，与北天极的角度差只有 40′，所以这颗北极星的旋转半径就很小。

公元前 5000 年的北极星是左枢，因为距离北天极较远，其绕着北天极旋转就很明显（如图所示，逆时针旋转）。

　　显而易见，如果公元前5000年的古人也有北极星之说，那么，很遗憾的是，他们在北天极的位置并不能找到一颗显眼的星星。如果他们想挑一颗星星做北极星，毕竟漆黑的夜空需要一颗这样的亮星作为参照，那么，他们会选哪颗星呢？

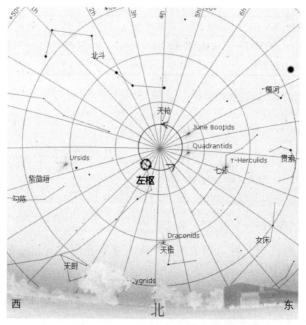

公元前5000年1月1日0点　　河南商丘

　　论距离，左枢当然是最靠近北天极也最有资格的。

　　但请注意，左枢并不是一颗很亮的星，其亮度是3.25等，如果从观测方便易于识别的角度来看，恐怕并不是最佳选择。

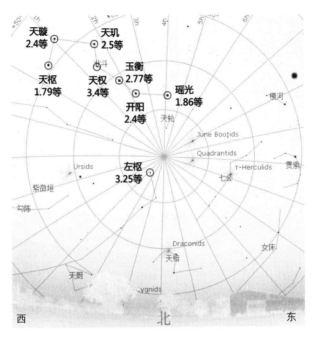

公元前 5000 年 1 月 1 日 0 点　　　河南商丘

对，还有我们熟悉的北斗七星。

与左枢比起来，北斗七星中最暗的是第四颗天权星，其亮度为 3.4 等，与左枢的 3.25 等基本相当，而北斗七星另外六颗星全都是 2 等左右。

毫无疑问，从观测角度来说，北斗七星其实更易于识别，事实上今天的我们初学观星时大多也还是从北斗七星开始的。

形状像勺，好认；亮度够，好找。

所以，有没有可能古人曾经将北斗七星的某颗星选出来当北极星呢？

（三）

我们来看看不同时期的北斗七星。

先说明一下，北斗七星围绕北天极旋转是逆时针方向，即我们看到的是东升西落。

公元前10000年的时候，北斗七星并不能整夜可见，2月初午夜时分北斗七星即将从西边落下，7月初午夜时分才从东边升起。

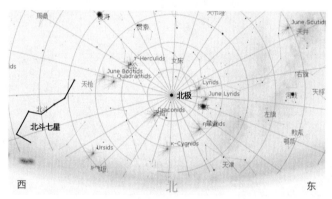

公元前10000年2月2日0点　　河南商丘

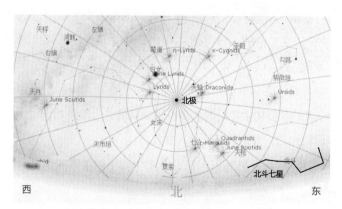

公元前10000年7月2日0点　　河南商丘

公元前 8000 年，北斗七星也不能整夜可见。

再过 2000 年，北斗七星也仍然不能整夜可见。

直到公元前 5000 年以后，北斗七星才开始整夜可见。

如上所述，按距离北天极远近而论，公元前 5000 年最适合做北极星的是左枢，但其亮度只是 3.25 等，与北斗七星中最暗的天权星相当，而且距离北天极并不算近。

巧的是，恰好就在这一时期，北斗七星开始整夜可见了。

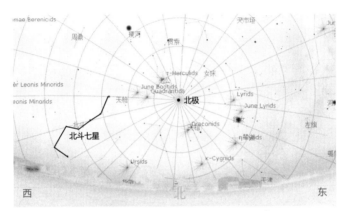

公元前 8000 年 2 月 18 日 0 点　　　河南商丘

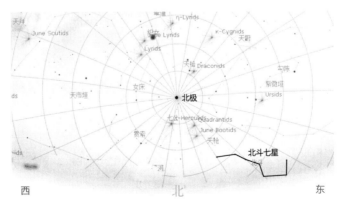

公元前 8000 年 6 月 28 日 0 点　　　河南商丘

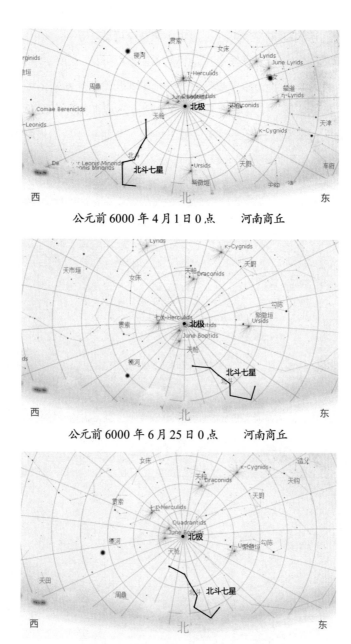

公元前 6000 年 4 月 1 日 0 点　　河南商丘

公元前 6000 年 6 月 25 日 0 点　　河南商丘

公元前 5000 年 6 月 9 日 0 点　　河南商丘

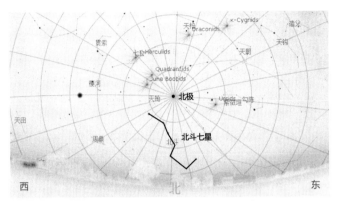

公元前 4000 年 6 月 9 日 0 点　　河南商丘

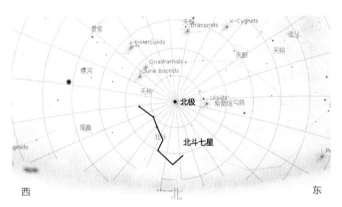

公元前 3000 年 6 月 9 日 0 点　　河南商丘

作为北方星空最好辨认又整夜可见的星宿，将北斗七星或其中一颗星当作北极星，用来辨别方位并观测其与季节变化的关系以制定历法，是完全可能的。

当然，这只是猜测。

有更直接的证据吗？

（四）

北斗七星，顾名思义由七颗星组成。

不过，历史上还有过北斗九星。

如《黄帝内经·素问·天元纪大论》载：

> 臣（鬼臾区）稽考《太始天元册》，文曰：太虚寥廓，肇基化元。万物资始，五运终天。布气真灵，总统坤元。九星悬朗，七曜周旋。曰阴曰阳，曰柔曰刚。幽显既位，寒暑弛张。生生化化，品物咸章。

"九星悬朗，七曜周旋"，九星就是北斗九星，七曜是日月和金木水火土五星。

简而言之，在现有的北斗七星之外，另外增加两颗星，一为左辅，一为右弼。

与北斗七星都很明亮不同，辅弼二星都比较暗，所以称之为"七现二隐"。

北斗七星与辅弼二星

辅弼二星不容易见到，在玄学中都属吉利富贵的贵人星，如《云笈七签》有载：

> 常夕夕观之，想见皇君夫人形象威光，忆其姓讳，谛存在

心，得见第八、第九星，延寿无穷。

看到辅弼二星就能延寿无穷，这是不可能的。但古代阿拉伯人曾将辅星作为检测新兵视力的标尺，如果看不出来的话，起码视力是不合格的。

南北朝时期，北周武帝宇文邕组织编撰了一部目前所知最早的道教类书，"自缵道书，号《无上秘要》"[1]。

《无上秘要》原有一百卷，《旧唐书》《新唐书》《宋史》等均载七十二卷，可知唐代已有散佚，到明代《正统道藏》，只收录有六十七卷。法国学者劳格文称其为"六世纪的道藏"，想想这皇皇百卷的浩繁规模，说宇文邕"自缵道书"是不太可能的。

关于北斗九星，《无上秘要》中就有记载，称其为九星君。

1. 阳明星，天之太尉，司正主非。
2. 阴精星，天之上宰，主禄位。
3. 真人星，天之司空，主神仙。
4. 玄冥星，天之游击，主伐逆。
5. 丹元星，天之斗君，主命录籍。
6. 北极星，天之太常，主升进。
7. 天关星，天之上帝，主天地机运。
8. 辅星，玉帝之星也。曰常者，常阳；主飞仙。
9. 弼星，太帝真星也。曰空者，恒空隐也；主变化无方。

与通常的北斗九星名称不一样，《无上秘要》记载的是另一套命名。

其中赫然列有一颗星就叫北极星。

---

[1] 唐释道宣《续高僧传》。

按顺序排下来，这颗北极星应当是勺柄上的第二颗开阳星。

再来看一下公元前 5000 年的北斗位置。

公元前 5000 年的时候，北斗勺柄的第一颗星瑶光比其他六颗星都更为接近北天极，要到公元前 4000 年的时候，勺柄第二颗星开阳才更为接近北天极。

事实上，公元前 4500 年左右，开阳、瑶光与北天极的距离就都差不多了。

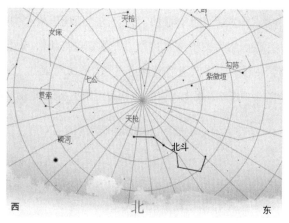

公元前 4500 年 7 月 29 日（夏至）0 点　　河南商丘

再考虑到开阳的星等为 2.4，瑶光的星等为 1.86，也就是说，在夜空里瑶光比开阳显然要更为明亮。

要跳过瑶光而将较暗的开阳选为北极星，只能在开阳比瑶光更为接近北天极的情况下才是合理的。

所以，《无上秘要》中记载的勺柄第二颗开阳星被古人视为北极星，应当不会早于公元前 4500 年。

《周髀算经》，是中国现存最古老的天文与数学著作，其中有载：

> 欲知北极枢璇周四极，常以夏至夜半时北极南游所极，冬
> 至夜半时北游所极，冬至日加酉之时西游所极，日加卯之时
> 东游所极。此北极璇玑四游。正北极璇玑之中，正北天之中。

按《周髀算经》的记载，明确说到北极有四游，夏至夜半
移动到南极，冬至夜半移动到北极，"冬至日加酉之时"到西极，
"日加卯之时"到东极。

也就是说，北极在旋转做圆周运动。

北极旋转一圈，这个圆周的中心，就是北天极，即现代人说
的地轴北端所指，"正北极璇玑之中，正北天之中"。

显然，《周髀算经》所说的北极指的就是北极星。

《周髀算经》一般认为成书于公元前一世纪，其中记载的勾股
定理传说是西周初年商高发现的，约在公元前 1000 年左右。

（五）

由《周髀算经》的记载可知，那时的人们已经明确知道北方
天空有一个众星围绕的中心，而这个中心点并没有一颗目力可及
的亮星。

茫然无际的夜空，怎么确定这个中心的位置呢？

办法就是观测"北极璇玑四游"，四游的圆周中心，就是北
天极。

也就是说，当发现夜空中存在这样一个不变的中心且众星围
绕其旋转之后，虽然中心点的位置并没有可见的亮星，但所有星
星相对于这个中心的距离都是固定的，那么反过来，以任意一颗
亮星为参照，就能确定这个不变的中心点在哪里——最好的选择
当然是那些终年整夜可见又足够亮的星星，比如北斗七星。

　　如图所示，众星旋转画出一个圆，圆心的位置就是《周髀算经》说的"正北天之中"，即北天极。

众星旋转留下的轨迹

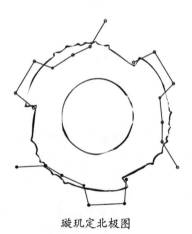

璇玑定北极图

　　问题是古人可没有照相机，不可能得到一幅如此直观的星空图。怎么办呢？这就需要用到辅助工具了。

　　还记得前文说到的出土玉器璇玑吗？其用途一直众说纷纭，

观天仪器之说则受到各种质疑。如果把玉璇玑放到确定北天极位置这一场景下，其功用就豁然可证一目了然。

出土玉璇玑都有三个或四个突起，突出的这几个玉牙大小形状都一样并均匀分布。所以，只要选定一颗亮星为参照，透过玉璇玑望向夜空，让不同时间看到的这颗参照星都位于玉璇玑外缘相同的特定位置，玉璇玑内圈的圆那一片区域就是北天极所在的天区，其中心即北天极。

作为夜空中众星围绕唯一不变的中心，显然，北天极的发现在天文观测中具有里程碑性质的重要意义。散落满天貌似无序的星星点点，从此就有了一个可以对其运动变化进行量化计算的坐标原点。

七、斗极：七只小猪的千年迷踪

北斗七星像一把勺子，这是人尽皆知的常识。

为什么说成勺子呢？因为很像。

但是，这并非是天下大同的想象，同样是这七颗星，在不同文化背景下可能就会有不一样的想象，比如西方人联想到的就不是勺子而是熊 —— 北斗七星是大熊座的一部分。

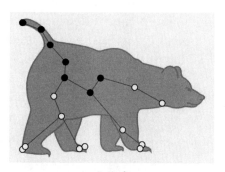

大熊座

从大熊座的尾巴尖开始往下数，那七颗星就是我们熟悉的北斗七星。

在古希腊神话里，天上这头大熊是与众神之王宙斯有染的美

女变的 [1]。旁边不远的小熊是他诸多私生子中的一个。大熊小熊母子俩屁股后面跟着的牧夫和猎犬，则是打翻醋坛子的赫拉派出的杀手，千年不变地上演着天神们的爱恨情仇。

你说，北斗七星究竟像勺子还是像熊？

中国人看成勺子，西方人看成大熊，北美的印第安人也看成是熊（不同的是，斗勺四颗星是熊，斗柄三颗星是三个猎人），不仅如此，还有很多不同的想象呢，如英国将其称为亚瑟王之车，英国农夫则视其为耕田翻地的犁铧，而在古埃及人看来却只是天神的一条腿或伊西斯女神之车。

由此可见，北斗七星到底像什么根本不存在标准答案，这完全取决于不同人群的文化偏好。而之所以要想象成这个而不是那个，目的其实也很简单，不过就是为了帮助识别和记忆。想想看，我们面对那些有三维有五官的同类时常还会犯脸盲症，面对满天星斗，这可全都简化成了一维的星星点点，岂不更让人抓狂，很容易变成星际迷航不知所在。

繁星点点，或明或暗，如果不借助形象化的联想帮助识别和记忆，你能认出夜空里的那些星星谁是谁吗？

像古希腊神话那样，除了创造大熊、小熊、猎人、猎狗这些形象，还要配上极其生动无比狗血的天神故事和八卦绯闻，这对于知识的记忆和传播真是极好的。

---

[1]　在希腊神话中，宙斯（Zeus）与仙女卡利斯托（Kallisto）有染并生下一个孩子阿卡斯（Arcas），忌妒的天后赫拉（Hera）知道后将她变成了一只熊。阿卡斯长大后在一次狩猎中偶遇成为熊的母亲卡利斯托并准备射杀她，宙斯为了阻止悲剧发生就把阿卡斯变成了一只小熊，并把大熊和小熊都升入天界，即大熊座和小熊座。

（一）

即便在中国，勺子也并非北斗七星的唯一选项。除了勺子，中国古人还把这七颗星想象成车。如《史记·天官书》载：

> 斗为帝车，运于中央，临制四乡。分阴阳，建四时，均五行，移节度，定诸纪，皆系于斗。

北斗七星是天帝的车辇，在星空的中央区域绕着北天极旋转，天帝就乘着这辆车巡视四方。

所谓中央，是相对于二十八星宿而言，因为北斗七星与北极星（北天极）距离很近。

如山东嘉祥县有一座武梁祠，建于东汉晚期桓灵时期（公元147—189 年），这座小祠堂的画像石上就有一幅帝车图。

山东省济宁市嘉祥县东汉武梁祠石刻[1]

如图所示，用线条连接的七个黑点就是北斗七星，车斗里面坐着天帝，有人随行，有人叩拜。

斗为帝车，那么，帝是谁呢?

当然就是位于北天极居中不动的北极星了，或者称之为太一。

---

[1]　转引自清代冯云鹏、冯云鹓辑《金石索》卷九。

帝，就是前面我们说的中国古代的上帝。

不仅如此，北斗七星还可以用来"分阴阳，建四时，均五行，移节度，定诸纪"。

简而言之，随着季节流转，北斗七星在不同季节，斗柄指向也各不相同，可以用来作为判断四季变化节气交替的参照。如战国时期《鹖冠子·环流篇》所载：

> 斗柄东指，天下皆春；斗柄南指，天下皆夏；斗柄西指，天下皆秋；斗柄北指，天下皆冬。

意思是说，夜晚观测北斗，春天斗柄指向东方，夏天斗柄指向南方，秋天斗柄指向西方，冬天斗柄指向北方。

北斗七星的斗柄就像钟表的指针一样，在固定的时间进行观测，不同季节指向不同方向，根据这种指向的变化规律，就可以很容易地判断节气的交替。

遗憾的是，《鹖冠子》的记载没有说明观测的具体时间是夜幕降临还是午夜时分抑或东方渐白的凌晨，要不就能根据这个时间和星象的变化推算出这段记载说的是哪个年代的天象。

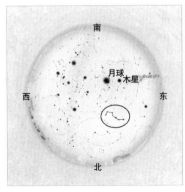
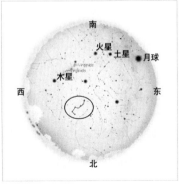

2016 年 3 月 20 日（春分）21 点　　2016 年 6 月 21 日（夏至）21 点

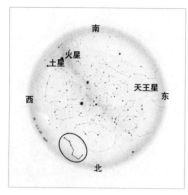 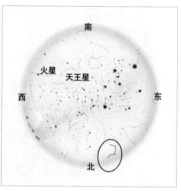

　2016 年 9 月 22 日（秋分）21 点　　2016 年 12 月 21 日（冬至）21 点

　　以 2016 年为例，分别在二分二至（春分、夏至、秋分、冬至）的 21 点观测北斗七星，其斗柄所指也大致符合上述记载。

　　图中黑圈标出的即北斗七星。由图示可知，现在的北斗七星其实已经不能整夜可见（图示模拟观测地点为河南商丘）。

　　北斗七星斗柄所指方向与人间的四季交替相对应，如果进一步细化，斗柄真的就像时针一样，不同月份指向不同方向，也就可以用来判断每个月的交替了。如西汉《淮南子·天文训》所载：

　　帝张四维，运之以斗，月徙一辰，复反其所。正月指寅，十二月指丑，一岁而匝，终而复始。

　　同样成书于汉代的《尚书纬》也有类似说法：

　　北斗居天之中，当昆仑之上，运转所指，随二十四气，正十二辰，建十二月。

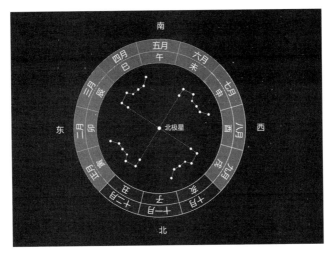

北斗斗柄指向与十二方位、月份对应图

有意思的是，这样的图示赫然就出现了我们熟悉的万字符（卐、卍），没想到吧。

如果太极图是对星宿绕着北天极旋转这一天象的描述，那么，太极图与万字符根本就是一回事。

《史记》说"斗为帝车"，而北斗七星斗勺的第二、三颗星分别名为天璇、天玑，斗柄的第二颗星名为玉衡，结合车的形状来看，璇玑二星正好是两个车轮，玉衡则是车斗前面连接马匹的车辕。

《尚书·尧典》中记载帝舜受禅于帝尧时"在璇玑玉衡，以齐七政"，其中的璇玑玉衡到底是什么，历来说法不一，但北斗七星里确实就有三颗星分别叫这个名字。

当然，北斗七星出现天璇、天玑、玉衡等星名，目前已知的最早记录见于《春秋运斗枢》：

斗，第一天枢，第二璇，第三玑，第四权，第五衡，第六开阳，第七摇光。第一至第四为魁，第五至第七为杓，合而为斗。

《春秋运斗枢》为汉代纬书，其年代并不算古老，所以，这些名称是自古传承还是汉代时受《尚书》启发而用以命名，不得而知。

如果从车的角度来说，璇玑二星正好是车轮，那么，璇通假为旋，玑通假为机，旋机即旋转的机械，北斗围绕北极星（北天极）周而复始地旋转，这不就是旋机吗？

机械一词古已有之，如《庄子·天地》所说："有机械者，必有机事。有机事者，必有机心。"《康熙字典》注解"机"为"机械，巧术也"。

所谓玉旋玑，因为是用玉做的，所以就写成璇玑。

各种玉质的璇玑出土时都摆放在墓主的胸口，或许这璇玑的用途，正是借用北斗绕着天极无穷旋转的力量，使得逝者得以往生天国归于上帝，或者重获新生。

（二）

我们都知道，北斗七星绕着北天极旋转，但是，如前文所述，北斗七星本身很可能就曾经在某一阶段被古人视为北极星。

到公元前 4500 年左右，北斗七星斗柄上的两颗星（瑶光与开阳）非常接近北天极，亮度略逊于瑶光的开阳星才可能被选作北极星，而道家典籍里恰恰有将开阳星称为北极星的记录。

人类对头顶这片星空的好奇和观测始于何时，恐怕很难追溯出具体年代。但可以肯定的是，对星空的认识和了解绝不可能一蹴而就。在一代又一代的古代先民不断积累和总结关于日月星辰运动规律的过程中，生活在北半球的中国古人，发现所有星星都在绕着北天极旋转（视运动），其实这是早晚的事。

不过，抛开神话叙事与上帝视角，得出这个今人看来不过是常识的结论无疑需要一个极为漫长的过程。

（三）

现在的北斗七星，分为斗勺和斗柄（即斗魁、斗杓）两部分，斗勺有四颗星，斗柄有三颗星。

除了在形状上可以明显地分成这两个部分以外，在公元前5000 年以前，这种区别更直接表现在每天晚上的星空运动当中。

因为公元前 5000 年以前，斗勺部分还不能整夜可见，其勺尖部位的星星仍然会和其他星星一样表现为东升西落。

如果追溯到公元前 8000 年，斗勺四星的这种运动特征会更加明显，也就是说，整个斗勺都表现为东升西落，只有斗柄三星始终都能看见。

斗勺部分的四颗星东升西落，那么，在当时的人们看来，这与其他星星并没有任何区别 —— 当然，他们还是有可能发现斗柄上的三颗星是始终可见的，终年整夜都能看见。

毫无疑问，在靠近真正北天极的星空范围内，北斗七星是最容易辨认的一组星星，而斗勺四星仍在东升西落，斗柄三星又始终都能看见，那么，当那时的人们首次意识到星宿在绕着北天极旋转，从而将斗柄头一颗星定义为北极星，这是极为符合逻辑而且顺理成章的事。

但事实是，目前只发现道家典籍里有斗柄第二颗星曾经被称为北极星，还没有证据表明斗柄第一颗星曾被当作北极星，所以，从这一点出发进行推测，古人发现星空运动是绕北天极而旋转，最具可能性的年代，应当是公元前 4500 年以后。

　　有意思的是，保守地说，包含四时八方概念的八角星纹，可追溯到公元前 5000 年的江苏；有明显的旋转意味的类太极图，可追溯到公元前 3300 年湖南、湖北一带的屈家岭。

　　八角星纹与太极图出现的年代，与我们推测的形成北极星概念应当在公元前 4500 年以后，正好形成一条递进的演进路线。

　　在八角星纹的时代（公元前 5000 年），古人们产生了四时八方的概念，并注意到星辰运动与四季变化之间的对应关系。

　　作为天空中最易识别的星座，北斗七星的斗勺四星虽然也东升西落，但这四颗星非常接近斗柄上终年整夜可见的北斗三星。而接下来的斗柄三星，中间的开阳将越来越比头上的瑶光更接近真正的北天极，于是，当北极星的概念形成，开阳星自然就被选为北极星了。

　　再往后到公元前 3000 年左右，描述这种星辰绕极旋转的图形诞生了——太极图形式的图案开始出现。

　　这个过程，用了一千多年的漫长时光。

（四）

　　北斗七星的斗柄与斗勺天然地可以分作两个部分，斗柄的开阳星还当过北极星，而且，所谓北斗七星，斗勺的四颗星才真的像个斗。

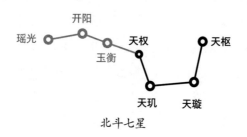

北斗七星

真正的斗，是没有把的。不出意外的话，像有把的勺子，很可能是后起的说法[1]。

民以食为天，斗是贮盛或计量粮食的用具；其次，斗勺四颗星才是真正的北斗，天上这个大斗绕北天极旋转并随季节变化位置，而气候变化则与耕种农时息息相关，那么，这个斗，成为古人的关注重点显然是顺理成章的，从视觉形象到基于生活的想象和愿望，都很贴切。

斗－甲骨文
《甲骨文合集》（CHANT:3217）

斗－金文
战国蚌脒鼎（CHANT:2103）、战国早期中胾鼎（CHANT:2228）
战国晚期雍工壶（CHANT:9605）、战国晚期廿五年郘（CHANT:10353）
战国晚期长陵盉（CHANT:9452）、战国平宫鼎（CHANT:2576）

勺－甲骨文
《甲骨文合集》（21146、30967、00974 正、21041）

---

[1] 所谓后起是相对而言，至晚到商代晚期已有带把的铜斗，见于河南安阳殷墟遗址，可能是盛酒器。

勺–金文

商代勺鼎（CHANT:1193）、西周早期做勺白戈（CHANT:11333）

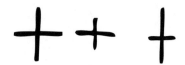

七–甲骨文

《甲骨文篇》（CHANT:0000）、《殷虚书契后编下》（9.1）、《甲骨文篇》
（CHANT:0000A）

　　四颗星构成的斗与粮食有关，投射的正是古人对生活乃至生存的希冀和祈愿。事实上，正因为这四颗星与"斗"形象相似，又与时间相关，以及事关生存和生活，即斗→季节→收成，人们才会将其命名为"斗"而不是"勺"——北斗，是斗而不是勺。

　　且慢，说斗没有把，可甲骨文和金文的斗都是有把的。

　　不错，甲骨文、金文的斗看起来好像确实有把，但是，同样有把的勺又是怎么写的呢？

　　很明显，甲骨文、金文中的勺就是形象化的勺子形状，对比斗的写法就会发现，斗的那个长柄其实并不像是手握的把。那么，斗字里面横竖交叉呈十字形这个部分又是取象于什么？是什么意思呢？

　　恰好，甲骨文里就有十字形的字。

　　甲骨文里这个十字形是什么字呢？

　　答案是"七"。

（五）

没错，正是北斗七星之数。

巧得很，日月五星合称七曜，正好也是七之数。日月，肉眼可见高悬于天；五星，与其他星宿不一样，它们是太阳系的行星，在东升西落的运动中，与北极星（北天极）的距离不断变化，时远时近。

于是，我们头顶这片星空大致可以这样描述：北天极居中不动，紧邻的北斗七星绕极旋转，斗勺如指挥棒一般，诸天星宿随着北斗的旋转而旋转。

这些星宿又可以分为两类，一类与北天极的距离保持不变，如二十八星宿——因为这些是恒星；另一类与北天极忽近忽远，如金木水火土五星——因为这些是行星。

在这样一幅诸天星宿绕着北天极旋转的图景中，真正的太一上帝（北天极）其实是隐身不见的，这更让北斗七星的地位变得愈加显赫，同时它的旋转，宣示人间四时节气的更替。

对仰望苍穹的古代先民来说，春种秋收，耕作与收获是美好生活的根本保障。粮食满仓，谷米斗量，还有比这更让人心满意足的期待吗？

所谓民以食为天，太一上帝身边的那个天斗，盛放的正是天下万民这如天之愿啊。

是的，我们有理由相信，斗的 U 形加上数字七，正是斗这个字的本源。

由此可见，斗这个字恐怕从一开始就是专指北斗七星的，也从一开始与人们对农事丰收的企盼及相关祭祀活动建立了联系。

北斗为斗，除了斗以外，或许还会有更生动的意象。

　　1977 年，在对浙江余姚河姆渡遗址进行第二期考古发掘时出土了一件猪纹陶钵，现藏浙江省博物馆。

　　猪纹陶钵出土所在文化层为河姆渡文化一期，其年代为公元前 5000 至前 4500 年[1]。

猪纹陶钵

　　猪纹陶钵俯视呈圆角长方形，斜腹平底，口部为 21.7 × 17.5 厘米，底面为 17 × 13.5 厘米，高 11.7 厘米。

　　在陶钵的长边相对两面外侧，各刻有一头基本相同的猪，其身上有两个圆圈图案，一个是猪的眼睛，一个在猪身上的中间

―――――――――

[1]　河姆渡遗址共分为四期文化，年代为公元前 5000 至前 3000 年，持续 2000 年。

位置。

显然，如果猪眼的圆圈只是写实，那猪身上的那个圆圈实在就很莫名其妙了。

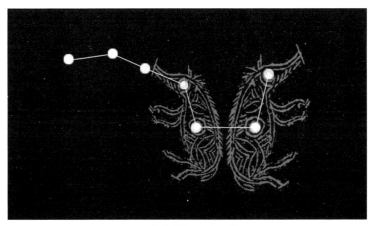

北斗斗魁与猪的形象

两头猪分别位于陶钵相对的两壁，如果把这四个圆圈看作星星的话，这不就是北斗斗勺的四颗星吗？

如果这种推测成立，那么，北斗七星——至少是北斗的斗勺四星，即斗魁——曾经被想象成猪。

所谓北斗的斗，其原型正是这个陶钵。没错，这个斗是没有把手的。

北斗是猪，有可能吗？

（六）

唐代郑处诲《明皇杂录》记载有一个关于北斗与猪的故事，读来饶有趣味。

僧一行是唐代著名天文学家，主持编修了《大衍历》，其设计制造的水运浑天仪可以自动报时。

僧一行小时候家境贫困，但邻居王姥家境富有而且很赏识他，前后接济僧一行数十万。长大成人以后，僧一行发达了，唐玄宗将他接到长安，"置于光太殿，数就之，访以安国抚人之道"[1]。皇上青眼有加，"一行承玄宗敬遇，言无不可"，对他言听计从，整个就是一国师待遇，这样的显赫地位，自然是闻达天下尽人皆知。

再后来，邻居王姥的儿子突然犯事杀了人，法办可得偿命啊，怎么办？这时候，王姥想到了接济过的僧一行，这事恐怕只能他有办法救得了。

法外开恩不就是破坏法律吗？僧一行当然不能这么干。他说："姥要金帛，当十倍酬也。君上执法，难以情求，如何？"

王姥很失望也很生气，可人家是皇上跟前的红人，能怎么着呢，也只能发发牢骚罢了："何用识此僧！"

故事到这完了吗？当然没有。

不过，学校里的老师们大概只会讲到这里，美其名曰"一行尊法"——这真是又一个断章取义的笑话——事情其实没完，还有下文呢。

王姥有恩于己，怎么能有恩不报呢？

此时的僧一行在浑天寺负责观天制历，手下好几百号人。于是他叫人空出一间房来，里面放一个大瓮，再悄悄地安排两个人，说你俩去潜伏，午后到黄昏，会有东西跑过来，一共有七个，你俩给我用布袋把他们全都捉住，一个也不能少，否则棍棒伺候。

到酉时，也就是傍晚5—7点，真的有东西跑过来了——一看是一群猪。于是，那俩人就把这七头猪全给逮了起来。"一行大

---

[1]《旧唐书·方伎列传》。

喜，令置瓮中，覆以木盖，封以六一泥，朱题梵字数十。"

一夜无话，第二天一早，皇上派人急匆匆地宣一行觐见，说太史报告，昨夜北斗七星忽然不见了，这可如何是好。

于是僧一行就说了："后魏时失荧惑，至今帝车不见，古所无者，天将大警于陛下也。"

荧惑就是火星，说后魏时曾经发生过火星不见，这种事本不稀奇，历史上发生过的。不过，现在可大大不同，是帝车不见了——帝车就是北斗——这可是有史以来从来都没有发生过。

啥意思？很严重啊，这是上天示警呢，陛下应该好好反思是不是施政不当是不是德行不彰，得想办法弥补，求老天爷原谅啊……

如此这般，这般如此，僧一行吧啦一通，最后说："如臣曲见，莫若大赦天下。"

你想想，史无前例地，帝车没了，这皇上敢不听他的吗？"玄宗从之"，大赦天下。

再然后，太史上奏，北斗七星又出现了，一天回来一个，七天后终于恢复正常。

不言而喻，大赦天下嘛，捎带着就把王姥的儿子给救了，而且完全不着痕迹。

显而易见，在这个故事里，北斗七星就是七头猪，所以抓捕的时间是在酉时，因为这时候才日暮降临，星星点点开始升上夜空。

这个故事的真实性无疑是不可能的，但其中所包含的北斗为猪的信息却非常明确。

另外，唐代徐坚《初学记》也有载：

　　《春秋说题辞》曰：斗星时散精为彘，四月生，应天理。

　　其引用的《春秋说题辞》是一本汉代纬书，斗星即北斗，彘就是猪。

　　虽然北斗与猪的关联并没有更多的文献记载可资佐证，但空谷回音，必有所自——河姆渡遗址的猪纹陶钵所寓意的北斗与猪相互关联的想象，说明猪的意象赋予夜空中的北斗早在公元前4000多年就已经产生[1]。

　　回推一下其实也不难理解。

　　在把北斗的斗勺四星想象成猪的时代，斗柄上的星被视为北极星，但毕竟与北天极离得还有一段不小的距离，随着观测精度的提高，以及在北天极附近发现更适合做北极星的星体，斗柄上的三颗星也就功成身退，与斗勺四颗星合为一体，回归到四只猪的队伍里，于是就变成了七只猪。

　　再者说，三星回归与斗勺四星合为七星，这也是天天可见的事实天象——前面我们说过，公元前4500年以后，北斗七星就已经全都终年整夜可见了——也只有这时候，斗勺四星才与斗柄三星真的成为一个整体，而不再是与其他星宿一样东升西落。

　　在更加名副其实的北极星诞生以后，北斗七星作为一个整体逐渐被赋予别的意象，比如勺子，比如车，原来的猪也就慢慢地淡出历史，只在各种民间故事里还留有曾经存在过的只鳞半爪。

---

[1]　前文模拟星图以河南商丘为观测地，河姆渡遗址位于浙江余姚（市中心北纬30°30′），其纬度低于商丘（市中心北纬34°26′），观测到北斗七颗星全都整夜可见要略晚于北方商丘地区，但这种差别并不悬殊。

（七）

如果只说公元前 5000 至前 4500 年的河姆渡猪纹陶钵，将上面的圆圈纹视为北斗斗勺的四颗星，其理据并不充分，但唐代文献的记载证明，历史上确实极有可能存在过将北斗想象为猪的阶段。

无独有偶，还有更有力的证明。

2007 年，对安徽含山凌家滩遗址的第五次发掘，出土了一件超大号的玉（石）猪。

凌家滩出土的玉猪

玉猪长 72 厘米，宽 38 厘米，高 22 厘米，重达 88 公斤，是凌家滩先民采用透闪石以圆雕工艺雕琢而成，猪嘴、猪耳、猪眼及獠牙都非常清晰，形象逼真，是目前出土的最大、最重、年代最早的玉猪。

出土玉猪的墓葬区，"是截至目前发掘出的档次最高、墓主人身份最显赫的墓葬"（语出负责凌家滩遗址第五次发掘的张敬国教授）。

猪陪葬并不稀奇，但还有一个至关重要的信息：

在已被取走的玉猪周围，还有很多造型各异的石器。考古人员说："这些石器从东南西北四个方向将玉猪包围在正中，这样的结构一定有特定意义，但具体的意义是什么，只有研究后才知道。"[1]

数量众多的石器分布在四周，玉猪居于中央，这种结构的意义何在？想表达什么意思？

答案呼之欲出。

如果将玉猪视为北天极的象征，那么，那些围绕着它，造型各异的玉器不就是满天的星斗吗？

诸天星宿环绕旋转的中心是北天极，与北天极重合或极为接近的星我们称之为北极星。虽然北斗七星距离北天极还有一点距离，但作为北方星空最为显眼的一组星，将其作为观测的基准坐标也是合理的——或者说，那时的人们将北斗所在的中央天区视为诸星环绕的中心，这个中心，是一片而不是一点，即所谓北天极是包括北斗在内的一片圆形区域，前文说到的用玉璇玑定位北天极，得到的正是这样一个圆。

凌家滩遗址的年代为公元前 3500 至前 3300 年，此时的凌家滩，北斗七星已经终年整夜都能看见，只要是晴朗的夜晚，随时抬头都能在北方星空找到那熟悉的七颗星。

如图所示，公元前 3500 年凌家滩地区看到的最接近地平线时候的北斗七星，七颗星都处于地平线以上，终年整夜可见。

---

[1]　《凌家滩遗址发掘：80 公斤重"超级玉猪"惊艳出土》，《安徽商报》，2007 年。

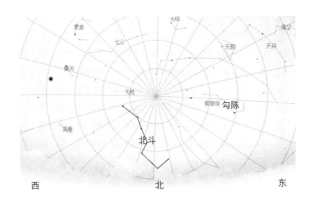

公元前 3500 年　　凌家滩

此时距离北斗七星在凌家滩地区能够整夜可见，已经过去了一千年，即这一地区整夜都能看到北斗的七颗星，始于公元前4600年左右。

如果公元前3500年凌家滩的玉猪是取象于北斗的话，那么，这头猪是斗柄三星或斗柄中间那颗星，还是像公元前5000年的河姆渡人那样，将斗勺四星看成是猪呢？

事实上，我们正在接近一个前所未知而出乎意料的发现。

同样在凌家滩遗址，还曾经出土过肚子里含有一片玉版的玉龟。

玉版上的图案一般都被解读为最古老的八卦。

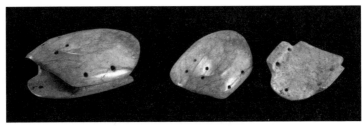

凌家滩出土的玉龟

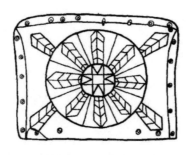

凌家滩出土玉版上的图案

　　仔细观察可以发现，玉版中间小圆内是一个八角星纹，其上下左右四正方位的箭头指向中心，但完全相反的是，小圆外面其他的箭头全都指向玉版的外围。箭头分别指向中心和四周，为什么？

　　这些图案中的箭头都意味着什么？

　　这些图案与北斗和北天极有关系吗？

　　真相其实非常简单，几乎一目了然。

　　而且可以肯定，至迟到公元前3500年左右的凌家滩，中国的古代先民已经认识到有一个真正的北天极（即一般认为的理论上始终不会移动位置的北极星，是所有星宿围绕着旋转的中心）。

附:《明皇杂录》节选

初，一行幼时家贫，邻有王姥者，家甚殷富，奇一行，不惜金帛，前后济之约数十万，一行常思报之。至开元中，一行承玄宗敬遇，言无不可。未几，会王姥儿犯杀人，狱未具，姥诣一行求救。一行曰："姥要金帛，当十倍酬也。君上执法，难以情求，如何？"王姥戟手大骂曰："何用识此僧！"一行从而谢之，终不顾。

一行心计浑天寺中工役数百，乃命空其室，内徒一大瓮于中央，密选常住奴二人，授以布囊，谓曰："某坊某角有废园，汝向中潜伺。从午至昏，当有物入来，其数七者，可尽掩之。失一则杖汝。"如言而往，至酉后，果有群豕至，悉获而归。一行大喜，令置瓮中，覆以木盖，封以六一泥，朱题梵字数十，其徒莫测。

诘朝，中使叩门急召，至便殿，玄宗迎谓曰："太史奏昨夜北斗不见，是何祥也？师有以禳之乎？"一行曰："后魏时失荧惑，至今帝车不见，古所无者，天将大警于陛下也。夫匹妇匹夫不得其所，则殒霜赤旱。盛德所感，乃能退舍。感之切者，其在葬枯出系乎！释门以瞋心坏一切喜，慈心降一切魔。如臣曲见，莫若大赦天下。"玄宗从之。

又其夕，太史奏北斗一星见，凡七日而复。

八、黄帝诞生：北斗再发现

北极、北斗七星、北天极、北极星，这几个相关的概念非常值得深究。

追溯中华文化的形成，这是一个至关重要的母题，甚至堪称源头。

概而言之，河图洛书、八卦、太极图、八角星纹、万字符等，全都与我们头顶上北方这片星空有关。

（一）

不要说几千年前的古人，即便是今天，如果从零开始观测星空，一片空白地从头开始构建天文体系，也不见得比古人更有先见之明。发现所有星宿都绕着北天极旋转（视运动）这个对今人来说不过常识的现象，同样也需要有若干年的积累。

如果这样的话，我们一定会将北斗七星想象成勺子吗？

未必。

前文我们说过，北斗七星既可以是勺子，也可以是车，还可以是猪或是熊，或是神仙的一条腿。

所以，推测在古人眼里北斗这几颗星会被看成什么，我们得去除掉所有先入为主的意象,包括我们都熟悉的斗和勺子,以及前文说过的中国古人曾经联想过的帝车和猪。

思维惯性会让我们错过显而易见的事实。

北斗七颗星分为斗勺与斗柄(学名斗魁、斗杓)两部分。

非常巧的是,勺与柄相连的天权星恰好是这七颗星里最暗的。

星的亮度以星等为单位,数字越小表示越亮,数字越大则越暗,6 等是肉眼可见的极限。

于是,以最暗的天权星为分界,北斗七星也可以分成两个部分。

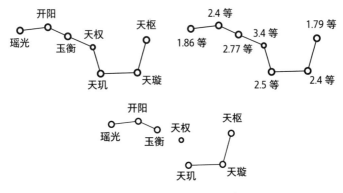

北斗七星以天权为界分为两部分

注意,不要再想勺或斗的意象了。

一图胜千言,看到了吗?——这不就是两个箭头吗?

前文说过,公元前 4500 年以后,北斗七星开始全都终年整夜可见,而且开阳星越来越靠近北天极。

以公元前 3400 年为例,我们来看看生活在安徽含山凌家滩地区的先人们会看到什么样的北斗与星空。

如图所示,公元前 3400 年凌家滩地区分别在二至二分日(冬至夏至和春分秋分)的晚上零点所看到的北方星空。

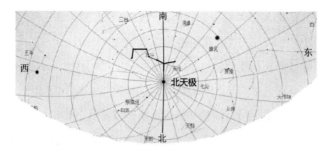

公元前 3400 年 1 月 15 日（冬至）0 点　　凌家滩

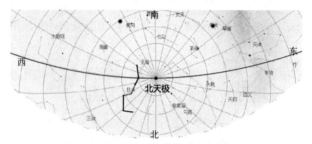

公元前 3400 年 4 月 18 日（春分）0 点　　凌家滩

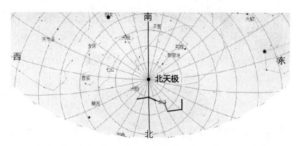

公元前 3400 年 7 月 21 日（夏至）0 点　　凌家滩

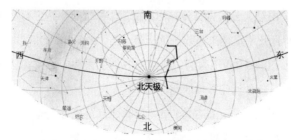

公元前 3400 年 10 月 19 日（秋分）0 点　　凌家滩

很明显，斗柄上的第二颗开阳星不仅靠近北天极，而且与它旁边的两颗星构成一个箭头。

请注意，在绕着北天极旋转的过程中，这个箭头始终指向的正是北天极。

当然了，因为箭头的左右两边并不等长，所谓指向北天极并不精确。但是，作为观星及确定北天极位置的参照，毫无疑问是非常有用又简便易行的办法。正如现在所说的用北斗七星定位北极星，用斗勺末端两星连线延长五倍，这里的五倍也只是大概而已。

更巧的是，在二分二至日，这个箭头分别指向了东南西北四个正方向，所以，还可以用来作为判断节气交替的参照。

如果把始终指向中心（北天极）的这个箭头称为指向天，那么，随着北斗的绕极旋转，斗勺三颗星组成的箭头则指向四周，也就是指向地，一年下来正好环绕一圈（晚上同一时间观测）。

将冬至、春分、夏至、秋分图中的北斗箭头单列出来，似乎还看不出什么所以然。我们再把这四个节气的图像合并。指向中心（北天极）的四个箭头所构成的图案已经若隐若现了。

没错，把四个箭头连起来，这不就是一个标准的八角星纹吗？

江苏武进潘家塘遗址的年代上限是公元前 5000 年，如果说出土的八角星纹中心那个圆圈表示北天极，应该很合理吧？

如果中心的圆圈代表北天极，那么，有一个事实必须注意，像上述那样通过观测北斗箭头而形成八角星纹，不可能在公元前 5000 年。

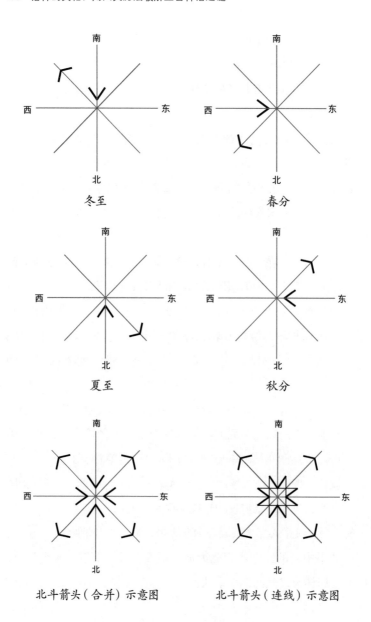

冬至　　　　　　　　春分

夏至　　　　　　　　秋分

北斗箭头（合并）示意图　　　　北斗箭头（连线）示意图

江苏武进潘家塘出土
马家浜文化（公元前 5000—
前 4000 年）

江西靖安出土
仰韶文化（公元前 5000—
前 3000 年）

湖南安乡汤家岗出土
大溪文化（公元前 4400—前 3000 年）

因为公元前 5000 年时，潘家塘地区看到的北斗那个箭头偏离北天极还很远。

再过一千年，即公元前 4000 年左右，潘家塘地区看到的北斗箭头的指向就开始接近北天极了。

到了公元前 3400 年，与凌家滩一样，毫无疑问可以将北斗箭头用来当作寻找北天极的路标。

公元前 5000 年 1 月 23 日   潘家塘

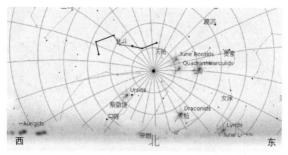

公元前 4000 年 1 月 23 日　　　潘家塘

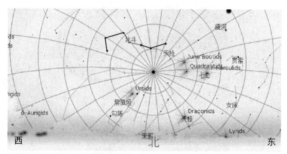

公元前 3400 年 1 月 23 日　　　潘家塘

　　这么看的话，潘家塘出土的那个八角星纹极有可能出现在公元前 4000 至前 3000 年之间。

　　如上所述，我们有理由相信，至迟到公元前 3400 年左右，安徽凌家滩、江苏潘家塘等地区的古代先民已经发现了星空旋转的中心（北天极）并通过北斗星的箭头确定其位置。

　　这与今天的我们用北斗七星斗勺上的两颗星连线延长五倍距离来定位北极星，思路和方法别无二致。不管是用斗勺两颗星连直线还是看斗柄三星组成的箭头，都只是因时制宜的办法而已。

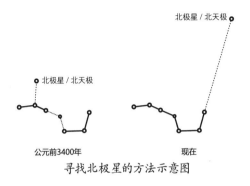

寻找北极星的方法示意图

在漫天星斗中，北斗七星很容易识别，倘若没有这个亮度足够又极易识别的北斗，要想直接找到北极星，那将是非常非常困难的。也许你会说，把北斗头两颗星的连线延长以确定北极星的方向，这是定向；连线延长五倍，这是定位。既定向又定位，才是北极星的所在。只定向不定位，这个路指得可不太负责任啊。

没错，北斗箭头所指只是方向，又如何定位呢？

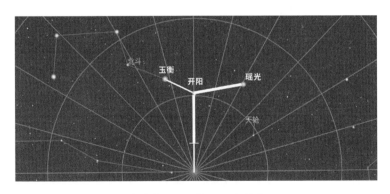

公元前 3400 年　　凌家滩

很简单，把北斗箭头这三颗星（玉衡、开阳、瑶光）所构成的箭头这两段连线加在一起，从箭头开始到北天极的位置，其距离恰好就是这两段线的和。

这当然是巧合，但不也正是自然造化的奇妙吗？

要知道，我们今天所用的北斗连线延长五倍的方法，其实也只是大概而已，不论方向还是距离，都只是大概。

当然，所不同的是，今天的北极星是勾陈一，是一颗目视可见的二等亮星。但请注意，今天的北极星其实并不在真正的北天极的位置，找到北极星并不意味着就确定了北天极的位置。

（二）

八角星纹很可能就是来自对北斗及北天极的观测实践。

有人说八角星纹表示太阳，现在看来，这种猜测可能并不恰当。

在江苏潘家塘之前，中国还有更古老的八角星纹。

如湖南岳阳坟山堡遗址出土器盖上的的透雕图案，未校正的碳 14 年代是公元前 5700 至前 5300 年。

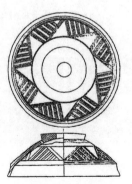

湖南岳阳坟山堡遗址出土器盖上八角星纹 [1]

---

[1] 此图及下一图均转引自郭静云、郭立新：《从新石器时代刻纹白陶和八角星图看平原与山地文化的关系》，《东南文化》，2014 年第 4 期。

又如湖南洪江高庙遗址出土陶器上的压印八角星纹，该遗址的年代上限为公元前 5800 年。

湖南辰溪松溪口遗址高庙文化晚期白陶盘上八角星纹

显然，这两种八角星纹与潘家塘的八角星纹完全是两种类型，如果说这两种尤其是第一种图案代表太阳的话，大约还说得过去。

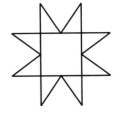

不同的八角星纹图案

如果年代更久远的八角星纹是太阳（公元前 5800 年），然后再过 2000 年，又产生由北斗和北天极形成的八角星纹，那么，这就意味着古人们先是看太阳，发现太阳与季节气候的关系；经过若干年的观测积累，又发现存在一个诸天星宿围绕旋转的中心

（北天极），并找到北斗与北天极的关系，以及北斗箭头的指向与季节气候的关系。

这样的演进路线，想来应当是符合人的认知逻辑的。

比如历法的制定就直接取决于太阳和月亮，以前者为参照是阳历，以后者为参照是阴历，所以，对日月的观测无疑要早于北斗以及其他星宿。

由太阳而来的八角星纹又为什么是八角而不是三角五角呢？其实很简单，这个八就是节气中的分至启闭（二分二至与四立），即春分秋分（二分）、冬至夏至（二至）、立春立夏（启）、立秋立冬（闭）。在二十四节气中，这八个节气最重要也最好记。所谓四时八节，四季冷暖就在这八个节气的次第轮转中周而复始。

也就是说，我们现在的二十四节气最终成形有可能会晚一些，但最晚到公元前 3400 年左右或更早，中国的古代先民已经有了上述八个节气的概念。当然，再往前推，一开始可能只有四个节气，即二分二至，也就是女娲补天的故事中所说的四极 ——"往古之时，四极废，九州裂。"[1]

（三）

子曰："书不尽言，言不尽意。"

怎么才能更加地尽言尽意呢？

子曰："圣人立象以尽意，设卦以尽情伪……"

立象设卦就是更好的办法。

象，即图像；卦，即八卦。八卦也可以算是一种图像。

---

[1] 请参阅本书第一章之《女娲补天：天之数有几何？》。

这就是所谓的一张图胜过千言万语。

不过,如果只剩下图而没有只言片语的解说,其实更有可能让人摸不着头脑。

比如《山海经》,传说原来是有图的,而流传下来的文字,不过是些后人看图说话的文章。看图说话少不了连蒙带猜,难免自说自话开脑洞,所以,《山海经》就有了许多不可思议甚或令人惊悚的奇人怪兽,以至于汉代的司马迁都说:"至《禹本纪》《山海经》所有怪物,余不敢言之也。"

安徽含山凌家滩遗址 1987 年第一次发掘出土的玉龟玉版,也是有图无文的。

玉龟玉版出土时位于墓主腹部,玉版在玉龟的背甲和腹甲之间。

发掘报告的描述引用如下:

> (玉龟)透闪石,灰白色泛黄。由背甲和腹甲组成。背甲,圆弧形,琢磨出背脊和背上龟纹,两边各钻 2 个圆孔,两孔间琢磨出凹槽,尾部对钻 4 个圆孔;腹甲平底两边略向上斜弧,两边与背甲对应处也钻 2 圆孔,尾部 1 圆孔。背甲和腹甲上的圆孔都应是拴绳固定之用。背甲长 9.4 厘米、高 4.6 厘米、宽 7.5 厘米、厚 0.65 厘米;腹甲长 7.9 厘米、宽 7.6 厘米、厚 0.55 厘米。
>
> 下葬时,玉龟腹、背甲之间还夹有一个长方形玉版。玉版为透闪石,牙黄色,两面精磨,体扁薄,两端各有 5 个圆孔。版面正中刻出两同心圆圈,小圈内刻出八角星纹,大小圈之间以直线划出 8 个区域,每一区域内琢磨出圭形纹饰 1 个。

1998 年第三次发掘又出土了一件有八角星纹的玉鹰。

凌家滩出土的玉鹰

如上所述，八角星纹代表北斗的三星箭头、北天极以及历法上的二至二分（冬至夏至和春分秋分），按照这一思路来看，玉鹰中心的孔，就应当是那时的北极星，也就是公元前3400年左右时最接近北天极的右枢星。

如图所示，公元前3400年的凌家滩看到的星空，紧邻北天极的就是右枢星，图中用圆圈标出的即是，这是一颗星等为3.65并不很亮的星星。

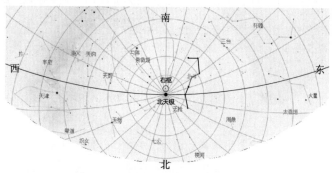

公元前3400年10月19日（秋分）　凌家滩

之所以玉鹰中心的孔并不在中间小圆的中心位置，就因为右枢星虽然是非常接近北天极而名副其实的北极星，但并不与北天极重合，最接近的时候也仍然还有 6′ 的角距。

现在的北极星是勾陈一，其与北天极的距离和 5000 多年前的右枢星与北天极的距离非常相似，也就是说，公元前 3400 年左右的中国古人与我们今天看的北极星虽然不是同一颗星，但北极星与北天极这两者的关系几乎一样。

当然了，现在的北极星勾陈一可比当年的北极星右枢要明亮得多，相较而言，也更靠近北天极。

如果这一推测属实，那么，公元前 3400 年的中国古人毫无疑问已经发现了北天极和北极星。

太一、天一、太极等由北极星所衍生的理念和文化，从此将逐渐浮出水面。

如果中国古代确实有所谓太阳崇拜的话，那么，至少从公元前 3000 多年开始，太阳的地位虽则仍很重要，但也已经从崇拜走到了日暮穷途，因为在诸天星宿当中，居中不动的北天极与北极星，无疑才是真正的王者。

所以，在中国的神话里面，太阳每天东升西落，是因为有人驾车带着它出来周天巡游。如屈原的《离骚》：

> 吾令羲和弭节兮，望崦嵫而无迫。

在《山海经》里，羲和是太阳之母："有女子名羲和，为帝俊之妻，是生十日，常浴日于甘泉。"

屈原那句话的意思就是，人在归途，驾着马车载着太阳的羲和，请放松手中的缰绳，虽然崦嵫山已然在望，但从容一点吧，不必匆匆忙忙地回家。换句话说，就是太阳晚点落山。

日落早或者晚，并不由太阳自己决定，得听羲和的，羲和又得听我的（"吾令羲和"）。

太阳可被人驱使，而作为天帝的化身，北极星与北天极只能被所有的星宿围绕，只可远观，不可亵玩，高冷如此，谁又敢撑着出来溜达呢，当然这也不可能——北天极不仅居中不动，甚至多数时候都是隐身不见的。

也就是说，天天受命东升西落的太阳，虽然其明其亮在天地间独一无二，但并不是那个居中不动的终极王者。

再后来，北极星自然就与人间的天子皇帝相对应了，北天极所在的那片星空也被称为紫微垣，就像皇帝待的地方叫紫禁城一样。浩邈苍穹，诸星周流，拱极中央，巡游四方。在这样的时空背景下，中国人产生"溥天之下，莫非王土"的天下观，实在是顺理成章再自然不过的了。

（四）

玉版上的八角星纹由四个分布在四方并指向中心的箭头构成，其外围的 12（8+4）道圭形纹则各由四个指向外面的箭头构成。

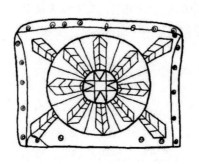

凌家滩出土玉版上的图案

玉版上的箭头有指向内外两种，完全就是北斗星所构成两个箭头的形状及方向。

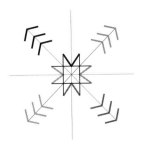

玉版上的箭头示意图

玉版上图案以及四周圆孔的具体含义暂且按下不表，我们来看北斗构成的箭头形。

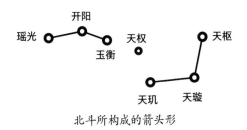

北斗所构成的箭头形

前文说过，道教类书《无上秘要》有将开阳称为北极星的记载，这一说法的源头，也许就来自公元前3000多年的凌家滩或其同时代的古代先民。

因为开阳星正是指向北天极的那个箭头的尖，开阳星所指的前方就是北天极。在找到真正的北天极之前，将开阳星视为北极星没有问题；找到北天极以后，开阳星作为紧邻北天极的北极星也没有问题。

同样是凌家滩，还出土过几件玉冠饰，其中一件略有残损但可以辨认出完整器形。

凌家滩出土的玉冠饰

与似曾相识被称为玉八卦的玉版比起来，这件玉冠饰同样让人费解。

不过，有了北斗箭头的概念，这件玉冠饰的造型来源不就一目了然吗？

玉冠饰的人字形尖顶，就是开阳星所在的箭头，它指向北天极，甚至本身就曾经被当作北极星。

左右两个圆环，不就是开阳星两边的瑶光和玉衡吗？

至于下面两个小的穿孔，貌似可以看作开阳星两侧的辅弼二星（即从北斗七星到北斗九星另外加上的那两颗暗星），但将其位置做了调整，从艺术造型的角度来说，这是很自然的创作手法。

北斗七星与辅弼二星

有些人说这个玉冠饰是装在梳子背上的手柄，是否有那样的具体功用颇为令人怀疑，但从造型的意象来看，有理由相信它象征的就是北天极和北极星。

据阿城的考证，天极神的符形直到春秋战国才从各种青铜器玉器等上面逐渐消失，与之相伴的是周天子的日渐式微和各路诸侯取而代之的王霸野心[1]。

天极神就是天上的北极星和北天极的形象化与人格化，在人间对应的正是"溥天之下，莫非王土；率土之滨，莫非王臣"的王道天子。

那么，公元前 3000 多年的时候，随葬玉冠饰的墓主，其身份恐怕非比寻常。

从发现北天极居中不动形成天极神的概念（凌家滩遗址为公元前 3400 年左右，也许产生天极神的意象要稍晚），到春秋战国的东周乱世（公元前 770—前 221 年）天极神符形逐渐消失，其间延续了两千来年。

（五）

凌家滩玉版被称为玉八卦，那一堆的箭头何以与八卦扯上关系？就因为小圆与大圆之间的圭形箭头有八组？

事实上，八卦与天文历法息息相关，甚至可以说，八卦诞生之初，很可能就是用来标记历法的，也就是说，八卦本就是历法的一部分。

我们单从箭头与八卦的关系来看。我们熟悉的八卦符号是用一长横表示阳爻（—），两短横表示阴爻（- -），但至少直到战

---

[1] 阿城：《洛书河图：文明的造型探源》，中华书局，2014 年。

国中晚期，古人的卦爻符号并不是这样的。

1980 年，张政烺先生发表《试释周初青铜器铭文中的易卦》，首次提出数字卦的问题，即用数字表示的八卦，所用数字有一、五、六、七、八等。

如图所示，其中的六就写作箭头形状。

编号	原文	释文	经卦	别卦		编号	原文	释文	经卦	别卦
1			震乾	大壮		18			巽震	益
2			乾震	无妄		19甲			坎兑	节
3			坤巽	升		19乙			巽坎	涣
4			坎震	屯		20			离坎	未济
5			巽乾	小畜		21			坤	
6			坤离	明夷		22			巽	
7			乾坤	否		23			兑	
8			离坎	未济		24			艮	
9			坎离	既济		25			艮坤	剥
10			艮艮	艮		26			坎坤	比
11			艮巽	蛊		27			震离	丰
12			乾			28			巽兑	中孚
13			震巽	恒		29			巽艮	渐
14			艮坎	蒙		30			兑乾	夬
15			震震			31				
16						32			乾	
17			坎							

甲骨所见周初 32 个易卦 [1]

---

[1]　引自张政烺：《试释周初青铜器铭文中的易卦》，《考古学报》，1980 年第 4 期。

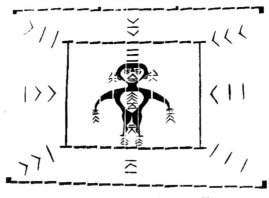

清华简《筮法》人身八卦图 [1]

到战国时期，多个数字组成的八卦开始简化成用两种符号书写，但仍然不是一长横与两短横的形式。

2008 年，清华大学收藏的一批战国竹简，碳 14 测定并树轮矫正后，其年代为公元前 305 年（±30 年），即战国中晚期。

清华简中有一篇《筮法》，其八卦就已经只使用两种符号进行书写，一是长横，二就是箭头，若按数字解释，分别表示一和六。

不过，需要注意的是，其实六的甲骨文与金文写法绝大多数都不是形如数字卦那样的箭头形状。

六–金文

《金文编》

[1] 引自李学勤主编：《清华大学藏战国竹简（肆）》，中华书局，2013 年。

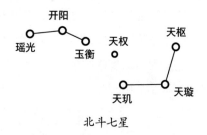

六-甲骨文
《甲骨文编》

上述的数字卦从周初到战国，箭头形的六字在卦爻书写中的形状保持稳定，并与诸多甲骨与青铜器上铭刻文字的六有所区别，似乎箭头形的六字是一个专用在八卦系统中的符号。

北斗星构成的箭头是否与六有关不得而知，但无巧不巧，北斗那两个箭头确实就是由六颗星组成。

北斗七星

也许你会说中间的天权与旁边的玉衡天玑两颗星不也能构成一个箭头吗？答案是不会。因为就亮度来说，天权星比另六颗星都暗得多，视觉上并不会让人产生这样的关联，而且即便以其为另一个三角箭头，箭头所指也并没有什么特别之处，没有用自然就不会如此联想。

为什么要两个箭头加起来算六颗呢？

因为一个箭头始终指向北天极，另一个箭头则一年转一圈指向四面八方，两个箭头同步，一个指天，一个指地。

如果周代数字卦中箭头形的六与北斗的箭头有关，那么，莫非最初的时候，八卦的书写并没有分出阴爻和阳爻，全都是用箭头表示的？

如果是这样的话，凌家滩玉版上的图案真的就是最古老的八卦了。

如果真是这样的话，莫非最初的八卦并非三爻卦而确实有过四爻卦？

不信你看看玉版上的图案，那 12（8+4）组圭形符号不都是由四个箭头组成的吗？

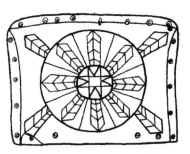

凌家滩出土玉版上的图案

不要以为四爻卦是无稽之谈，自张政烺先生始，1980 年以来，在商周时期的卜甲陶器等上面发现的数字卦已有超过百例，其中就有几例不是三爻或六爻（所谓八卦即为三爻卦，六十四卦即为六爻卦），这几个例外中就有四爻卦（还有五爻卦）。

有的可能是因为器物残损或青铜器锈蚀造成的，但也有很明显就只有四个数的四爻卦。

如巴黎归默博物馆藏殷墟卜甲（六一一六，饶宗颐释）、李家崖城址出土三足瓮上的刻文（六六六十）、殷墟第三期的甲骨卜辞（六七七六）等，这几个都是殷商时期的遗存。

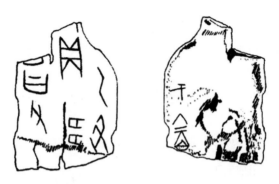

巴黎归默博物馆藏殷墟卜甲（正反两面）[1]

李家崖城址三足瓮刻文 [2]

---

[1] 右侧甲骨释读为"六一一六"有异议，或为"戈六百"。

[2] 图片转引自吕智荣：《陕西清涧李家崖古城址陶文考释》，《文博》，1987年第3期。

殷墟第三期卜辞

巴黎归默博物馆藏殷墟卜甲的数字卦在上图反面那张图的左下角位置，其正面刻辞为：

乙丑（卜），□，贞：多……（王）占曰：父乙……

该卜甲年代为商代高宗武丁时代，即公元前 1250 至前 1192 年（据夏商周断代工程）。

李家崖城址出土三足瓮上的刻文有两组，内容一样，都是"六六六十"。其年代上限为商代祖庚、祖甲时代（公元前 1200—前 1157 年），下限约不晚于西周中期（发掘者张映文、吕智荣观点）。

殷墟第三期卜辞上的数字卦是倒着刻的，旁边文字为"于丧亡哉""吉"，见于《甲骨续存》（1980）、《甲骨文合集》（29074），其年代为商朝禀辛、康丁时代，即公元前 1156 至前 1145 年（董作宾、陈梦家观点）。

此外，西汉扬雄撰有《太玄经》一书，其体裁结构类似《周易》，但讲的也是一种四爻卦，不过并不叫卦而称为首。与《周易》的二进制六十四卦不同，《太玄经》是三进制，共有八十一首。当然，能读懂《太玄经》的大概得是凤毛麟角，这里引用只不过是用作一个开阔思路的例证而已。

说到这里，是否能推断八卦的产生就在凌家滩时期的公元前3400年左右呢？

现在就下结论，恐怕还为时尚早。

（六）

如上所述，我们提出了一种北斗七星图形识别的新样式，即以亮度最暗的天权星为分界，斗柄三颗星和斗勺三颗星分别构成两个箭头。

因为岁差的缘故，地球自转轴所指向的北天极会发生周期性偏移（约25800年），在这一过程中，北斗七星与北天极之间的距离和位置关系也会发生变化。

在公元前3400年左右，北斗七星围绕北天极旋转时，斗柄三颗星组成的箭头正好指向北天极。在这一时期的古人，就完全可以用北斗形成的箭头作为寻找北天极（北极星）位置的参照。

同时，如果将公元前3400年二至二分日（夏至冬至和春分秋分）这四天夜里的零点所观测到的北斗七星所在位置的星图合并，就能够形成八角星纹，正好呼应同期的凌家滩遗址出土的玉鹰。

既然北斗七星与北天极的位置关系会因为岁差而不断变化，那么，我们不妨把时间轴拉长，来看看北斗七星的这俩箭头在不同时期能够组成什么样的图形，即北斗七星的万年轨迹。

先做个简要说明：

1. 一年365天，以45天左右为间隔取一年中的八天用来观测星空，其效果相当于取二至二分四立的八个节气。

2. 每年中的这八天均取半夜零点观测星空，分别标记出北斗箭头的位置。

3. 将每年八天这八张星图以北天极为中心合并。

4. 所有模拟观测点位于湖南洪江地区（对应公元前 5800—前 4000 年的高庙遗址）。

5. 斗柄上的箭头用灰色标示，斗勺上的箭头用黑色标示，灰色弧线表示地平线，如果北斗箭头位于灰色弧线以下，表示此时的北斗七星对应部分不能看见，即不能终年整夜可见；灰色弧线以上则表示每天夜里都能看见的区域。

6. 约以千年为间隔，上溯至公元前 7000 年，后推到公元 5000 年，即现在再往后约 3000 年，共 12000 年。

按以上规则将历年星图合并，就能直观地看到这 12000 年中北斗七星的变化（中心黑点表示北天极，即所有星宿围绕旋转的中心）。将这些不同时间的图形横向排列，其变化一目了然。

显然，最明显的变化趋势是北斗箭头由外向内聚拢，然后又逐渐向四周散开。

公元前 4000 年左右，一年中八天的北斗箭头合并形成的图形已经比较像八角星纹了。

到公元前 3400 年左右，这是一个特殊时期，其星图有三大特征：

一是此时北斗七星全都终年整夜可见。

二是斗柄上的箭头正好指向北天极。

三是北斗箭头所组合成的图形最接近八角星纹。

公元前 1000 年之前，斗柄三星构成的箭头更靠近北天极，此后斗柄和斗勺的俩箭头逐渐交错，斗勺三星构成的箭头开始更靠近北天极。

公元前 1000 年，为西周初期（武王伐纣灭商的时间，按夏商周断代工程的成果，为公元前 1046 年；按柏杨《中国历史年表》，为公元前 1122 年；本人复原为公元前 1047 年，参见拙著《五星聚：星象中的天命转移与王朝盛衰》）。

到公元元年左右，斗柄与斗勺的俩箭头构成图形正好交错，此时为西汉末年（公元八年王莽篡汉）。

公元元年以后，斗柄末端的瑶光星开始有升降现象，不再能够终年整夜可见。

此后斗勺上的箭头比斗柄上的箭头更为靠近北天极，但北斗七星整体趋势是逐渐远离北天极。

关于北天极（北极星）的定位，公元前 3400 年左右可以用斗柄三星的箭头作为参照；到公元元年左右，斗勺末端两颗星的连线就开始指向北极星了，直到现在我们都还是用这种方法定位北极星。再过 3000 年，这一方法仍基本可用，但与现在的连线延长五倍不同，得延长七倍左右才是北极星的位置。

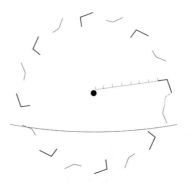

公元 5000 年寻找北极星的方法

作为北方星空毗邻北天极并且足够明亮易于识别的一组星，北斗七星被古人称为天帝乘着巡游四方的车辇，如《史记》所载：

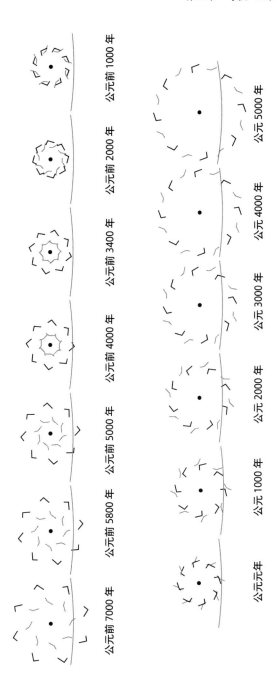

历年星图（由 Stellarium 软件模拟生成，其数据模型或与实际情况有出入）

公元前 1000 年

公元前 2000 年

公元前 3400 年

公元前 4000 年

公元前 5000 年

公元前 5800 年

公元前 7000 年

公元 5000 年

公元 4000 年

公元 3000 年

公元 2000 年

公元 1000 年

公元元年

"斗为帝车，运于中央，临制四乡。"但是，随着北斗七星逐渐远离北天极而且落入地平线以下的时间越来越久，天帝的这辆车只怕是该淘汰了。

不过话说回来，人间的帝已经被取缔，天上这个帝大概也早已归隐了吧。

（七）

回到五千多年前的古代中国，仰望苍穹，诸天星宿东升西落周流不息已经不知千年万载，但是，岁月流转中变化已经悄然来临——在北方的夜空中，北斗七星终于全都升入恒显圈[1]。

人们发现，每当夜幕降临，随时抬头它们都在那里，明亮而独特，非常容易辨识。

尤为特别的是，北斗中的玉衡、开阳、瑶光和天枢、天璇、天玑巧妙地分为两组（六颗星均为二等星，两组之间的天权星为三等星较暗）并构成两个三角箭头，一个指向北天极不停旋转，另一个同步运动指向四面八方。

两个三角箭头恰如路标一般，让先民方便地找到诸天星宿旋转的中心（北天极）；又如指针一般，为春种秋收辛勤劳作的先民指示四季更替，不误农时，功莫大焉。

重返五千多年前的视角，让我们发现一个不见史载久已失传的观星模式，如此直观又显而易见，无可辩驳地向我们昭示着一个新时代的来临——黄帝即将诞生。

前文我们说过，皇的意象源于太阳，帝的概念由北天极衍生，

---

[1] 恒显圈指终年整夜可见的星空区域，该区域内的星体一年四季都能看到而不会表现为东升西落。地球上不同纬度的地方看到的恒显圈各不相同，纬度越高，恒显圈越大。

现在，可以揭开黄帝何以为黄帝、为什么要以黄为名的秘密了。

我们来看甲骨文中的黄与寅、矢这三个字。

不难发现，黄、寅、矢这三个字实在太像了，黄与寅更是极为相似如出一辙——显然，它们都有一支利箭在身。

我们知道，作为象形文字，很多汉字都有拟形的原型，水如流淌之形，火呈升腾之貌，山是峰峦耸立。同样，矢就直接来自对箭的形象模拟，在甲骨文中，矢字正是"象箭矢之形，箭的镝、栝、羽均清晰可见"。

寅字则是在矢字基础上添加了一个口形，事实上，甲骨文、金文中的寅字甚至都没有单独成字而完全就是借用矢字来表示，也就是寅直接写作矢，矢就是寅，后来是为了分别二字才在矢字基础上添加了这个口形，于是矢和寅就成了两个字。

寅是什么意思呢？十二地支之一，表示正月，为一年之始。

黄-甲骨文

《甲骨文合集》（CHANT：2550、2550A）

寅-甲骨文

《甲骨文篇》（CHANT：0000、0000A、0000B、0000C、0000D）

矢-甲骨文

《甲骨文合集》（CHANT：2544、2544A、H0069B、#2542C）

想想看，一年之始的寅为什么要借用矢字表示？为什么要以箭矢为代表？

黄又为什么和寅如此相似？为什么也要用箭矢之形来表示？

寅和黄中的箭矢之形，从何而来？

当我们有了对北斗七星的新认识，答案就已经昭然若揭。

没错，黄和寅的利箭正是来自北斗箭头，更准确地说，黄之箭来自指向北天极向内的箭头，即北斗斗柄（斗杓）上的玉衡、开阳和瑶光三星；寅之箭来自指向东南西北四方向外的箭头，即北斗斗勺（斗魁）上的天枢、天璇、天玑三星。

为什么呢？很简单。斗勺上的三星箭头随时间推移指向四方，年复一年，周而复始，冷暖春秋，应时而来，正如我们今天的钟表指针一般，可以作为季节变换的指示，根据这个箭头的指向，就能知道现在是几月几时。

作为一年之始，寅用这个箭头来表示真是再合适不过了。观象制历后向民间推广，实在也是简便易行又通俗易懂的绝好办法。

斗柄上的三星箭头则始终指向的是北天极，这个天心所在正是中国古代先民所认为的上帝居所。上帝坐镇在天的中央，诸天星宿列次排班围绕着这个中心旋转不休。

公元前 3400 年左右，隐秘的上帝终于给出了指引的路标，只要沿着三星箭头的方向，天的中心就一目了然，于是，在帝的既有概念之后，黄帝应运而生。

作为黄帝特指的黄字，自然也就像寅字一样有了箭矢的形象。

斗柄三星箭头不仅始终指向中心，更妙的是，在特定时刻观测〔如一年之中二至二分（冬至夏至和春分秋分）的午夜〕，这个箭头还正好指向四正方位（东南西北）。于是，四方与四季融为一体，空间与时间一体联动，在中间的黄帝周围，四方帝各领一方，此即东方青帝太昊、南方赤帝炎帝、西方白帝少昊、北方黑帝颛顼。

如此一来，黄帝四面[1]的千古之谜也就揭晓了——所谓黄帝的四面，其实就是东南西北的四方帝。

四方帝与中央的黄帝一起，成为天地万物的主宰，也就是说，所谓五帝，实际上是五位一体，指向的都是至高无上的天帝；而五位一体，又是一主四从的关系，即中央黄帝为主，四方帝为从，所以在传说中就有了黄帝胜四帝、黄帝杀四帝的故事，如《孙子兵法·行军》所载："凡四军之利，黄帝之所以胜四帝也。"《墨子·贵义》则说："帝以甲乙杀青龙于东方，以丙丁杀赤龙于南方，以庚辛杀白龙于西方，以壬癸杀黑龙于北方。"这里的帝杀四龙，帝即为黄帝，四龙即四方帝[2]。

更进一步说，中央黄帝与东南西北四方帝不只是主从关系，所谓四帝，其实就是中央黄帝的化身，所以，拟人化的四帝各有一张不同特征的面貌，四帝合一的黄帝自然就成了"四面"。如宋代类书《太平御览·人事部六》有载：

> 河图曰：苍帝方面，赤帝圆面，白帝广面，黑帝深面。

---

[1] 《太平御览》卷七九引《尸子》："子贡云：'古者黄帝四面，信乎？'孔子曰：'黄帝取合己者四人，使治四方，不计而耦，不约而成，此之谓四面。'"这里的传说是指黄帝有四张脸。

[2] 《吕氏春秋》："故黄帝立四面，尧舜得伯阳续耳然后成，凡贤人之德有以知之也。"这里是讲求贤以治国，"黄帝立四面"与"尧舜得伯阳续耳"并列，而伯阳和续耳是两个人，可知所谓四面应为四人，亦即四方帝。帝杀四龙即帝杀四帝，如1972年出土的山东临沂银雀山汉墓竹简《孙子兵法》佚文《黄帝伐赤帝》："孙子曰：(黄帝南伐赤帝，至于□□)，战于反山之原……东伐□(青)帝，至于襄平……北伐黑帝，至于武隧……西伐白帝，至于武刚……已胜四帝，大有天下……天下四面归之。"

苍帝即青帝。青赤白黑四帝分属东南西北四方与春夏秋冬四季，其形象分别是方圆广深四种特征，四帝合一为黄帝，四帝各一面，合起来正是中央黄帝的"四面"。

黄帝统领四方帝，这是天上的五方帝，天与地相应，地上也应该有五方帝，不过帝是天上的，地上的则称为神，这就是东方木神句芒佐于青帝、南方火神祝融佐于赤帝、西方金神蓐收佐于白帝、北方水神玄冥佐于黑帝，中央土神后土佐于黄帝。

留意一下五神的名称就会发现，唯有中央土神被称为"后"，为什么呢？

因为后即君主，正如中央黄帝才是青赤白黑四方帝背后的至上大帝不二王者，五神之中也唯有中央的土神才能以"后"名之，换句话说，五神都有神名，但中央后土为君，另外的四方神自然就只能是臣。

另外，空间与时间一体，东南西北四帝四神也对应着春夏秋冬四季，即四帝四神也是四季神，但一年分四季而非五季，如此一来居中的黄帝和后土就无处安放，怎么办呢？于是就有了不明不白的所谓季夏。

何为季夏？一说为夏季的最后一个月，另一说则是从四季中各抽出最后的十八天合称季夏。这个奇怪的季夏，全因一年分十二月无法分出五季以分配给五帝五神。

如果明白了黄帝与四帝并非并列关系，也就不必生硬地拼凑什么季夏之说了——四季配四帝四神，黄帝和后土则隐身于四季之中，即每一季中其实都有黄帝和后土的影子。

十二月当然无法分配五帝，但如果一年十个月，那么五方帝与五季神不就都能各安其位了吗？

没错，这正是古代先民在阴阳合历分十二月之前曾采用十月历的又一例证[1]。十月历即十月太阳历，太阳即炎帝的形象本体，历史上的十月历最终被阴阳合历所替代，所以，炎黄大战中炎帝又怎么可能不败呢？

如上所述，我们找到了"黄"的字形由来，那么，黄又为什么读为黄呢？很简单，黄的读音取自皇。

皇是太阳，在发现诸天星宿有一个围绕的中心之前，太阳是当仁不让的天之王者；指向北天极的黄帝，则是名副其实的天之王者。

事实上，皇与黄，本来都读作王。

正如前文所述，所谓炎黄大战，就是这二王之争，亦即天文观测中以太阳为中心或以北天极为中心的坐标与参照系之争。

事实上，不仅黄与皇同音，而且有时候"黄帝"直接就写作"皇帝"[2]，《尚书》《吕氏春秋》《庄子》等都有这样的记载 —— 也就是说，黄皇可通用，皇帝就是黄帝，黄帝也可写作皇帝，也即三皇五帝中的黄帝又称为皇帝 —— 换句话说，在秦始皇自命为皇帝之前，皇帝一词早就存在，黄帝即皇帝。

所以，我们有理由相信，黄字产生之初其实很可能就是专用于黄帝的，是在将北斗三星箭头用于天文观测的实践中逐渐产生的概念，所以"黄"与"王"同音，所以"黄"字的主体是奇怪的箭矢之形。之后在语言使用过程中又逐渐衍生出其他含义：

黄帝指向北天极，是天的极高之处，于是地的极深处就被称为黄泉；黄帝与观象制历有关，历法指导农时，而农耕民族的大地之梦，从古到今都是丰收的金秋，于是又有了表示颜色的黄；

---

[1]　请参阅本书第一章之《后羿射日：日历月历何所来？》。

[2]　参见顾颉刚《古史辩》七册上编、中编。

黄色乃秋收之色，五谷出于土地，所以大地之色本来是红黄黑棕各色都有，但中华文化中始终说的是土色为黄；黄是秋天植物枯萎的颜色，叶黄而败，于是又引申出办事搞砸了的黄。

黄帝实乃天帝，是先民劳作生息中寄托希冀的信仰对象，不论耕作采集还是渔猎畜养，都有赖于天时护佑以风调雨顺，从而地产丰饶仓廪充实，黄帝之天对应黄土之地，天地相应，这就是中华文化中产生"溥天之下，莫非王土"这种天下观的背景和由来。

黄帝本就是中央天帝，是太一上帝在观象制历中的演化别称，所谓"天神贵者太一"，作为天神的黄帝，自当无所不能，所以，在他产生后的时代所取得的文明成果全都赋予其身，也就不难理解了。

于是，在代代相传的过程中不断累积加工，黄帝的故事几成神迹，实在很难相信是凡间之人，所以，司马迁才会说"百家言黄帝，其文不雅驯"。

不雅训，即事迹夸张如神，离谱而不可信也。

后　记

　　关于古代神话和史前史，接长不短会有一些零星想法蹦出来，真正形诸笔端，始于 2012 年。到今天《诸神的真相》这本拙作得以付梓，倏忽已过十年。

　　在我的计划中，"诸神的真相"是一个系列，而"用天文历法破解上古神话之谜"只是第一部，以古代天文为主线，以神话人物为主体，包括伏羲、女娲、炎帝、黄帝等。之后还会分别以文字——甲金文为主，各种徽标符号——如河图洛书、太极图、万字符、良渚神徽、昆仑等为主线，展开对古代神话、史前史及夏商周三代的讨论，"五星聚"原本就是徽标符号系列的其中之一。后来发现，在古代中，"五星聚"这个超级符号贯穿中国历史，从秦汉一统到元明清，历朝历代都有"五星聚"的影子，向上追溯则可至夏商周三代，是解决夏商周断代的一把金钥匙。这样的体量，无论如何没法将之作为其中一章交代清楚，于是就有了另一本书——《五星聚》。

　　老实说，古代神话和夏商周断代这样的命题，对我这种未有正经学术训练的人来说，恐怕过于宏大，不揣冒昧置喙一二，难免夏虫语冰、班门弄斧。不过，野生有野生的活力，江湖有江湖的视角，作为独立研究者，自以为未尝不是一种优势——权当自我安慰罢。

无拘束地天马行空，难免开脑洞。但总体而言，我的出发点和落脚点在于常识、常理、常情，更准确地说，是古代先民们的日常生活。我相信，不论什么故事，背后一定有活生生的日常生活。

科幻小说中的三体人是虚构想象，但天体力学中的三体问题是真实不虚的科学命题。《封神演义》《西游记》是奇诡怪诞的神话故事，但武王伐纣、玄奘西行都是真实历史。在神话世界里，唐僧去到异国他乡，所见的风土人情却恍惚是中原本土，穿的衣、吃的饭、说的话、住的房，全是我们熟悉的浓浓国风。所谓艺术源于生活，生活就是艺术的底色，神话背后也同样是烟火气十足的日常。再是天纵英才、奇思妙想，观念底层的时代性也没人能完全隔绝和超越。中国古代神话也是如此，其中可能有雷震子、孙悟空这样的想象，也可能有武王伐纣、玄奘西行的真实。神话里再稀奇古怪的妖精，构成其形象的基本部件也不会出离凡间的所见所闻。

章太炎说："伏羲、炎黄，事多隐怪，而偏为后世称颂者，无过田渔衣裳诸业。"田渔衣裳，就是古代先民的日常生活。隐怪的故事背后，就是吃饭穿衣这些日常生活。当然，于古代神话而言，这种日常，可能更多地来自精英阶层以及具有高度专业性的事务——观星、制历、卜筮、祭祀等无疑是那个时代知识密度极高的活动，现代人难以理解的巫医也绝对算得上那个时代最有价值的探索与发现。伏羲、炎黄等半神半人的形象就可以理解为他们的化身和代表。

神话有真实的底色。接受这个设定以后，需要做的就是让自己回到那时那地。既不要傲慢地俯视，比如将封豨、修蛇、猰貐等所谓怪兽简单地视作荒诞不经的想象；也不要故作神秘地仰视，比如认为太极八卦如何高深莫测如何超越人智。只要试着用那个时代的认知去理解并追究神话背后的观念原型和脉络，走进去，合理地做推测，然后跳出来，检视推测是否符合常理，于是就会得到一些出乎意料又在情理之中的发现。从常识常理的角度进行省视，有些既定观念或习惯性说法或许就有商榷和修正的必要。

不可否认，所谓神话背后的真实，仍然只是一种推测或猜测。可以说多数时候，下笔的起点都是一个假设，然后一步一步地验证，有的走通了，豁然开朗，喜不自胜；有的走不通，只能放弃后回到原点。印象最深的是夏商周三代的相关年代以及武王伐纣的时间线，一年一行或一天一行列成表，前者有一千多行，后者也有一二百行。文献记载、星象、出土器物各有年代，不同文献的记载有时还互相冲突，要理出一个比较合理能说得通的框架，就得一点点地尝试排除。有时眼看要大功告成，结果出来一个顾此失彼、不可调和的问题，只好放弃后重新考虑。这个过程很艰难，甚至感觉脑力超载、算力不足乃至系统要崩溃。呈现在文字中的可能只是一个结论，得出这个结论其实经过多种可能路径的尝试、排除。不过，这些逐步尝试辨析的过程并没有写下来，实在太烦琐，线头太多。要是再从头来一遍，我的内心一定是拒绝的。

大胆假设，小心求证，尽管自认为逻辑自洽，但脑后不长眼，毕竟识见有限、精力有限、笔力有限，有疏漏错讹而不自知恐也难免。得以忝列书林，若有一石一砖之用，也是幸甚。

坦率说，我的写作和研究纯粹是孤旅独行和闭门造车，既没有与他人交流，也没有走出书斋去看现场，有时候确实会做出错误判断。比如八角星纹，我曾经以为两河流域的亚述、巴比伦也有，直至看到王瑞智先生在欧洲博物馆考察所拍摄的有关文物照片，才一目了然并非如此——虽然都是八角，但西亚地区的八角星实为两个四角星交错重叠，与中国古代的八角星纹完全是两回事。

一介布衣，籍籍无名，承蒙王瑞智先生肯定并费心费力地策划和运作，这本小书才得以面世。与先生素昧平生，至今未曾谋面，真是感念至深，难以言表。与阿城先生更是素昧平生，于我而言，他就是云端长者一样的存在，不承想有朝一日居然得到老人家来自千里之外的点赞和推荐，当真是颇为奇妙的际遇。从个人表达到公共出版有着遥远距离，出版方相关同仁在编辑、设计等环节的付出，读者可能感觉不到，对于写作者以及有过平面设计经验的我来说，其中琐细庞杂、工程浩大可谓历历在目、感同身受，唯有深表谢忱。同时也要感谢多年来家人的理解和支持。人无分身术，顾此就得失彼。把主要精力放到故纸往事，现实事务也就多有疏忽。得失之间，各有取舍。世间难有两全策，人生就是如此吧。

海麟

2023 年 7 月 10 日